날마다
설레는
텃밭
만들기

ZUKAI OMOSHIRO KODOMO SAIEN by Hisao Takemura
Illustrated by Yoko Hashimoto
Copyright © Hisao Takemura, Yoko Hashimoto, 2009
All rights reserved.
Original Japanese edition published by NOSAN GYOSON BUNKA KYOKAI(Rural Culture Association)
Korean translation copyright © 2015 by Booksense
This Korean edition published by arrangement with NOSAN GYOSON BUNKA KYOKAI(Rural Culture Association), Tokyo, through HonnoKizuna, Inc., Tokyo, and BC Agency

이 책의 한국어 판 저작권은 BC에이전시를 통한 저작권자와의 독점 계약으로 북센스에 있습니다.
저작권법에 의해 한국 내에서 보호를 받는 저작물이므로 무단전재와 복제를 금합니다.

일러두기
- 각 작물의 이름과 관련 용어 등은 국내에서 상용되는 것으로 바꾸었습니다.
  특히 일본의 경우와 달라 우리나라 상황에 맞게 수정한 내용은 *로 따로 표시했습니다.
- 재배 시기는 지역과 토양에 따라 다소 차이날 수 있습니다.

날마다 설레는 텃밭 만들기

공부는 텃밭에서 시작돼야 한다

지은이 다케무라 히사오   그린이 하시모토 요코
옮긴이 (사)자연의벗연구소   기획 오창길
감수 국립원예특작과학원, 장윤아

그림 보고 따라 하는 사계절 텃밭 매뉴얼

북센스

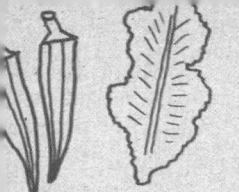

지은이의 말

식물과 대화를 나누는 기쁨을 맛보세요

저는 일본의 중학교 교사로 25년 전부터 재배 수업을 해왔습니다.

아이들에게 컴퓨터나 게임 등 가상 세계가 당연시되는 요즘입니다. 이런 시대일수록 아이들에게 생명의 신비와 소중함, 살아있는 것을 가꾸는 기쁨을 느끼게 해주는 것이 무엇보다 중요하다고 생각합니다. 평소 '식물을 키우면 아이들이 변한다.'는 신념을 갖고 있던 저는 재배의 즐거움을 주변 선생님들과 아이들에게 늘 전하고 싶었습니다.

"작물을 재배하려면 무엇이 가장 중요한가요?" 농업학교에 처음 부임했을 때, 아무 사정도 몰랐던 저는 한 농민에게 이런 질문을 던졌습니다. 의외로 대답은 명쾌했습니다. "선생님, 걱정하지 마세요. 채소는 길러주는 사람의 발소리를 듣고 자란답니다."라며 매일 밭에 나가는 것이 가장 중요하다고 알려주었습니다. 하지만 아이들에게 "자, 밭에 가볼까?"라고 해도 대부분은 별 흥미가 없어 보였습니다. 또 마을 분에게 "밭을 쓸 수 있을까요?"라고 물어보는 것도 쉬운 일이 아니었습니다. 게다가 바쁜 선생님들과 부모님들에게 "장소도 도구도 없는데 어쩌죠?"라는 얘기를 들으면 이렇게 해서는 재배의 즐거움을 전할 기회조차 없을 것 같았습니다.

그래서 생각을 180도 바꾸기로 했습니다. '밭에 가는 게 힘들면 학교로 채소를 가져오자!'라고 말입니다. 매일 눈길이 가는 곳에서 작물을 키울 수 있는 방법, 그것도 최소한의 비용으로 할 수 있는 방법을 고민하기 시작했습니다.

실패하지 않고 작물을 기르는 가장 좋은 요령은 씨앗부터 기르는 것입니다. 농민들은 "작물 재배의 70%는 모종"이라고 말할 정도입니다. 좋은 씨앗을 사서 싹을 틔우면 모종을 사는 것보다 비용도 적게 들고, 확실히 맛있는 채소를 기를 수 있습니다. 또 여분의 모종도 남길 수 있습니다. 반면 바로 모종을 구입하면 가격도 비싸고, 한 명이 모종 하나씩밖에 기를 수 없습니다. 혹여나 모종이 병들거나 부러지기라도 하면 거기서 재배는 끝나버리고 맙니다.

'그래, 씨앗부터 기르자!' 그렇게 하면 모종 하나를 기르는 노력으로 여섯 개를 기를 수 있고, 모종 하나가 망가지더라도 다음 모종을 쓸 수 있으니 마지막까지 모두 함께 재배할 수 있습니다. 그리고 무엇보다도 작물이 성장하는 모습을 싹이 나는 순간부터 관찰할 수 있다는 장점이 있습니다.

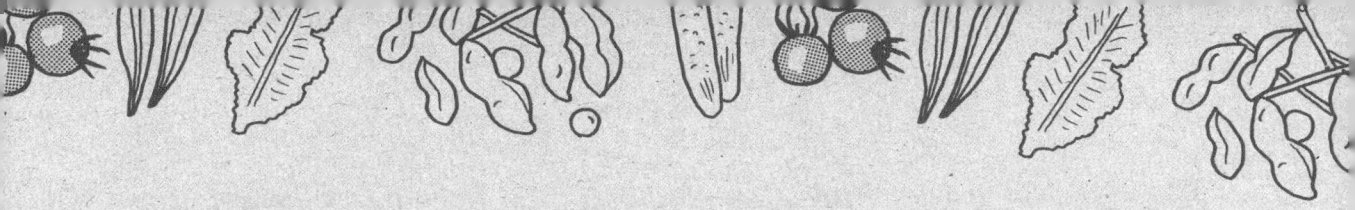

　저는 지금까지 잎채소류의 직파재배(농경지에 직접 씨앗을 뿌려 농작물을 재배하는 농사법)에 맞춘 우유갑 화분, 스티로폼 상자 온실, 페트병 온실, 과채류 모종 기르기에 적합한 플러그 트레이 & 달걀판 온실, 물 빠짐이 좋은 스티로폼 상자 텃밭, 가장 가까운 장소인 교실에서 딸기 등을 재배하는 이중 페트병 화분 등을 고안해왔습니다. 또한 까다로운 물 주기도 화분의 바닥 쪽으로 물을 공급하는 '저면급수법'을 쓰면 어떤 아이도 실패하지 않는다는 것을 알았습니다. 아이들의 흥미를 유발하기 위해서는 기르는 것뿐만 아니라 수확 후 요리와 가공에 목표로 두고 시작하는 것이 중요하다는 것도 깨달았습니다.

　상자 텃밭이라면 굳이 밭이 없더라도 처마 밑이나 베란다, 교실에서 재배가 가능합니다. 매일 눈길이 닿는 가까운 장소에서 관리하면 아이들은 '채소를 기르려면 이런 수고가 필요하구나.'라며 자연스럽게 재배 과정을 이해하게 됩니다. 그리고 무엇보다 '내 텃밭'에서 기르는 '내 채소'이기 때문에 '사랑스럽다. 귀엽다. 살아있구나!' 같은 감정을 느끼며 애정이 점점 깊어집니다.

　어떤 아이는 자기가 기르는 채소에 이름을 붙이고 는 책상 위에 올려놓고 말을 건다고 합니다. 매일 돌봐주는 과정에서 채소들과 교감하는 것입니다. 저는 이것을 '채소의 반려동물화'라고 부릅니다. 채소를 싫어했던 아이도 이 과정을 겪으며 조금씩 채소를 먹을 수 있게 되었습니다.

　재료는 재활용품이나 가까운 마트에서 쉽게 구할 수 있는 것들이라 무리한 경비를 쓰지 않고도 안전하고 맛있는 무농약 채소를 직접 재배할 수 있습니다. 자기 방이나 베란다, 처마 밑에 '나만의 상자 텃밭'을 만들어 '나만의 채소'를 길러보면 어떨까요? 생명의 신비를 가까이에서 느껴보고 싶지 않나요?

　이 책은 잡지 <식농교육>(농문협)에 연재했던 글을 기본으로 했습니다. 이 책이 초중학교 선생님과 학부모님께 생명과 만날 수 있는 소중한 계기, 식물과 대화를 나누는 기쁨을 주었으면 좋겠습니다.

다케무라 히사오

차 례

지은이의 말 4

추천하는 작물 8 | 상자 텃밭 재배 9 | 상자 텃밭 만들기 10

씨 뿌리기부터 시작해보자 12 | 수확한 작물로 무얼 할까? 13

재미있는 관찰과 실험 14

텃밭 디자인 16

제1장
누구나 할 수 있는 상자 텃밭 정원 24

1. 아이들과 함께 만들어가는 상자 텃밭 정원 26
2. 교실 처마 밑, 베란다는 최고의 장소 28
3. 직접 재배 용기 만들기 30
4. 모종보다는 씨 뿌리기로 32
5. 나만의 모종 기르기 세트 34
6. '수확한 작물로 무얼 할까?' 목표 세우기 36
    🌱 지역 농부 선생님께 배우자 39
7. 연간 재배 일정 40

[쉬는 시간] · 너희들은 35억년 동안 죽은 적이 없어!
· 채소의 고향은 대부분이 외국! 45

8. 컴퓨터와 카메라 활용하기 46
9. '실패'야말로 성공의 밑거름 48
10. 나만의 흙 만들기 50
11. 물 주는 요령 52
12. 병충해 예방법 54
    🌱 병충해나 새의 피해를 막아보자 55

제2장
봄에서 가을까지 56

방울토마토

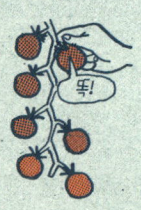

1. 방울토마토 재배 계획 58
2. 모종 기르기 세트와 씨 뿌리기 60
3. 비닐 포트로 분갈이 66
4. 분갈이 후 관리와 기록 72
   🌱 모종의 키울 때 자주 하는 실수 75
5. 상자 텃밭 만들기와 아주심기 76
6. 장소 선택과 물 주기 80
7. 재배법과 곁순 따기 82
8. 지주 세우기와 유인하기 84
9. 건강진단과 덧거름 86
10. 병충해 대책 88
11. 당도를 높이는 비밀 작전 90
12. 수확과 토마토 파티 92
13. 여름방학 물 주기 대책 94
14. 당도 측정 대회와 발표회 96
15. 정리와 다음 해 활동 준비 98
    🌱 아주심기 후 자주 하는 실수 100

[쉬는 시간] · 왜 사 먹는 토마토보다 직접 키운 토마토가 더 맛있을까? · 레스토랑의 멜론에는 왜 칼집은 넣는 것일까? 101

오이

1. 오이 재배 계획 102
2. 씨 뿌리기와 달걀판 온실 104

[쉬는 시간] · 오이꽃은 왜 암꽃과 수꽃으로 나뉘어져 있을까?
· 아름다운 연꽃은 무슨 역할을 할까? 107

3. 녹색 커튼 그물망 설치법 108
4. 곁순 따기와 유인하기 110

5. 물 주기 · 덧거름과 건강진단 112
6. 병충해 예방과 수확 114
7. 굽은 오이의 정체는? 116
[쉬는 시간] · 진딧물 한 마리가 한 달 사이에 만 마리로! · 수확 후에도 씨를 크게 만드는 오이 · 무서운 미국미역취의 비밀 무기 117
8. 녹색 커튼의 효과 측정하기 118
9. 오이 먹기 대회와 씨앗 채집 120

감 자
1. 감자 재배 계획과 품종 고르기 122
2. 씨감자 옮겨심기 124
3. 곁순 따기와 퇴비 · 복토 126
4. 맛 겨루기 대회와 감자 파티 128

고구마 외
1. 고구마 재배 계획과 품종 선정 130
2. 모종 기르기와 옮겨심기 132
3. 옮겨심기 후 관리와 재미있는 실험 134
4. 수확과 군고구마 잔치 136

복수박 138

오크라 139

땅콩 140

🌿 재배 학습 후 아이들의 마음에 남는 것은? 141

제3장
가을에서 겨울까지 142

딸 기
1. 딸기의 한살이와 재배 계획 144
2. 이중 페트병 화분 만들기 146
3. 모종 선택과 아주심기 149
4. 도전해보자! 인공으로 봄 만들기 작전 152
5. 인공수분과 덧거름 154
6. 수확과 딸기 케이크 파티 156
7. 어린 포기 키우기와 채취 158

🌿 급식에서 남은 빵으로 퇴비를 만들자! 159

잎채소
1. 여러 가지 잎채소 재배 계획 160
2. 우유갑 화분 만들기 162
3. 씨 뿌리기와 보온 164
4. 싹이 난 후의 관리와 수확 166
5. 재배 비교 실험을 해보자 168

🌿 우유갑 허브 재배와 재미있는 활용법 170

무
1. 무 재배 계획과 품종 고르기 172
2. 씨 뿌리기와 솎아내기 · 덧거름 174
3. 비대기의 관리과 품평회 176
4. 무 요리와 수확 축제 178

🌿 재배 용어 찾아보기 180

옮긴이의 말 184

부록 187
학교 텃밭의 의의와 실천 | 2009 개정 교육과정 연계
텃밭 지도자 과정 워크숍

방울토마토, 오이, 딸기 이외

추천하는 작물

" 어떤 채소를 기르고 싶나요? 이 책에서는 아이들도 좋아하고 학교와 집에서 기르기 쉬운 채소를 중심으로 소개합니다. 30~40ℓ의 흙이 들어가는 스티로폼 상자를 이용하면 긴 우엉과 참마를 제외한 대부분의 채소를 재배할 수 있습니다. 여러 가지 채소 재배에 도전해봅시다! "

🌱 봄부터 가을까지

 복수박(p138)
 감자(p122)
 고구마(p130)
 줄기콩

 여주
 오크라(p139)
 호박
 가지

 옥수수
 토란
 땅콩(p140)

🌱 가을부터 겨울까지

 무(p172)
 순무(p173)
 당근

 잎채소 모듬(p160)
 상추(p160)
 시금치(p160)

수확은 즐거워요 ♪

아이들의 흥미를 이끌어내자!
상자 텃밭 재배

싹이 튼다!

인기 작물인 방울토마토 재배(p58).
2층 교실 베란다에서 빨갛게 익어간다

2층 교실 베란다에 만든 오이 녹색 커튼(p118).
녹색 커튼의 냉방 효과, 빛 조절 효과, 산소 공급 효과를 알아보자

가을부터 겨울까지는 딸기 재배(p144).
이중 페트병 화분에 딸기 모종을 심고 교실 창가에서 재배하자. 페트병에 물을 떠놓았다가 따뜻해지면 물 주기

상자 텃밭에 심은 방울토마토. 교실 밖 처마 밑에 나란히 놓았더니 등하교 시간, 쉬는 시간에 쉽게 관찰할 수 있고 관리도 편하다

"곧 기다리고 기다리던 토마토 파티를 할 수 있겠어!"

" 상자를 이용하면 따로 밭이 없어도 교실 베란다나 창문 옆, 처마 밑의 통로에서 쉽게 작물을 재배할 수 있다. 한 사람에 하나씩 또는 한 반에 하나씩 텃밭이 생기면 아이들은 자연스럽게 텃밭을 자기 반려동물처럼 느끼게 된다. 바로 여기서부터 아이들과 채소 사이에 생명의 교감이 시작된다. "

"이중 페트병 화분은 책상 위에서도 관찰, 관리할 수 있어 좋아!"

스티로폼 상자를 재활용하자!
상자 텃밭 만들기

[준비물] 스티로폼 상자, 칼, 셀로판테이프, 부직포, 이름표

① 슈퍼마켓 등에서 가로 48, 세로 40, 높이 23㎝ 이상의 스티로폼 상자를 구한다

② 뚜껑의 가장자리를 5㎝ 정도 남기고 칼로 잘라낸다

③ 바닥을 30×20㎝ 정도 잘라내고, 8등분하여 ②에서 잘라낸 면에 셀로판테이프로 붙인다

④ ②에서 잘라낸 뚜껑의 바깥쪽을 아래에 붙여 상자 텃밭의 바닥을 만든다

⑤ ③에서 만든 것을 바닥 쪽에 넣는다 (이중 바닥이 된다)

⑥ 밑에서 본 모양. 지면과의 사이에 공간이 생겨 배수 구멍이 커졌다. 물 빠짐이 좋은 밭이 된다

"수확용 상자도 텃밭 만들기에는 좋지만, 아이들 스스로 상자 텃밭을 만들면 채소 키우기에 더욱 흥미를 느낄 수 있습니다. 상자 텃밭 만들기에서 가장 중요한 것은 물 빠짐입니다. 소개한 스티로폼 상자 텃밭과 우유갑 화분은 구멍이 커서 물 빠짐이 좋습니다. 대신 흙이 흘러나오거나 뿌리가 밖으로 나가지 않도록 안쪽에 부직포를 붙여줍니다. 페트병 화분은 물을 좋아하는 딸기 재배용으로 항상 저면급수가 가능하도록 하고, 실내에 물이 쏟아지지 않도록 이중 바닥으로 만들어줍니다."

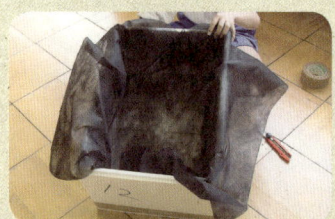

⑦ 부직포(70×80㎝ 이상)를 바닥과 옆면에 깐다 (부직포를 구입하는 대신 물 빼는 망, 양복 커버 등을 사용해도 된다)

⑧ 흙을 모으고 각자의 이름표를 꽂는다 (물 빠짐이 좋으므로 굵은 흙은 사용하지 않는다)

⑨ 스티로폼 상자 텃밭에 방울토마토 두 포기를 아주심기했다

페트병 화분 만들기 (p146)

[준비물] 2ℓ 페트병, 칼, 부직포, 셀로판테이프, 꾸미기 재료

"새빨갛게 익은 딸기를 봐봐! 페트병 화분은 교실 창가에서 할 수 있으니까 매일 볼 수 있고, 재미있어!"

① 2ℓ 페트병의 입구를 자른 뒤, 아래에서 3분의 1(12㎝ 정도)을 더 잘라낸다. 페트병의 바닥 부분에는 물과 공기가 빠질 수 있는 구멍 두 개를 낸다.

② 부직포(30×35㎝)의 세로쪽에 4, 5개의 갈래를 만든다

③ 입구 쪽의 페트병을 거꾸로 하여, 부직포 갈래의 끝부분을 안에서부터 입구로 통과시킨다

④ 물이 고이는 페트병의 바닥 부분에 ③에서 나온 부직포 끝부분 넣고, 페트병의 입구와 바닥 부분을 겹쳐놓는다

⑤ 윗부분의 부직포를 밖으로 접어 셀로판테이프로 고정한다

⑥ 각자 꾸미면 완성!

우유갑 화분 만들기 (p162)

[준비물] 200㎖ 우유갑, 가위, 부직포, 흙

우유갑 화분을 스티로폼 상자에 넣어 재배한 각종 채소류

화분에 따라 조건을 달리하여 재배 실험을 할 수 있다
(화분 받침은 식품의 일회용기 재활용)

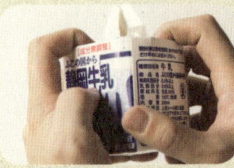
① 급식으로 나온 200㎖ 우유갑의 뚜껑 부분을 안쪽으로 밀어 넣는다

② 바닥의 두 곳을 가로 2.5㎝, 세로 1.5㎝씩 가위로 자른다

③ 가로, 세로 13㎝로 자른 부직포를 입구에 놓고, 그 위에 흙을 담는다

④ 부직포가 어긋나지 않도록 손가락으로 흙을 누르면서 구석까지 밀어 넣는다

⑤ 씨를 뿌리고 스티로폼 상자 안에 넣어 저면급수한다
(앞쪽은 보온을 위한 페트병 온실)

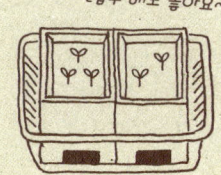
식품 용기를 이용해 저면급수 해도 좋아요~

귀여운 싹이 나왔다!

씨 뿌리기부터 시작해보자

" 아이들이 가장 감동하는 순간은 스스로 뿌린 씨가 싹을 틔우는 순간입니다. 그때 아이들은 비로소 '내 토마토'라는 마음을 갖게 됩니다. 모종을 키울 때는 플러그 트레이와 달걀판 온실을 추천합니다. 해충이나 새 피해 없이 따뜻한 교실 안에서 싹을 볼 수 있습니다. "

🌱 플러그 트레이 & 달걀판 온실 (p61)

[준비물] 플러그 트레이, 달걀판, 셀로판테이프, 씨앗

① 한 칸에 하나씩 씨앗을 뿌리고 손가락으로 살짝 누른 뒤, 흙을 가볍게 덮는다

② 달걀판 뚜껑을 덮고 셀로판테이프로 빈틈없이 막는다

③ 스티로폼 상자에 넣어 충분히 저면급수한다

④ 실내 창가에서는 달걀판 아랫부분을 화분 받침으로 이용한다

⑤ 실외에서는 빈틈이 생기거나 뚜껑을 덮어놓지 않으면 해충이나 새로 인해 피해를 입을 수 있다

⑥ 뚜껑에 물방울이 맺혀 있을 때는 물을 주지 않아도 된다. 잎이 뚜껑에 닿으면 뚜껑을 제거한다

⑦ 방울토마토 싹이 나오는 순간, 하얀 점 같은 배축이 보인다

⑧ 떡잎이 피고 본잎이 나오기 시작했다 (싹이 나오는 과정을 정기적으로 기록했다가 교육용으로 활용)

🌱 9cm 비닐 포트로 분갈이 (p66)

[준비물] 직경 9cm 비닐 포트, 스티로폼 상자나 수확용 상자, 철사, 비닐, 우유갑, 페트병

⑨ 하얀 뿌리로 잘 둘러싸였다

⑩ 9cm 비닐 포트로 분갈이한 방울토마토

⑪ 뒤집은 수확용 상자에 작물을 놓고, 볕이 잘 드는 곳에 둔다

⑫ 분갈이 후에도 저면급수한다

🌱 모종의 보온 대책 (p153, 163)

스티로폼 상자 온실

비닐 터널 온실

우유갑 화분 위에 덮은 페트병 온실

⑬ 씨를 뿌린 후 50~60일 경과, 뿌리를 잘 내린 아주심기 전의 분형근

기다리고 기다리던 수확 파티~

수확한 작물로 무얼 할까?

" 재배의 목표는 정성스럽게 기른 채소를 수확하고, 요리하고, 마지막으로 다 같이 수확의 기쁨을 나누는 파티를 여는 것입니다. 처음 시작할 때부터 아이들과 무슨 요리를 할지 정해놓으면 재배하는 내내 흥미를 잃지 않습니다. 주변 사람들에게 감사의 마음을 담아 선물하는 것도 잊지 마세요. "

🌱 갓 수확한 채소 선물

비닐에 담아 리본을 단 방울토마토 선물

메모를 곁들인 오이 선물

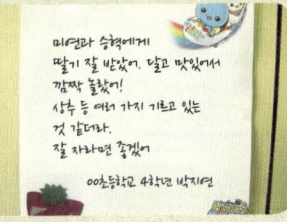
딸기를 선물한 친구에게서 온 감사 편지

🌱 딸기 케이크 파티 (p157)

① 핫케이크 믹스를 전기밥솥으로 조리한다

② 완성된 스펀지케이크

③ 딸기를 졸여 잼을 만든다

④ 스펀지케이크의 반을 잘라 잼을 바른다

맛있겠다~!

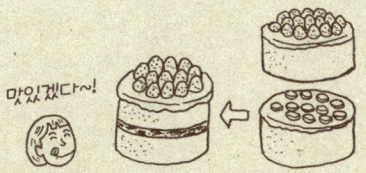
⑤ 크림을 바르고 여러 가지 과일을 토핑한다

⑥ 딸기 케이크 완성!

🌱 방울토마토 파티 (p93)

방울토마토를 삶아 체에 거른 뒤, 후추 등으로 간을 하여 토마토소스를 만든다

토마토소스를 넣은 스파게티를 만든다

토마토 주스에 우유와 시럽을 넣어 얼린 토마토 셔벗

믹서로 토마토 주스를 만든다

다양한 토마토 요리를 해보자!

작물의 표정을 읽어보자!
재미있는 관찰과 실험

> 모종을 나란히 놓고 사진을 찍어보자
> 찰칵

🌱 그림을 그리거나 사진을 찍어 재배 기록하기

작물은 말을 할 수 없기 때문에 모습을 관찰하면서 어떻게 해줘야 할지 결정합니다. 채소의 성장과정을 그리거나 사진을 찍어 기록해봅시다(p73)

식물 도감 등도 참고하여 그림을 그려보자. 친구들과도 비교해보자

관찰한 자료를 컴퓨터에 기록하자

날짜를 꼭 적어 넣고, 일주일에 한 번 정도는 사진을 찍어두자

🌱 자라는 것이 왜 이렇게 차이가 날까?

반별로 모종의 길이를 비교해보자. 눈금을 그린 종이를 식물 뒤에 대고 사진을 찍어보자

"앞의 화분은 줄기가 많이 났는데, 뒤쪽의 화분은 왜 그렇지 않을까?"

🌱 작물의 건강진단은 잎을 보면서 (p86)

건강한 방울토마토는 줄기가 굵고 잎도 두껍고 크다. 꽃도 크고 풍성하며 꽃에서 잎의 끝 부분까지의 거리가 길다

건강하지 않은 방울토마토는 줄기, 잎, 꽃이 모두 적고, 힘이 없는데다 꽃에서 잎의 끝 부분까지가 짧다. 서둘러 덧거름을 줘야 한다

🌱 녹색 커튼의 효과 알아보기 (p118)

오이로 만든 녹색 커튼

공기 중 산소 농도
녹색 커튼 교실
23.5%
보통 교실
19.5%

학교 보건실에서 빌린 산소농도계로 측정한 결과, 확실히 산소량이 많아졌다. 아이들의 두뇌 회전이 좋아졌고, 온도는 낮아졌다. 조도도 다른 교실보다 높다

🌱 보온효과 알아보기 (p74)

우유갑 화분에 심은 상추. 페트병 온실 쪽이 확실히 잘 자랐다

낮에 최고최저온도계로 측정해보면 확실히 보온효과가 있다. 하지만 밤에는 반대이다

재배 비교 실험을 해보자 (p168)

🌱 흙을 바꿔보자

밭의 흙(위)과 육모용 흙(아래) : 판매하는 육묘용 흙은 싹이 나지 않은 것도 있지만 대체로 잘 자란다. 밭의 흙은 물 빠짐이 좋지 않아 싹이 난 것도 적고, 생육 상태가 상당히 좋지 않다

🌱 일조량에 따른 성장을 비교해보자

플러그 트레이 & 달걀판 온실을 볕이 잘 드는 창가에 두었을 때 : 떡잎까지의 배축이 짧고 두꺼우며 본잎도 나기 시작했다

플러그 트레이를 스티로폼 상자에 넣어 어두운 상태로 발아시킨 종자 : 배축이 홀쭉하게 자라고 떡잎의 색깔도 옅다

🌱 물 주는 횟수를 바꿔보자

매일 물을 주었을 때 : 생육이 빠르고 꽃도 피었지만 줄기가 늘어지고 잎이 떨어질 듯하며 아래 잎은 노랗게 변했다. 물을 너무 많이 줘서 뿌리가 약해졌다는 증거

3일에 한 번 물을 주었을 때 : 생육은 늦지만 줄기와 잎이 제대로 자랐다. 아래 잎의 색도 짙다

🌱 방울토마토를 관리하지 않고 재배하면…

적절하게 관리했을 때 : 볕이 잘 드는 곳에 지주를 세워주고 곁순을 따준 방울토마토. 열매가 크고 당도도 높다

관리하지 않았을 때 : 곁순이 많이 돋아나 쓰러져 있다. 볕도 잘 들지 않아 꽃이 펴도 열매가 떨어지고 만다. 열매의 당도도 낮다

방울토마토의 당도를 높이는 비밀 작전 (p90, 96)

아이들에게 당도를 높이는 방법을 고민하게 하자. 당도계로 측정해 어떤 방법이 가장 효과가 있었는지 확인해보자

음악을 들려주고 거울로 빛을 반사한다

열매를 비닐로 싸서 온도와 습도를 높인다

한낮에 시들시들해도 물을 주지 않다가 아침저녁으로 조금씩 물을 준다

열매를 솎아 한 가지에 하나의 열매만 남긴다

디지털 당도계로 당도를 측정한다

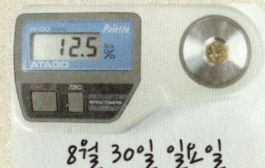

작전별로 당도를 비교했다. 최고 당도는 12.5였다

텃밭에 활기를 불어넣는
텃밭 디자인

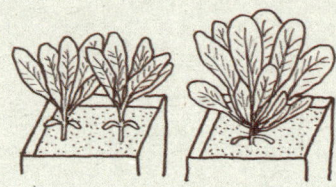

농부는 농사일에 알맞은 옷을 입고, 아이들은 맘껏 뛰놀기 편한 복장이어야 하는 것처럼 텃밭도 주인에 따라 알맞은 옷을 입어야 합니다. 이것을 텃밭 디자인이라고 합니다.

집 마당 한켠에 자리잡은 텃밭은 어머니에겐 먹거리를 해결해주는 일터이며 쉼터입니다. 아이에게는 놀이터며 생명의 소중함을 가르쳐주는 생명 학교이고, 건강한 먹거리를 직접 기르려는 아저씨에게는 든든한 급식소입니다. 그리고 마을 공동 텃밭은 이웃이 모이는 사랑방이기도 합니다.

텃밭은 효율과 생산성의 논리보다는 호기심과 낭만과 소통이 일어나는 공간으로 만드는 것이 중요합니다. 그러기 위해서는 상상력이 살아 숨쉬는 창의적인 텃밭을 만들어야 합니다. 텃밭 디자인은 이처럼 텃밭에 활기를 불어 넣는 작업입니다.

더불어 텃밭 가꾸는 일은 한 번 하고 끝나는 것이 아니라 작물이 자라고, 이곳을 찾은 사람들이 변함에 따라 달라지는 것이어야 합니다. 텃밭 일이 일상이 되어 세심하게 가꾸면 작물들은 주인의 마음을 헤아리고 더 큰 기쁨을 줍니다. 텃밭에 의자를 가져다 놓으면 휴식공간이 되고 꽃을 심으면 화원이 됩니다. 벌레 집, 새 모이함을 가져다 놓으면 생물들의 쉼터가 될 수 있습니다.

이어서 소개하는 텃밭은 사람과 환경을 고려해 텃밭의 기능과 바램을 담아 디자인한 사례들입니다.

글 : 이경래 그린디자이너
사진 : 김두하

송파 꿈나무 텃밭

● **장소와 시공년도** | 서울 송파구 문정동 11-8 옥상, 2013년
초등학생이 이용하는 '방과 후 공부방' 옥상. 초등학교 가까이에 있고, 상업 공간과 주거 공간이 같이 있는 복합 공간이다. 옥상 난간이 낮은 편이고 건물이 누수로 인해 낡아 보인다.
● **디자인 콘셉트와 키워드** | 꿀벌 놀이터, 벌집, 생태순환, 놀이, 안전

아이들이 생태 순환을 몸으로 경험하는 '텃밭 놀이터'를 제안한다. 벌집 형태로 상자 텃밭의 형태를 구성했으며 토끼 사육장, 지렁이 상자, 빗물 저금통, 모래 놀이터 등 텃밭뿐 아니라 여러 가지 놀이와 교육이 가능한 유닛을 제시한다. 고정된 모듈의 형태지만 높고 낮음을 달리하여 공간 사용에 재미를 주었다. 등받이가 있는 벌집 평상은 아이들의 쉼터와 놀이터가 되어준다.

● 작업 노트
텃밭 자금의 조절로 절반만 적용된 디자인으로 완성되었다. 빗물 저금통은 건물 구조로 인해 일반 수전을 이용한 디자인으로 진행되었다.

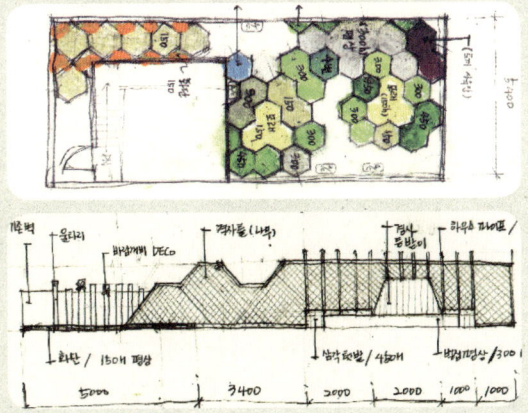

문래 도시 텃밭

- **장소와 시공년도** | 서울시 영등포구 문래동3가 54-41 옥상, 2011년

철공소가 있던 문래동에 재개발로 대규모 주거 단지가 형성되었고, 빈 철공소는 예술가들의 작업실로 바뀌었다. 개인화된 세상에서는 긴 세월 동안 당연했던 철공소 작업 소리도, 예술가의 독특한 생활 방식도 모두 이해하기 힘든 것이었다.

- **디자인 콘셉트와 키워드** | 소통, 쉼, 이야기, 평상, 재미

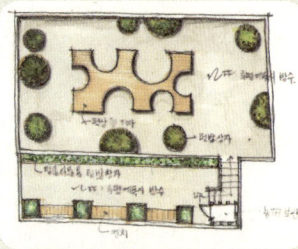

문래 도시 텃밭엔 소통이 있는 쉼터를 제안한다. 자연스럽게 얼굴을 보며 이야기할 수 있게 둥글게 파인 평상을 중심에 두고, 외부로 상자 텃밭을 두어 작물과의 소통도 유도했다. 난간에 워크숍을 할 수 있는 텃밭을 만들어, 예비 도시 농부에게 재밌는 농사 교육의 자리를 제시했다. 텃밭 자투리에 벌레, 곤충들의 그림을 그려 넣어 놀이로 농사를 접할 수 있는 공간도 제안한다.

● 작업 노트
텃밭 장소의 변경으로 인해 제시된 디자인에서 형태 수정과 위치를 변경해 시공하였다. 평상은 단순한 형태로 만들었고, 텃밭 벌레 벽화는 차후 작업으로 미뤄졌다.

홍대 다리 텃밭

● **장소와 시공년도** | 서울시 마포구 동교동 158-2 가톨릭 청년 회관 옥상/3F, 2012년

홍대입구역 근처로 많은 고층 건물 사이에 위치한다. 다양한 공연 문화를 접할 수 있는 등 홍대 거리의 중심에 있다. 공익 공간이지만 옥상은 차가운 도시를 대변하듯 차갑고 냉정하다. 건물의 특성을 잘 살린 정원으로서의 텃밭, 삭막한 도시민을 위한 휴식의 장소가 필요하다.

● **디자인 콘셉트와 키워드** | 치유, 숲길, 산책, 만남, 어루만짐, 공감, 치유

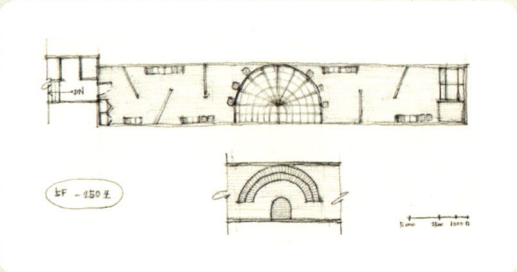

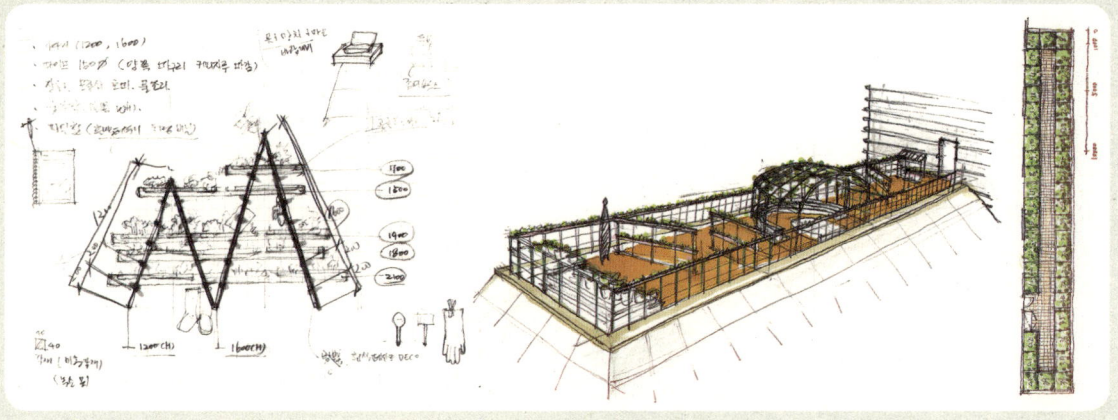

좁고 긴 형태의 공간에 긴 길을 만들어 '생각'의 시간을 길게 제공한다. 구획된 곳에 사용자 스스로 각자의 테마를 갖도록 유도해 개성이 넘치는 공간으로 꾸민다. 텃밭을 찾는 도시민에게 재미를 제공한다. 텃밭 중앙에 큰 쉼터를 만들어 공연 및 다양한 문화행사를 가능하게 한다. 중간마다 의자를 두어 산책하다가 잠시 쉬어가는 도시 속의 생태 쉼터이다.

 대륙 텃밭

● **장소와 시공년도** | 서울 마포구 합정동 357-7 무대륙 옥상, 2013년

인디문화공간 '무대륙' 옥상에 위치하며 아파트, 주택 등 대부분 주거 단지와 근접해 있다. 저층 건물 사이의 옥상이라 아늑한 분위기의 공간이다. 뮤지션, 아티스트, 디자이너 등 문화에 관련된 직업에 종사하는 인구가 많다. 옥상은 강아지의 놀이터와 흡연 장소로 사용 중에 있다.

● **디자인 콘셉트와 키워드** | 담다, 그릇, 둘이 같이, 협력, 믿음, 포옹, 땅콩

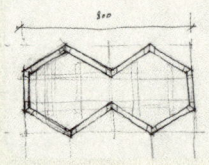
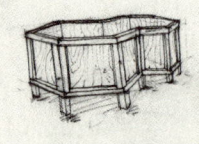

1인 가족의 삶에 집중하고, 혼자가 아닌 둘이 한 공간을 사용하는 상자 텃밭을 제안한다. 폐 현수막 재활용을 유도했다. 인디 문화 공간을 배려해 작은 규모의 공연 및 여러 문화 행사도 가능하게 변형이 가능한 땅콩 형태의 평상을 만든다. 텃밭 이용자뿐만 아니라 원래 옥상 주인인 강아지까지 배려한 디자인을 제안한다.

● 작업 노트
디자인의 지속 가능성과 시공의 용의성을 위해 '땅콩 텃밭'의 형태 수정과 폐 현수막 재료를 목재로 수정해 진행했다.

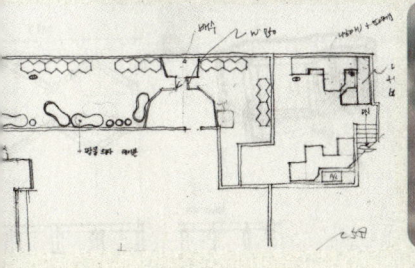

누구나 할 수 있는

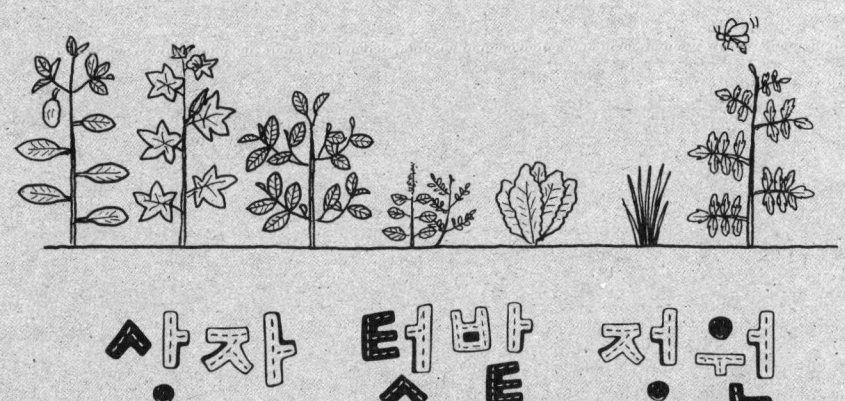

상자 텃밭 정원

1. 아이들과 함께 만들어가는 상자 텃밭 정원

'작물은 사람의 발소리를 듣고 자란다.'라는 말이 있습니다.
아이들이 작물을 잘 키우려면 자신이 기르는 작물을
'나만의 반려동물'처럼 여기고 자주 돌봐주는 것이 그만큼 중요합니다.
이를 위해서는 자재나 모종 등을 가능하면 스스로 만들어
텃밭에 애착을 갖게 하는 것이 좋습니다.

【텃밭 만들기의 어려움】

1. 장소(밭이나 논)가 없다
2. 농자재(괭이나 소독 기계 등)가 없다
3. 지식이 없다
4. 시간이 없다

상자 재배라면 가능!
- 학교와 가정의 처마 밑이나 베란다에서 재배할 수 있다
- 큰 도구가 필요 없다

【아이들에게 흥미를 이끌어내려면】

'상자 텃밭'이란?
스스로 만든 자신만의 밭
→ 내가 주인이 될 수 있다

플라스틱 판 등에 아이의 이름을 써서 꽂아두면 좋다

아이들에게 책임감을 준다 → 책임!

자유자재로 재배하기
- 좋아하는 채소를 자유롭게 고를 수 있다
- 관리하기 쉽고, 재배가 간단하다
- 1년 재배 계획을 세우기 쉽다

(예)
4~7월 감자 → 5~9월 방울토마토 → 9~12월 상추 → 12~4월 시금치
→ 상자 텃밭

채소가 계속 나오네요 ← 즐거워진다!

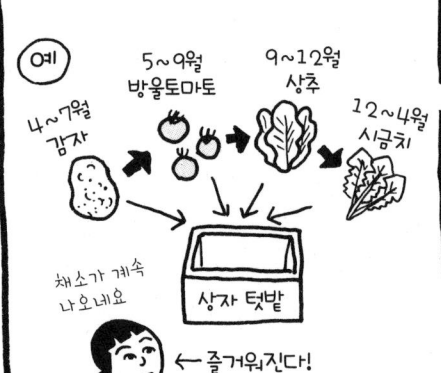

상자 텃밭

채소의 '반려동물화'
생활하는 장소가 같다 → 애착이 생긴다

개 집 : 파종부터 수확까지 같이 지낸 상자 텃밭과 같은 존재
개 : 기르는 채소와 같은 존재

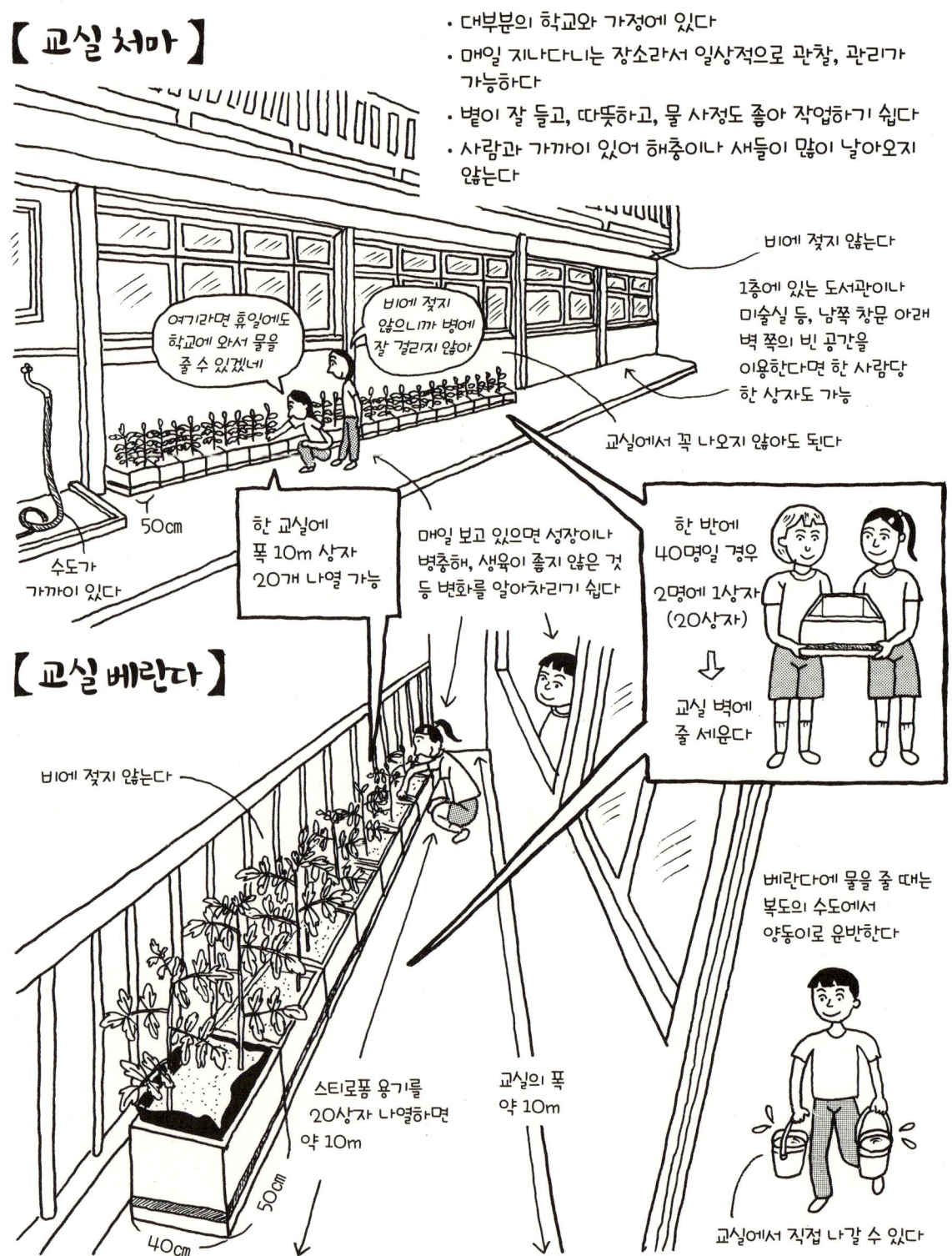

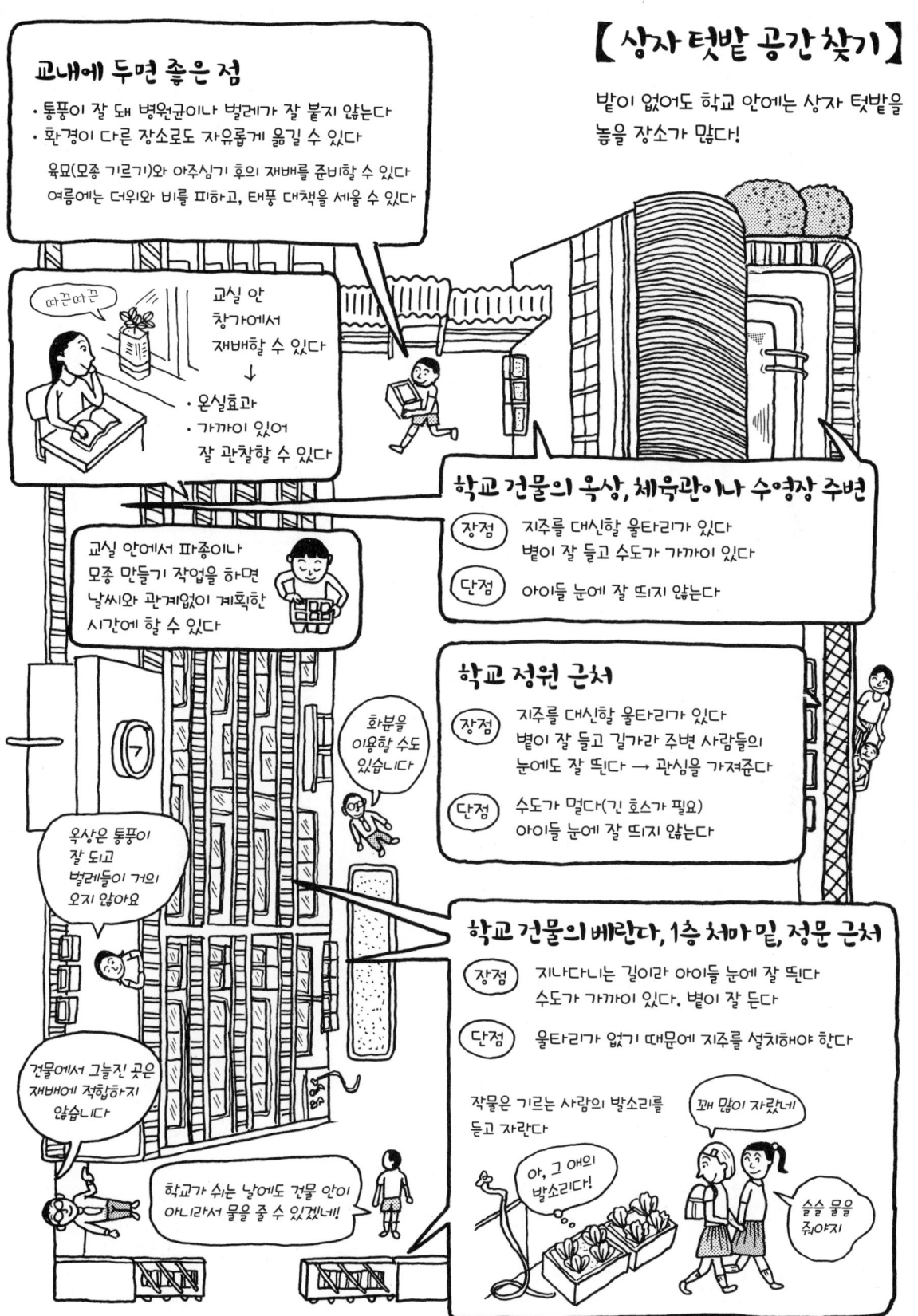

4. 모종보다는 씨 뿌리기로

【 싹이 트는 순간, 아이들은 가장 감동한다 】

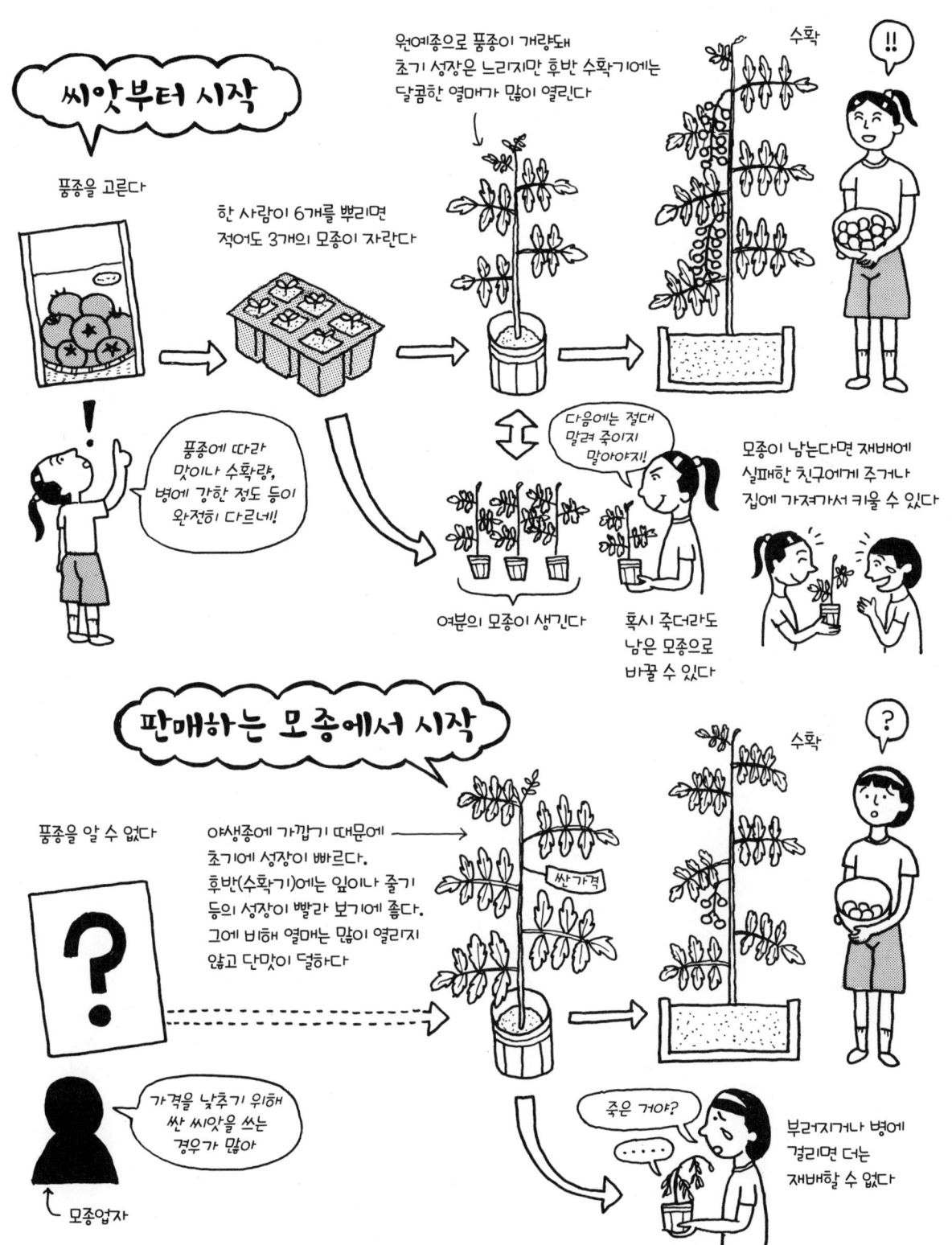

5. 나만의 모종 기르기 세트

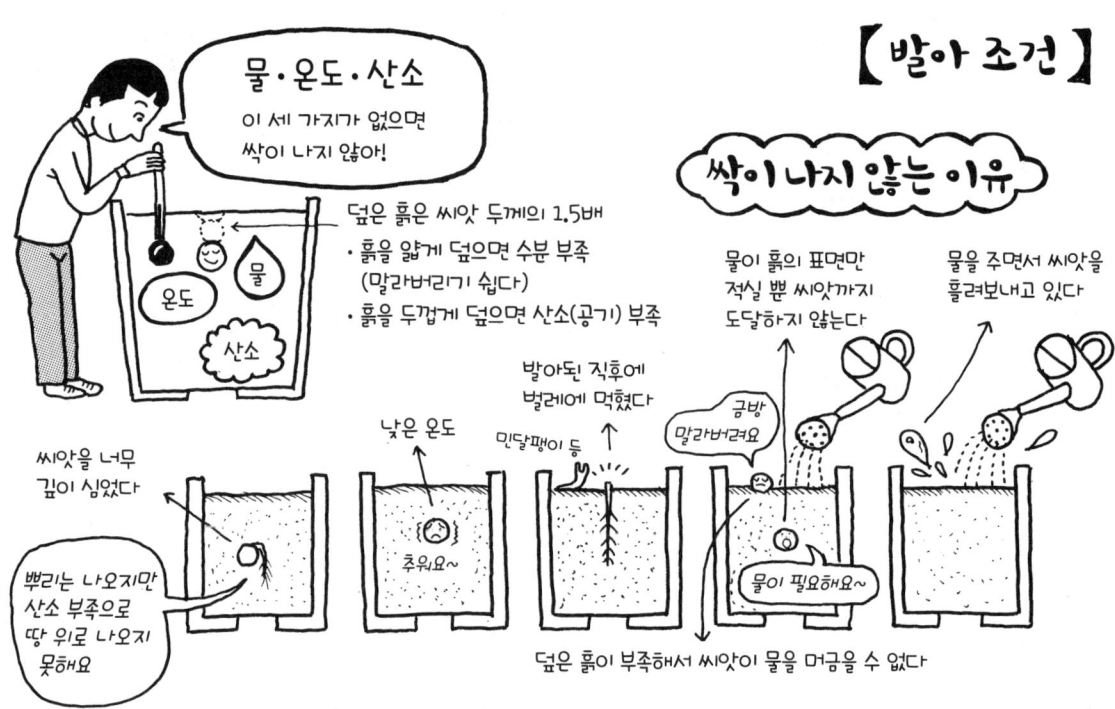

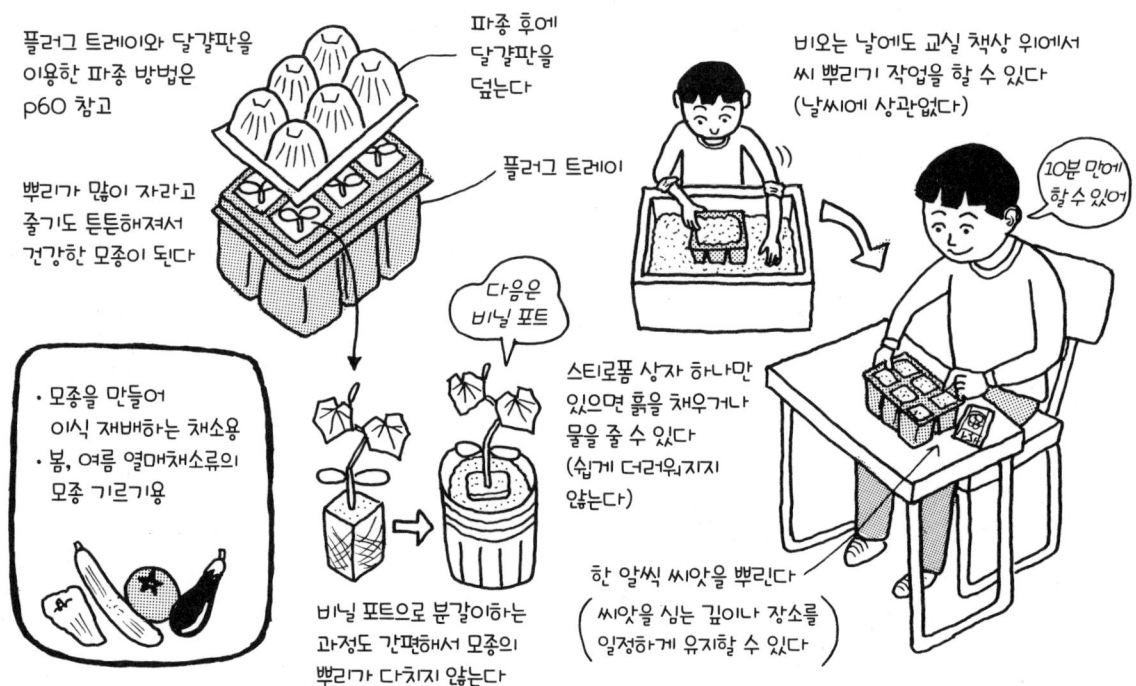

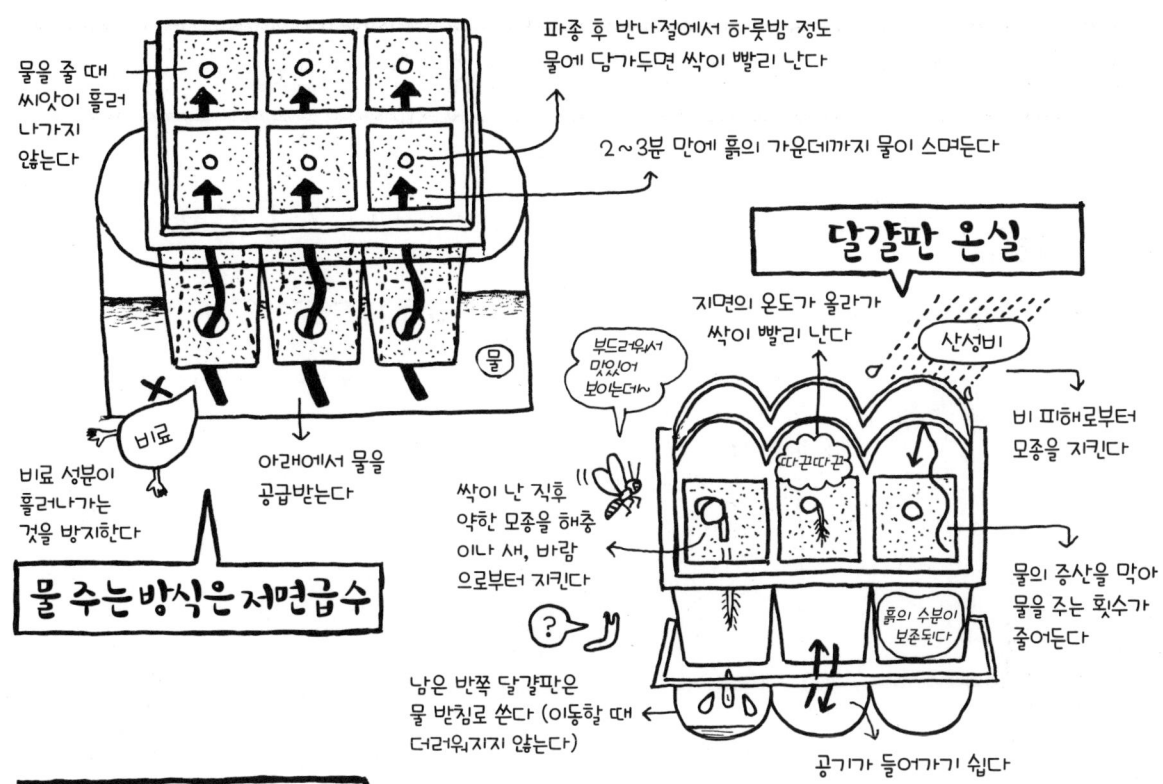

6. '수확한 작물로 무얼 할까?' 목표 세우기

【즐거운 목표는 아이들의 흥미를 끌어올린다】

● 아이들이 먹고 싶은 요리를 목표로 재배를 시작하게끔 한다

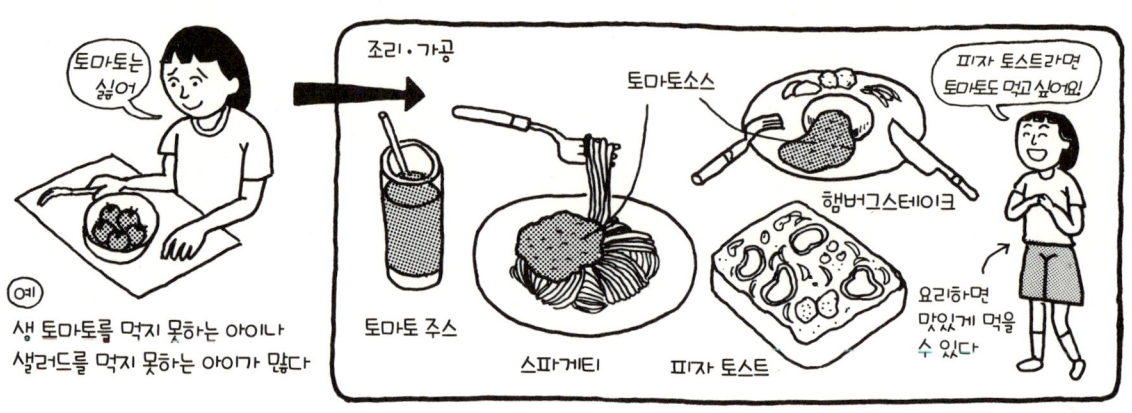

● 수업 시간이나 창의적 체험 활동 수업에 활용할 수 있는 작물

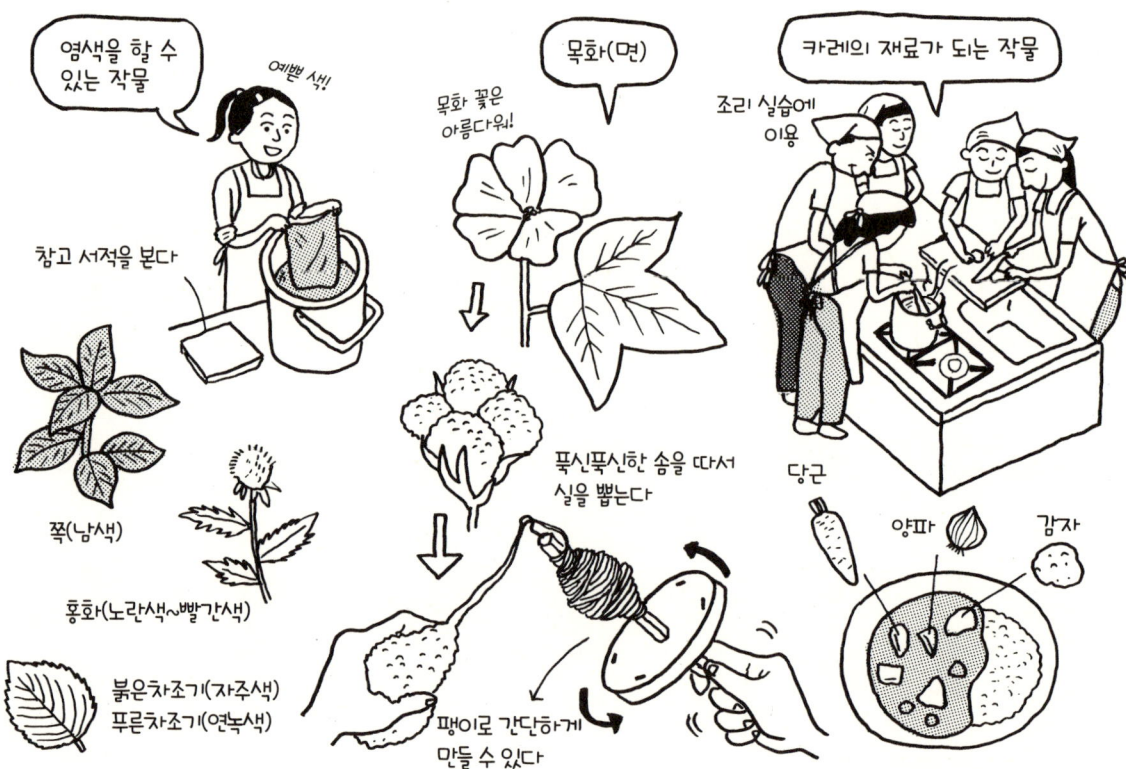

● 지역 교류를 생각한 작물

● 지역의 특성을 살린 작물*

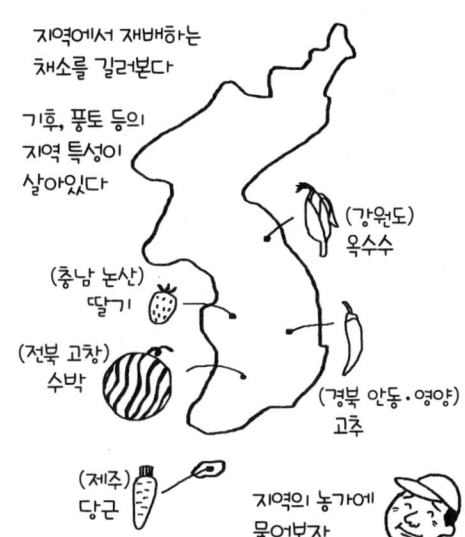

● 식품 가공을 목적으로 한 작물

● 요리하기 쉽고 파티에 어울리는 작물

● 아이들에게 인기 있지만 재배하기 어려운 작물

● 집에 가져가면 부모님이 기뻐하실 작물

【재배하기 쉬운 것부터 고르자】

● 병이나 해충에 강한 작물

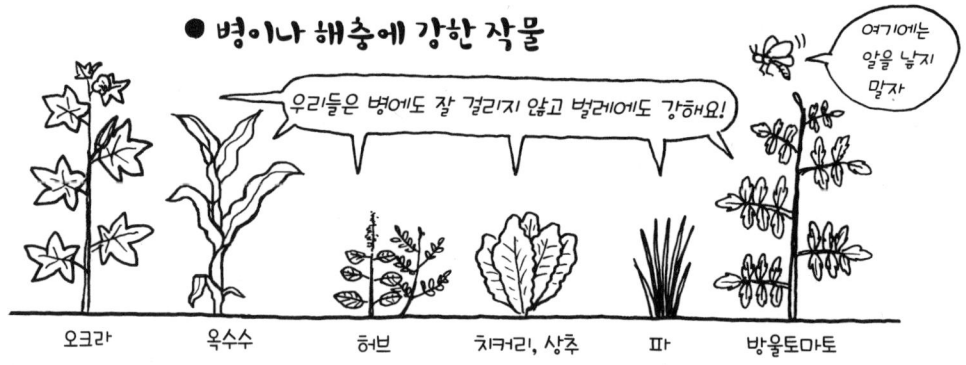

● 간단하게 재배할 수 있는 작물

● 씨앗이 커서 심기 쉬운 작물

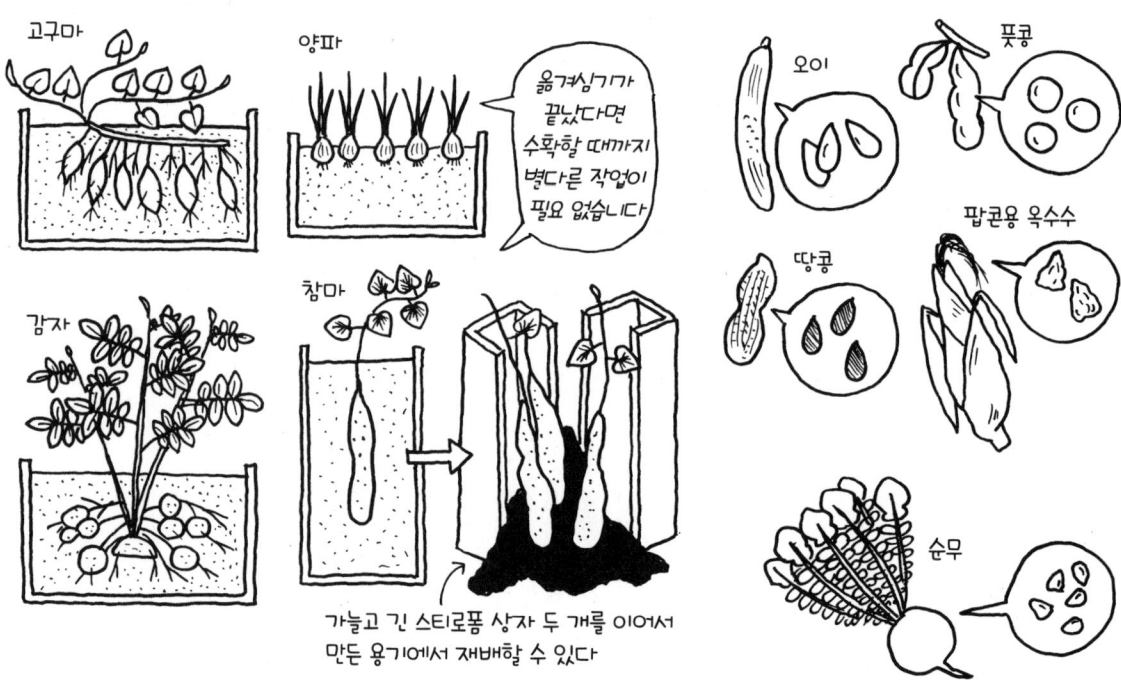

가늘고 긴 스티로폼 상자 두 개를 이어서 만든 용기에서 재배할 수 있다

지역 농부 선생님께 배우자

작물을 키우는 전문가는 농부입니다. 최근에는 아이들의 먹거리 교육을 열심히 응원해주는 농가가 늘고 있습니다. 또 지방자치단체와 농협에서도 먹거리 교육을 지원 사업으로 추진하기도 합니다. 이런 곳에 상담하면 농부 선생님을 소개해주거나 필요한 재료 등을 받을 수 있습니다.

지역 전문가에게 배운다는 것은 아이들에게도 신선한 경험입니다. 실제로 시범을 보여주면서 친절하게 가르쳐주면 아이들도 자신감을 가지고 재배할 수 있습니다.

상담할 때는 가능하면 재배하는 작물이나 재배 일정, 수업 계획 등을 정해주고 일정을 조정합니다. 또 농부 선생님이 학교에 오는 날이 정해지면 아이들에게 사전에 알리고, 무엇을 묻고 싶은지 생각해보도록 합니다. 정리한 것을 농부 선생님께 미리 전달하면 수업이 원활하게 진행됩니다.

작물을 키우는 동안에는 각자의 텃밭 상황이 달라 불안해하지만 이 상태로 괜찮은지, 무엇이 잘못되었는지, 어떻게 해야 좋은지 등의 조언을 들으면 아이들의 흥미도 한층 더 높아질 겁니다. 수업이 끝나면 농부 선생님께 감사의 편지를 쓰고, 재배 성공 파티에 초대해봅시다.

7. 연간 재배 일정

【 월별로 작물 재배 계획을 세운다 】

※ 학교 텃밭의 경우 → 아이들이 학교에 나오지 않는 방학 기간(여름·겨울·봄방학)에는 중요한 작업이 없도록 한다

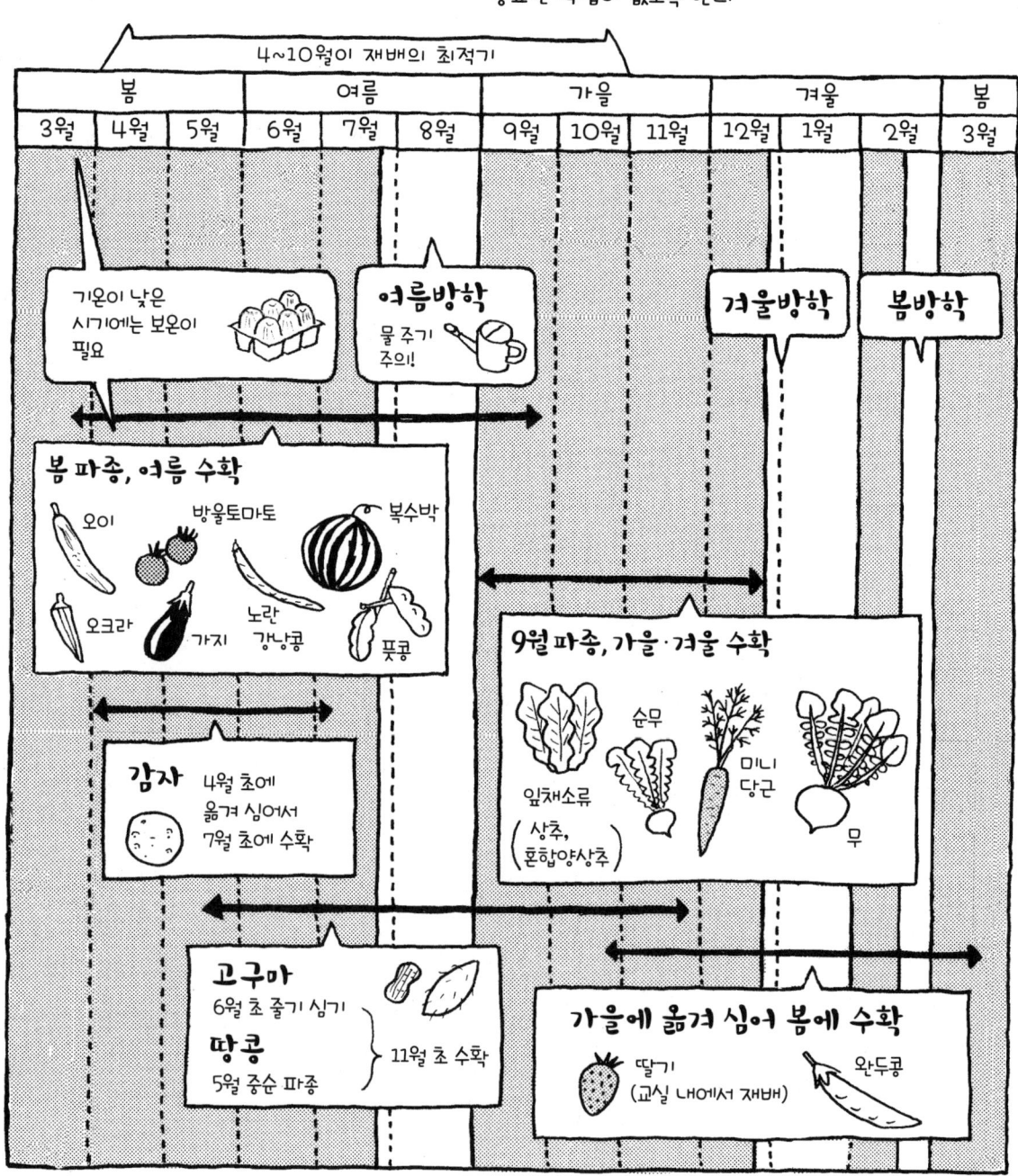

【추천 작물 계획표】

※ 학교의 경우는 전체 10시간 수업 계획으로 활용 가능

방울토마토 재배

	3월	4	5	6	7	8	9	10	좋은 점	나쁜 점
3월 초 시작	파종	육묘용 화분으로	상자텃밭에 모종심기	유인·순따주기	당도 높이기 작전	수확 피자파티	당도실험 정리	보고서	- 여름방학 전에 많이 수확할 수 있다 - 당도가 높은 토마토를 많이 수확할 수 있다	- 온도가 낮은 시기라 발아가 힘들다
4월 초 시작									- 3월 말부터 파종 시작 - 여름방학 전에도 수확할 수 있다	- 수확 최적기가 여름방학 중이 된다
5월 말 시작									- 여유를 가지고 파종할 수 있다 - 발아가 좋아 성장이 빠르다	- 여름방학 중이 수확 최적기가 된다. 확실한 관리가 필요하다

오이 재배

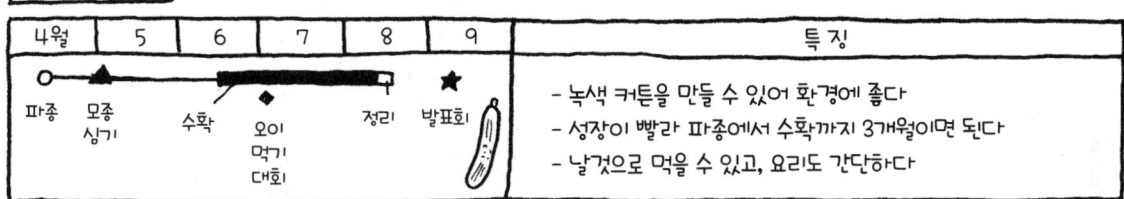

4월	5	6	7	8	9	특징
파종	모종심기	수확	오이먹기대회	정리	발표회	- 녹색 커튼을 만들 수 있어 환경에 좋다 - 성장이 빨라 파종에서 수확까지 3개월이면 된다 - 날것으로 먹을 수 있고, 요리도 간단하다

우유갑으로 잎채소류 재배

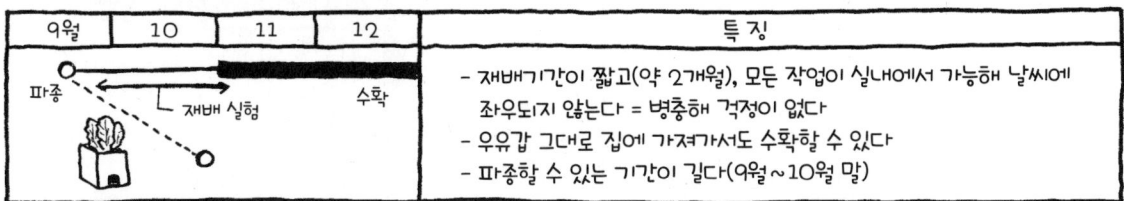

9월	10	11	12	특징
파종	재배 실험		수확	- 재배기간이 짧고(약 2개월), 모든 작업이 실내에서 가능해 날씨에 좌우되지 않는다 = 병충해 걱정이 없다 - 우유갑 그대로 집에 가져가서도 수확할 수 있다 - 파종할 수 있는 기간이 길다(9월~10월 말)

페트병 화분으로 딸기 재배

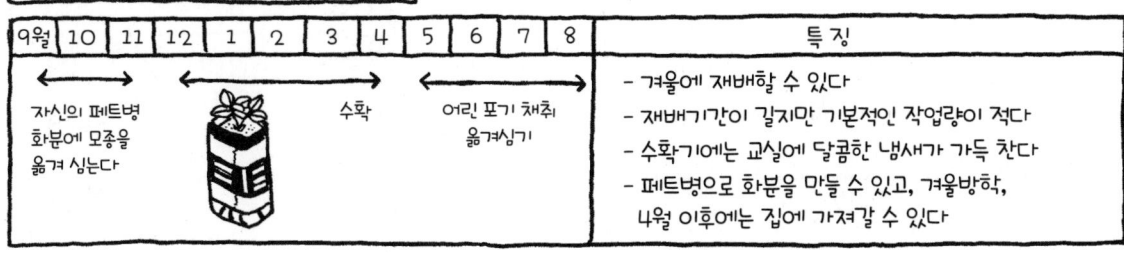

9월	10	11	12	1	2	3	4	5	6	7	8	특징
자신의 페트병 화분에 모종을 옮겨 심는다				수확				어린 포기 채취 옮겨심기				- 겨울에 재배할 수 있다 - 재배기간이 길지만 기본적인 작업량이 적다 - 수확기에는 교실에 달콤한 냄새가 가득 찬다 - 페트병으로 화분을 만들 수 있고, 겨울방학, 4월 이후에는 집에 가져갈 수 있다

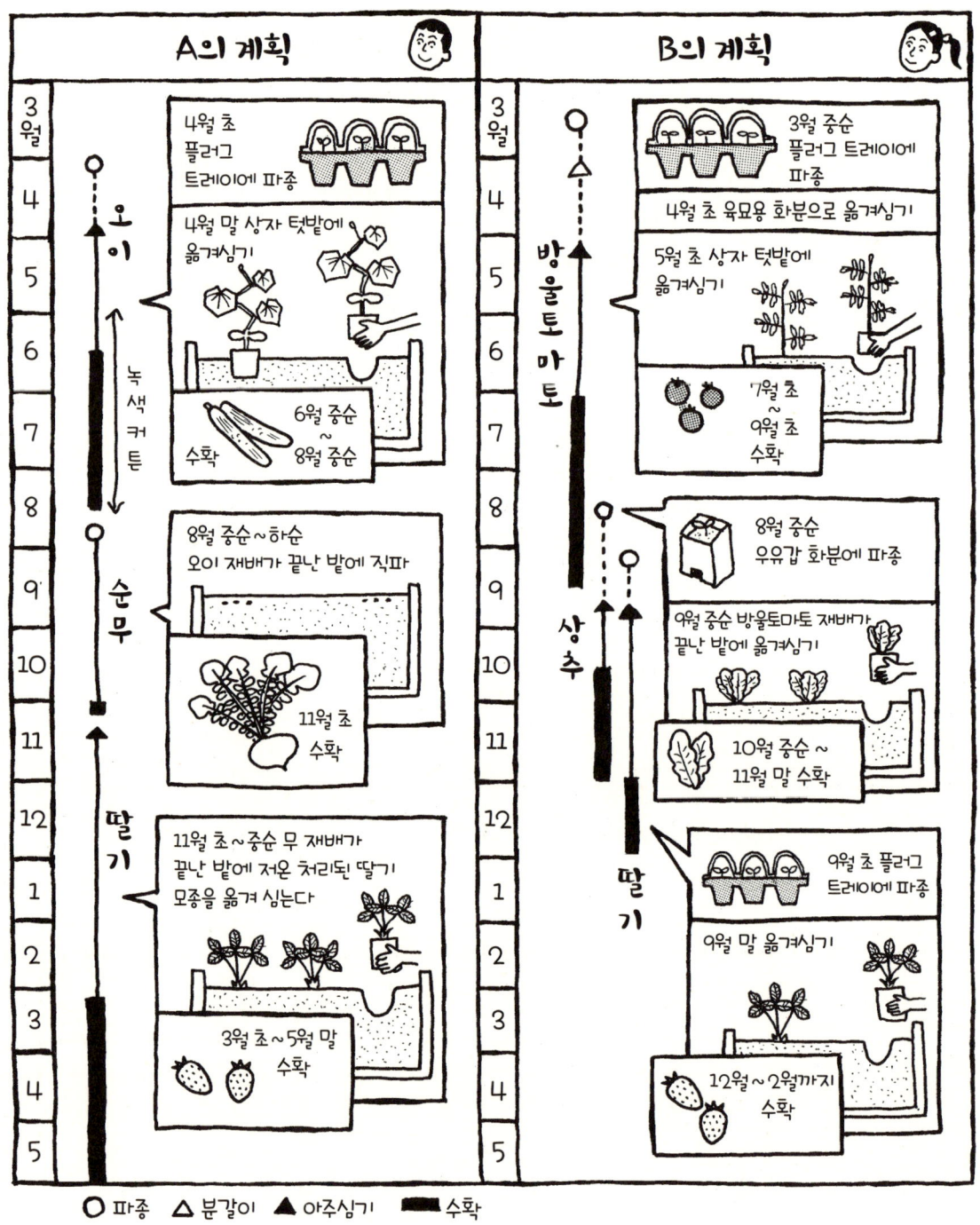

수확한 뒤 바로 다음 재배를 할 수 있도록 기간을 잡으면, 그만큼 상자 텃밭의 효율이 높아진다

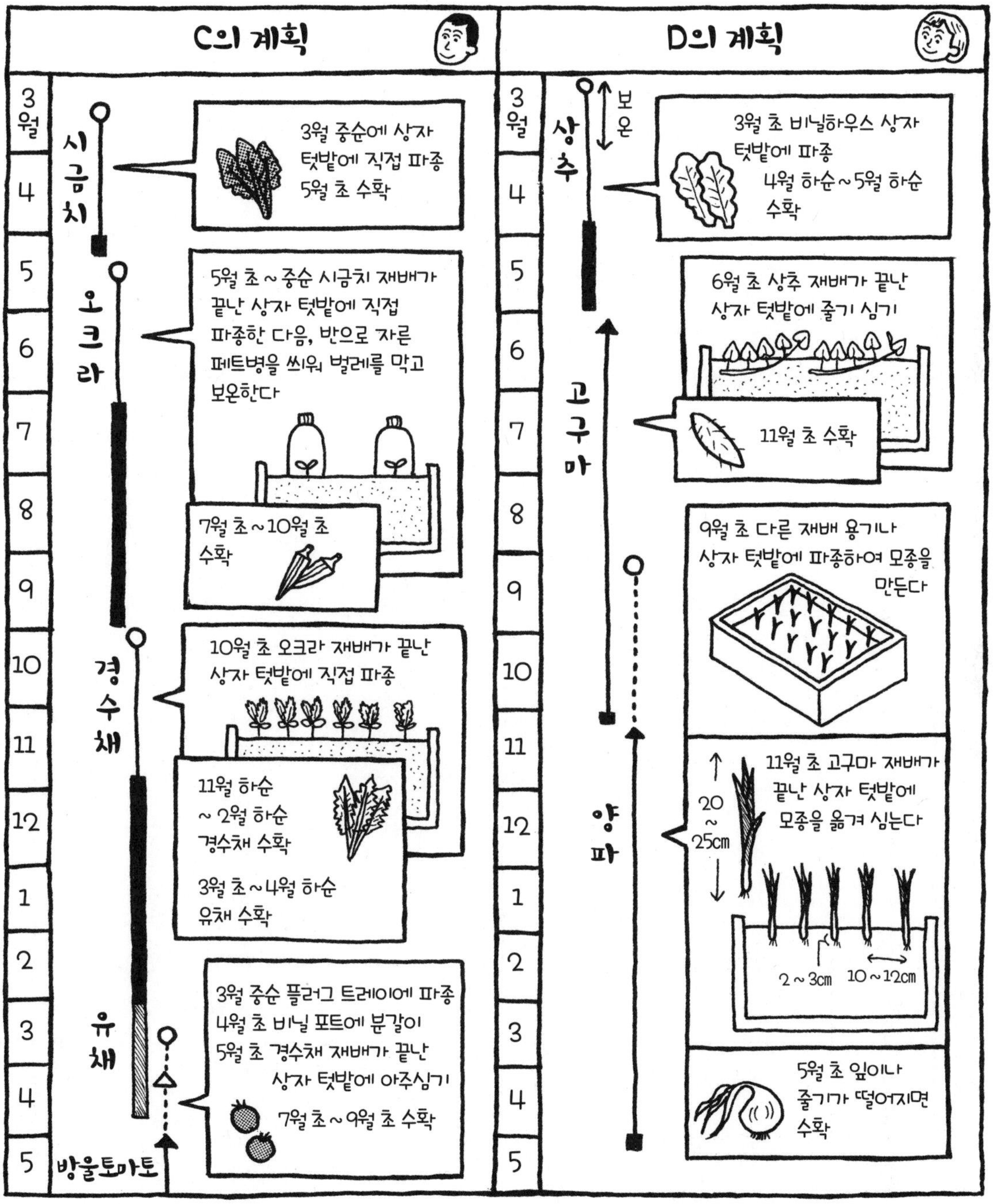

C의 계획

월	작물	내용
3월	시금치	3월 중순에 상자 텃밭에 직접 파종 5월 초 수확
4		
5	오크라	5월 초~중순 시금치 재배가 끝난 상자 텃밭에 직접 파종한 다음, 반으로 자른 페트병을 씌워 벌레를 막고 보온한다
6		
7		7월 초~10월 초 수확
8		
9		
10	경수채	10월 초 오크라 재배가 끝난 상자 텃밭에 직접 파종
11		11월 하순 ~ 2월 하순 경수채 수확
12		
1		3월 초~4월 하순 유채 수확
2		
3	유채	3월 중순 플러그 트레이에 파종 4월 초 비닐 포트에 분갈이 5월 초 경수채 재배가 끝난 상자 텃밭에 아주심기 7월 초~9월 초 수확
4		
5	방울토마토	

D의 계획

월	작물	내용
3월	상추	보온 3월 초 비닐하우스 상자 텃밭에 파종 4월 하순~5월 하순 수확
4		
5	고구마	6월 초 상추 재배가 끝난 상자 텃밭에 줄기 심기
6		
7		11월 초 수확
8		9월 초 다른 재배 용기나 상자 텃밭에 파종하여 모종을 만든다
9		
10		
11	양파	11월 초 고구마 재배가 끝난 상자 텃밭에 모종을 옮겨 심는다 20~25cm
12		
1		2~3cm 10~12cm
2		
3		
4		5월 초 잎이나 줄기가 떨어지면 수확
5		

※ 지역에 따라 1~2개월 차이가 날 수 있습니다

【 텃밭 활동 1년 일정 】

* 활동 일정은 우리나라의 환경에 맞추어 (사)자연의벗연구소에서 작성한 것입니다.

시기별 과제	프로그램
준비기	• 텃밭의 이해 • 담당 그룹 구성 (교직원, 학부모, 학생 등) • 텃밭 지원 기관 네트워크 • 부지 선정 및 디자인 • 텃밭 조성
활동기	• 식재 및 재배 관리 기술 습득 • 텃밭 담당 그룹 역량 강화 • 텃밭 프로그램 개발 • 병충해 예방 및 관리
발전기	• 지역사회 교류 활성화 • 어린이 농업 지도사 운영 • 텃밭 환경 프로젝트 실시 • 텃밭 잔치 개최

월		활동 내용
3월	1주	텃밭 가꾸기의 의미
	2주	텃밭 계획 세우기
	3주	채소와 곡식의 씨앗 관찰하고 특징 알기
	4주	계절에 따라 농부가 하는 일 조사하고 농사 달력 만들기
4월	1주	텃밭 조성하기, 거름 넣기
	2주	씨감자 심기, 잎채소 씨앗 뿌리기
	3주	옥수수 모종 심기, 강낭콩 씨앗 뿌리기
	4주	흙의 중요성, 지렁이 관찰
5월	1주	흙의 냄새 맡기
	2주	토마토, 가지, 고추, 오이 모종 심기 텃밭 이름표 만들기

월		활동 내용
5월	3주	옥수수, 땅콩, 수세미, 허브 심기
	4주	토종 씨앗이란? 팥 심기, 고구마 모종 심기, 오이 지지대 묶기
6월	1주	샐러드 요리 실습
	2주	잎채소 수확
	3주	잡초 뽑기, 목초액 뿌리기
	4주	감자 수확하기
7월	1주	텃밭 채소 세밀화 그리기
	2주	농사 관련 속담 조사하기
	3주	텃밭 퀴즈 대회
	4주	텃밭 활동 마무리 잔치
9월	1주	배추 모종 심기
	2주	씨 쪽파 심기, 알타리 씨앗 뿌리기
	3주	갓 김치 씨앗 뿌리기
	4주	양파 모종 만들기
10월	1주	고구마 수확 및 시식
	2주	땅콩 수확 및 시식
	3주	텃밭에 사는 곤충
	4주	배추 묶어주기
11월	1주	겉절이 담그기
	2주	배추, 쪽파 수확 및 요리 실습
	3주	메주 만들기 및 보리 씨앗 뿌리기
	4주	김치의 역사와 요리법 발표하기
12월	1주	배추 수확 및 절이기
	2주	김치 담그기
	3주	텃밭 퀴즈 대회
	4주	텃밭 활동 잔치

쉬는 시간
아이들의 흥미를 불러일으키는 이야기

재배를 시작하기 전에 이야기해주면 아이들이 '우와, 재밌다!', '그런 것도 있구나….' 하며
흥미를 느낄 만한 이야기들. 잠시 쉬어가는 시간!

"너희들은 35억 년 동안 죽은 적이 없어!" 씨를 뿌리기 전에 이야기해주자

씨를 뿌리기 전 아이들에게 씨앗과 생명에 관해 생각해보게 합시다.

교사 : 얘들아, 너희들은 태어난 지 몇 년 되었니? 얼마 동안 살았지?

아이 : 선생님, 그런 것쯤은 당연히 알죠. 지금 열세 살이니까, 생일부터 따져보면 13년 하고 4개월 되었어요.

교사 : 정말 그럴까? 자, 그럼 지금 심을 토마토는 싹이 난 날이 생일일까? 싹이 나기 전 씨앗일 때는 죽어 있었던 걸까?

씨앗을 잘라보면 안에 작은 씨눈이 보이지? 씨앗은 성장을 쉬고 있는 것뿐이고, 계속해서 살아남기 위한 엄마 나무의 분신이란다. 그러니까 씨앗도 심어주면 금방 눈을 떠서 엄마 나무처럼 크게 성장하는 거야. 알겠니?

아이 : 선생님, 토마토는 그렇다고 해도 사람은 다르지 않나요? 씨앗이 될 수 없으니까….

교사 : 너희들도 식물과 같단다. 아버지의 정자와 어머니의 난자가 만나 너희들이 태어난 거잖니? 정자와 난자는 부모님의 분신이니까, 너희들이 태어나기 전이라도 생명은 살아서 우리에게 이어진 것이지.

이렇게 생각해보면 어떠니? 어머니는 또 그 어머니, 그 어머니는 또 그 어머니로 점점 거슬러 올라가면, 결국 우리들의 생명은 언제 탄생한 것이 될까?

신석기시대일까? 인간의 조상은 원숭이라고 하는데, 원숭이의 조상이 태어났을 때일까? 알 수 없게 됐지?

뜬구름 잡는 이야기가 되어버렸지만, 우주 대폭발이 있었던 시기는 150억 년 전, 지구가 탄생한 시기는 46억 년 전이라고 해. 그때부터 여러 식물과 동물이 태어나고 진화하여 유인원이 탄생한 것은 2천~1천 5백만 년 전이라고 알려져 있어. 지금 살아있다는 것은 35억 년 전에 태어난 생명이 한 번도 죽지 않고 이어져왔기 때문이 아닐까. 그래, 너희들의 생명의 나이는 35억 년이 정답이야. 그리고 이 토마토의 나이도 35억 년이란다. 그러니 소중히 기르자.

채소의 고향은 대부분이 외국!

채소를 기를 때는 원산지를 알고, 원산지의 기후나 토질 등의 환경조건을 알아보는 것이 중요합니다. 채소에게 가장 적합한 환경은 원산지와 같은 환경조건이기 때문입니다. 원산지에서는 원종이 야생에서 자라고 있습니다.

여기서 질문입니다. 아래의 채소 중 우리나라가 원산지인 것을 3개 골라보세요.

> 우엉, 배추, 파드득나물, 참나물, 가지, 참마,
> 미나리, 무, 순무, 머위, 양하, 토란

정답은 미나리, 머위, 참나물입니다.

현재 우리가 먹는 채소의 종류는 약 120종이라고 알려져 있는데, 그중에서 우리나라가 원산지인 채소는 많지 않습니다.* 토마토, 감자, 양배추, 딸기, 메론, 양상추, 피망, 아스파라거스 등 인기 있는 채소의 원산지를 알아봅시다.

모두 우리나라의 기후조건에 맞도록 긴 시간을 거쳐 품종을 개량했지만, 원산지의 환경이 가장 잘 맞는 것은 변함이 없습니다.

8. 컴퓨터와 카메라 활용하기

【 재배 블로그를 만들자 】

매일 성장하는 모습을 사진으로 찍어, 보기 좋게 편집한 후, 멋진 제목을 붙이고 느낀 점을 써 넣는다

노트에 재배 일기를 쓰는 것은 힘들지만 블로그라면 열심히 할 수 있어요!

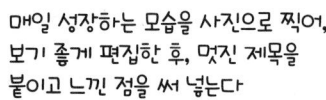

재미있어♪

어린이들이 좋아하고 잘할 수 있는 일

재배 교육뿐만 아니라 정보 교육과도 연계할 수 있어요~

사진 촬영 요령

카메라의 데이터는 간단하게 컴퓨터에 옮길 수 있고, 서로 원하는 자료를 공유할 수 있다

● **전체적인 모습과 가까이에서 찍은 모습, 모두 필요하다**

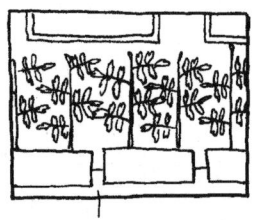   

재배하는 장소를 알 수 있도록 전체적인 모습을 촬영

가까이에서는 열매, 꽃, 잎 등을 나누어 촬영

● **촬영할 장소를 고민해본다**

← 교실 안에서 찍는다
· 평소 생활하면서 작물이 어떤 모습인지 알 수 있다

잘 보이도록 뒷부분에 흰 종이를 대고 찍으면 좋다

모종의 성장 모습을 기록하기 위해서는 성장점(모종의 끝 부분)을 촬영해둔다

식물의 뒤에서, 위에서, 아래에서, 옆에서 찍는다
· 방향, 빛의 상태 등에 따라 다르게 찍힌다
· 일상생활에서는 관찰할 수 없는 각도

● 모종의 길이를 측정하고 기록한다　　● 메모를 넣는다

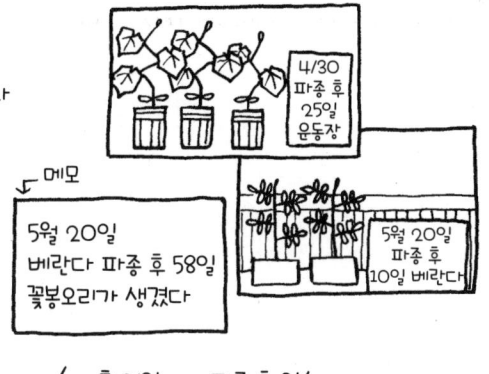

반과 날짜를 적은 종이를 넣는다
(메모는 날짜에 따라 바꾼다)

· 모종을 나열하여 사진을 찍어둔다

멀리서도 수치를 알 수 있도록 5cm 간격으로 선을 그은 도화지를 뒷면에 놓는다

※ 자는 촬영일과 관계없이 항상 같은 것을 사용한다

5반 3모둠
6월 15일(목)
4/5 파종

보통 자로는 멀리서 보이지 않겠지?

1주 간격으로 사진을 찍으면 성장 과정을 잘 알 수 있다

4/30 파종 후 25일 운동장

메모
5월 20일 베란다 파종 후 58일 꽃봉오리가 생겼다

5월 20일 파종 후 10일 베란다

· 촬영일　· 파종 후 일수
· 재배하고 있는 장소 (베란다, 운동장 등)
· 변화 (꽃이 피었다, 열매를 맺었다 등)

도화지나 보드에 써서 작물과 함께 사진을 찍는다

【 재배 정보 활용법 】

● 홈페이지를 활용한다　　● 무선 카메라에 연결해 작물을 관찰한다

여기는 벌써 꽃이 폈어요~!

홈페이지나 블로그를 만들면 전국에 있는 사람들과 교류가 가능하다

오늘 토마토 씨앗을 뿌렸어요

제주도와 강원도는 한두 달 정도 차이가 난다*

← 궁금한 점이 있다면 이메일로 물어볼 수 있다

멀리 있어도 작물의 모습을 볼 수 있어요

웹 카메라나 비디오 카메라를 작물 앞에 설치해 인터넷으로 24시간 관찰할 수 있다

● 프레젠테이션으로 학습 성과를 발표한다

파워포인트로 프레젠테이션을 하거나, 워드로 보고서 만들기 등

● 그래프나 데이터 처리를 간단히 할 수 있다

엑셀을 사용하면 간단한 그래프 작성이 가능해 데이터를 비교할 수 있다

※ 오이로 만든 녹색 커튼의 온도, 습도, 조도 등에 활용

컴퓨터를 사용하면 간단하네!

9. '실패'야말로 성공의 밑거름

【 실패했을 때가 바로 학습 기회 】

실패가 있기 때문에 올바른 답을 찾을 수 있습니다. 실패는 채소가 보내는 무언의 메시지, 아이들이 변하는 기회입니다.
교사는 날카로운 눈으로 그 기회를 놓치지 말고, '실패'를 통해 배울 수 있도록 도와줍니다.

'실패'란?
파종부터 시작하는 여러 재배 과정 중에 일어나기 쉬운 일이다

※ '웃자람'이란 질소나 수분의 과다, 일조량 부족으로 작물의 줄기나 가지가 보통 이상으로 길거나 연약하게 자라는 것을 말한다

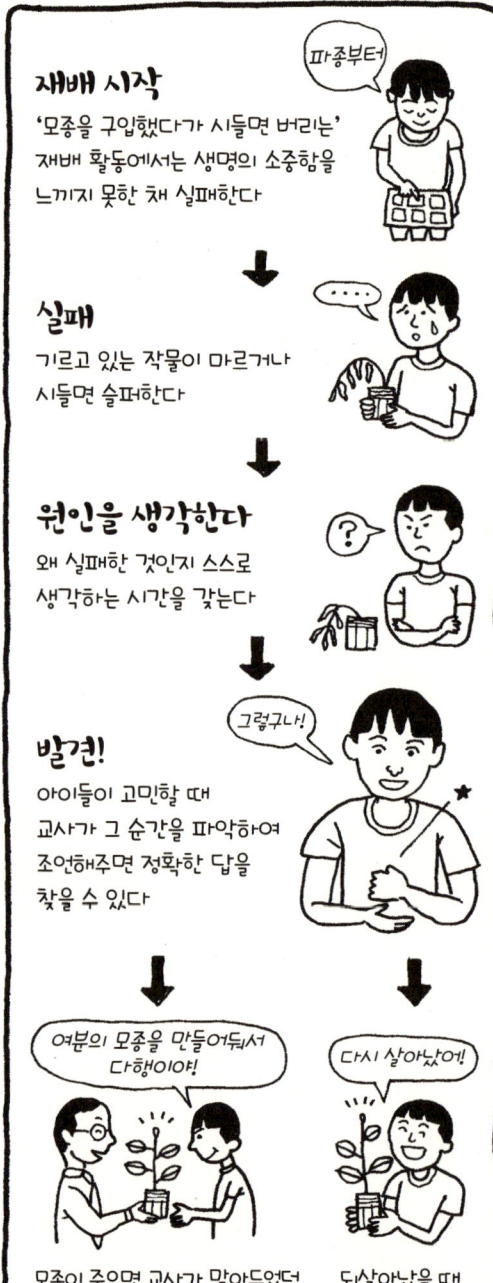

【 실패 사례와 해결책 】

A의 실패 사례

방울토마토가 비실비실 연약해졌다

"어째서 이렇게 비실비실한 걸까?"
"어떻게 해야 나을 수 있을까?"

웃자람

- 잎이 노랗게 된다
- 줄기가 얇고 잎과 잎 사이의 간격이 넓다
- 잎이 축 처진다
- 병에 걸리기 쉬워진다
- 똑바로 자라지 못해 옆으로 기울어지기 쉽다

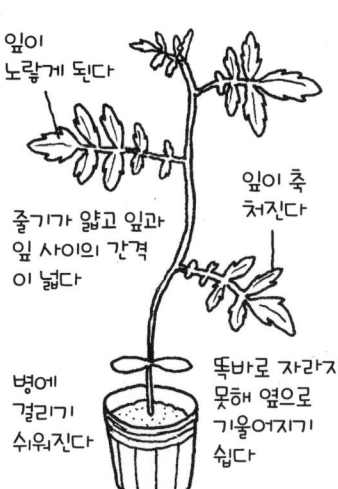

원인

① 일조량 부족
빛을 찾아서 점점 위로 자라게 된다

② 빽빽하게 심었을 때 (일조량, 통풍 부족)
- 경쟁이 붙어 서로 위를 향해 자라려고 한다
- 적절한 바람에 흔들리면 잎이 지나치게 자라는 것을 막는다

"더 위로 자라야 햇볕에 닿을 수 있어"
"좋아요~"

③ 고온
- 온도 조절을 못했거나 늦었을 때
- 교실 창가에만 계속 두었다

"더워요~" "더워~"

④ 다습
- 물을 지나치게 많이 주었을 때

해결책

여분의 모종으로 다시 재배를 시작한다

어쩔 수 없는 경우에는 친구가 여분으로 남겨둔, 생육이 좋은 모종을 받는다

"고마워!" "힘내!"

"아주심기할 때 비스듬하게 심어보자"

뿌리의 끝에서 새로운 뿌리가 자라서 활착한다

"볕이 좋고 통풍이 잘 되는 장소에 놓아주세요"

온실에 넣어두었던 것은 밖으로 꺼낸다

- 잎이 초록빛으로 짙어진다
- 줄기가 두꺼워진다

웃자란 부분은 되돌릴 수 없지만, 이제부터 자라는 부분은 잎의 간격이 정상적으로 돌아와 튼튼하게 된다

물은 약간 마른 듯 할 때 주는 편이 생육에 좋다

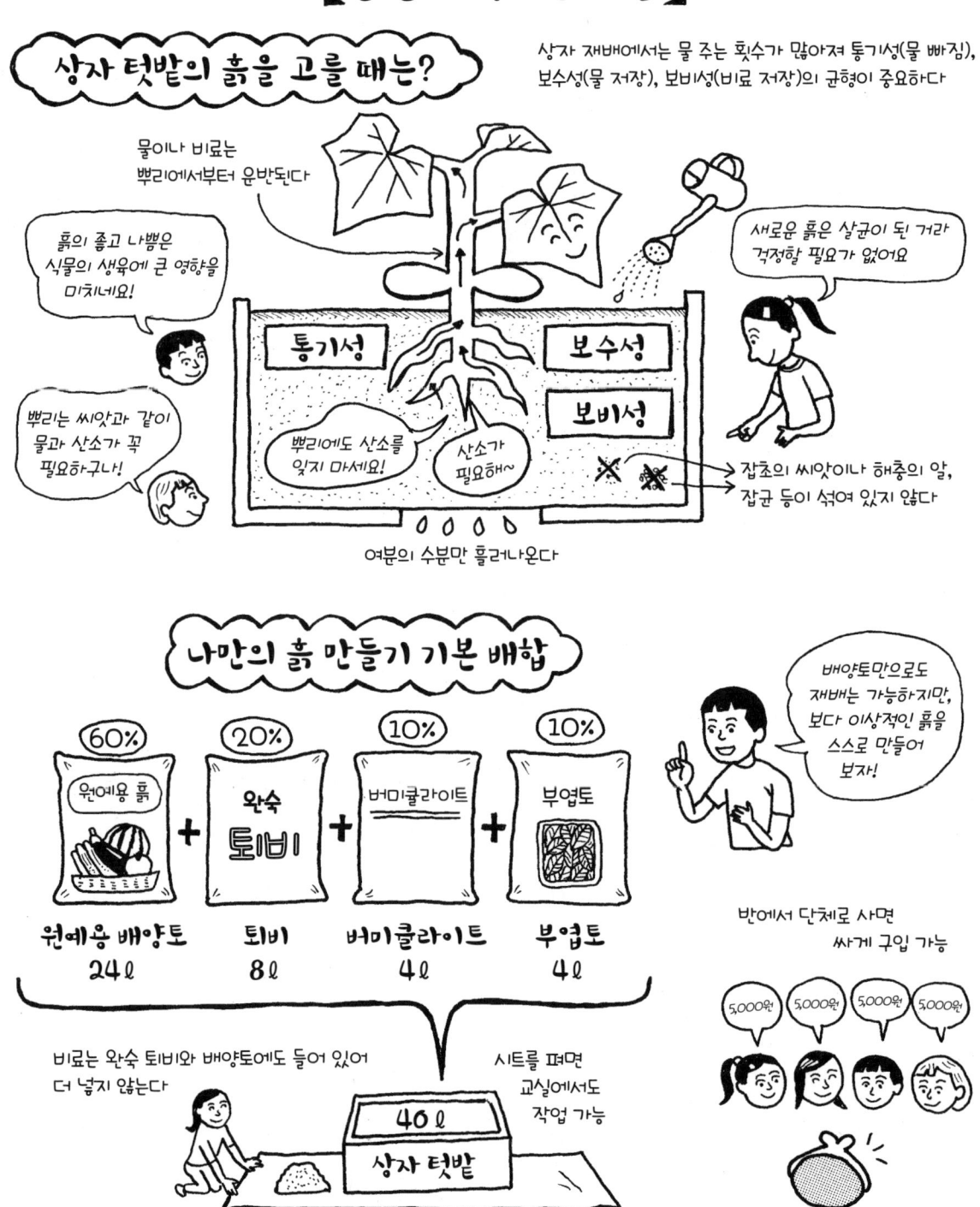

【비료 고르기와 주기】

밑거름용

덧거름용

완숙 소, 돼지, 닭의 분뇨 퇴비

유기질 비료 덧거름용

유기질이라 냄새가 안 나서 좋네 킁킁

비료의 효과적인 사용법

비료를 주는 시기는 채소에 따라 다르다

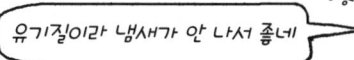

시금치, 순무, 치자
발아에서 수확까지 걸리는 시간이 짧다. 밑거름을 흙 전체와 섞는다

비료 효과 / 전격질주형 / 규칙형 / 뒷심발휘형
파종 → 수확

가지, 오이, 토마토, 오크라
생육시기가 긴 작물은 덧거름을 여러 차례 나눠줄 것

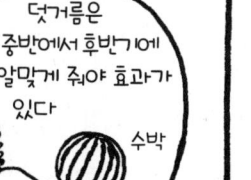
무, 수박
덧거름은 재배 중반에서 후반기에 거쳐 알맞게 줘야 효과가 있다

흙 재생법

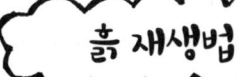

수확을 마치면 두 명이서 부직포를 들어 올려 흙을 상자에서 꺼낸다

부직포를 펼쳐 흙을 잘게 부수고 섞여 있는 뿌리나 잎 등의 쓰레기와 벌레를 솎아낸다
← 쓰레기

퇴비를 10ℓ 정도 넣고 섞는다

비에 젖지 않고 볕이 잘 드는 곳에 하루 동안 둔다
해충의 유충 등이 기어 나온다

부직포를 걷어 다시 재배 상자에 넣으면 완료. 모종을 아주심기 하거나 파종이 가능하다

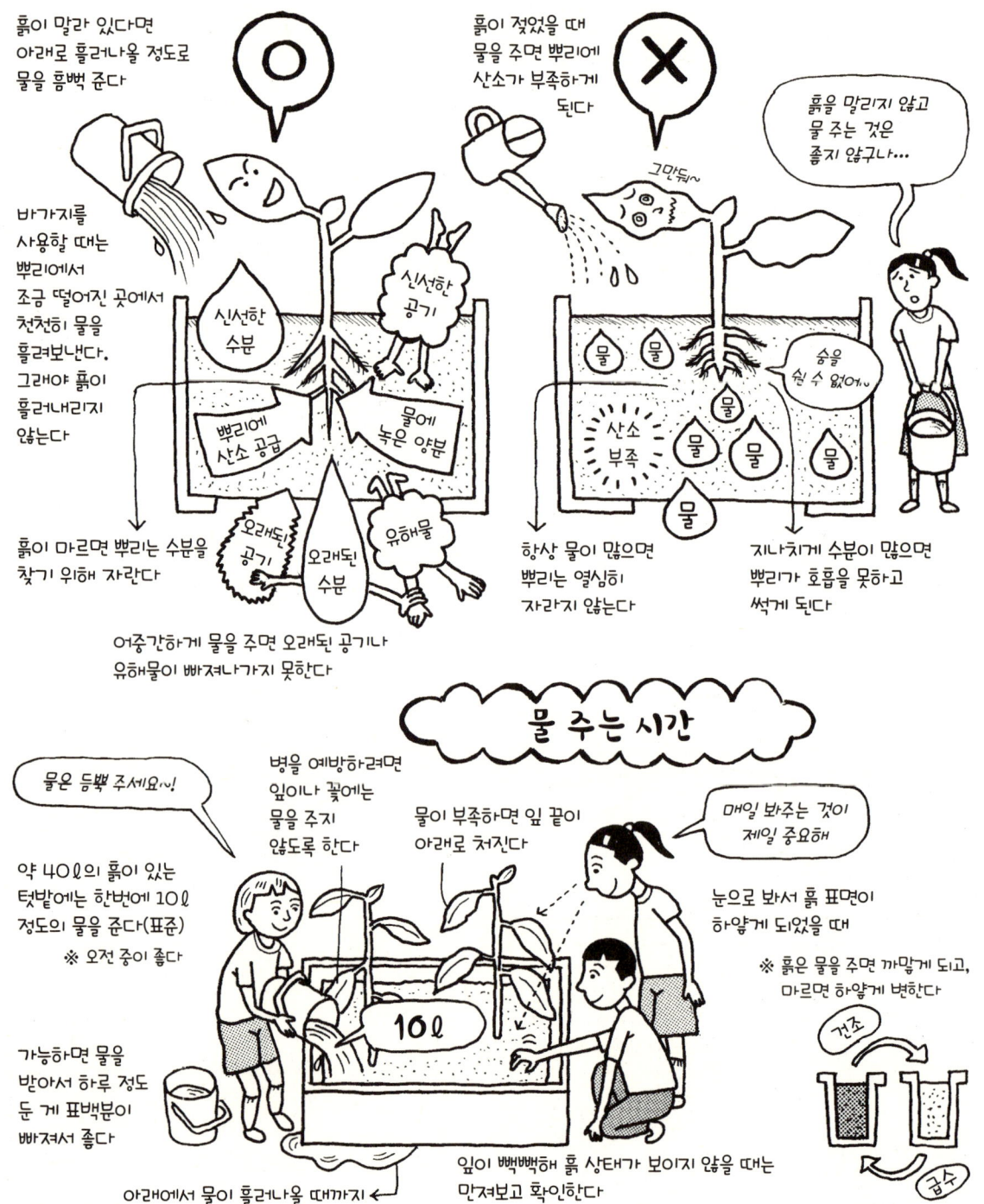

【 저면급수법이란? 】

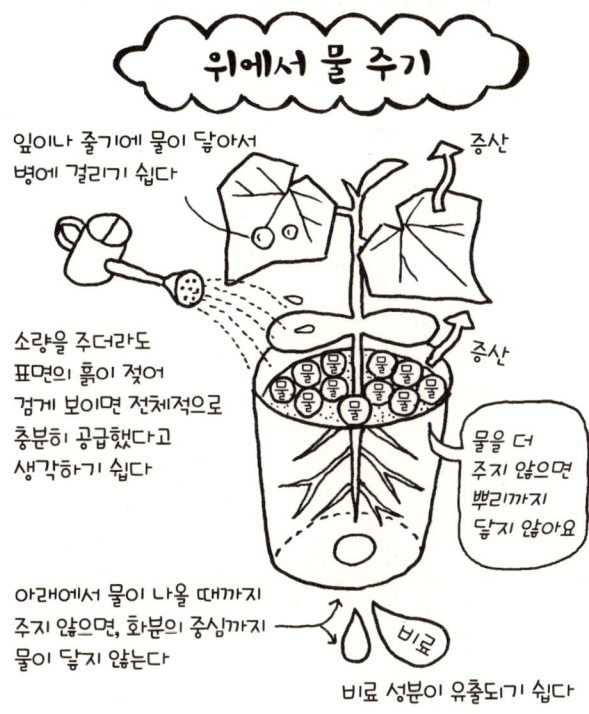

12. 병충해 예방법

【 병의 예방과 대책 】

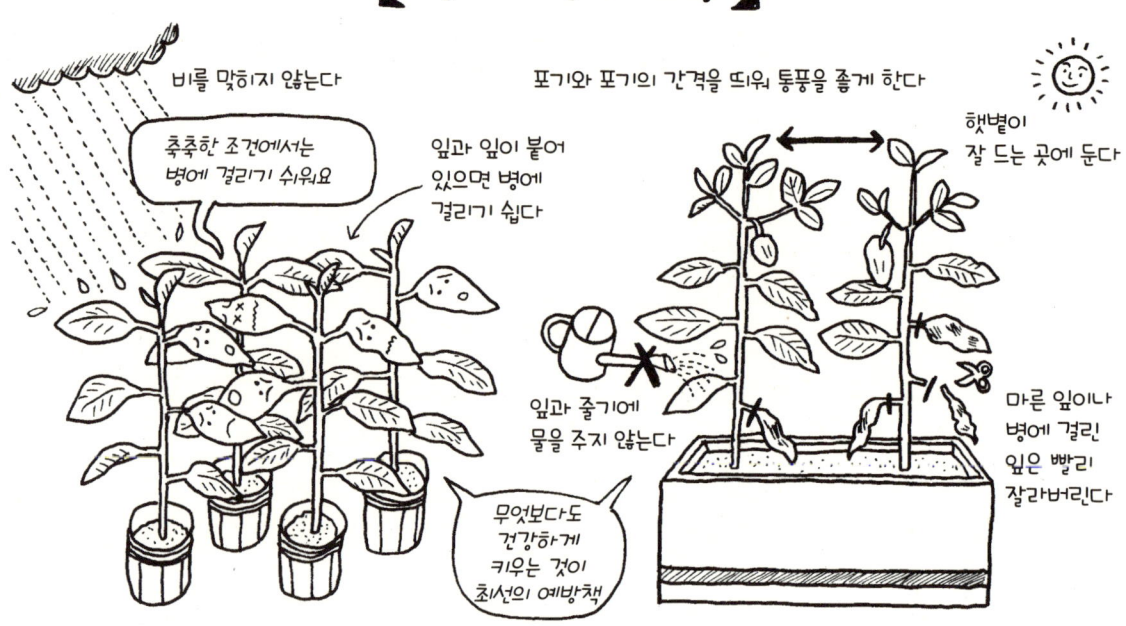

【 해충의 예방과 대책 】

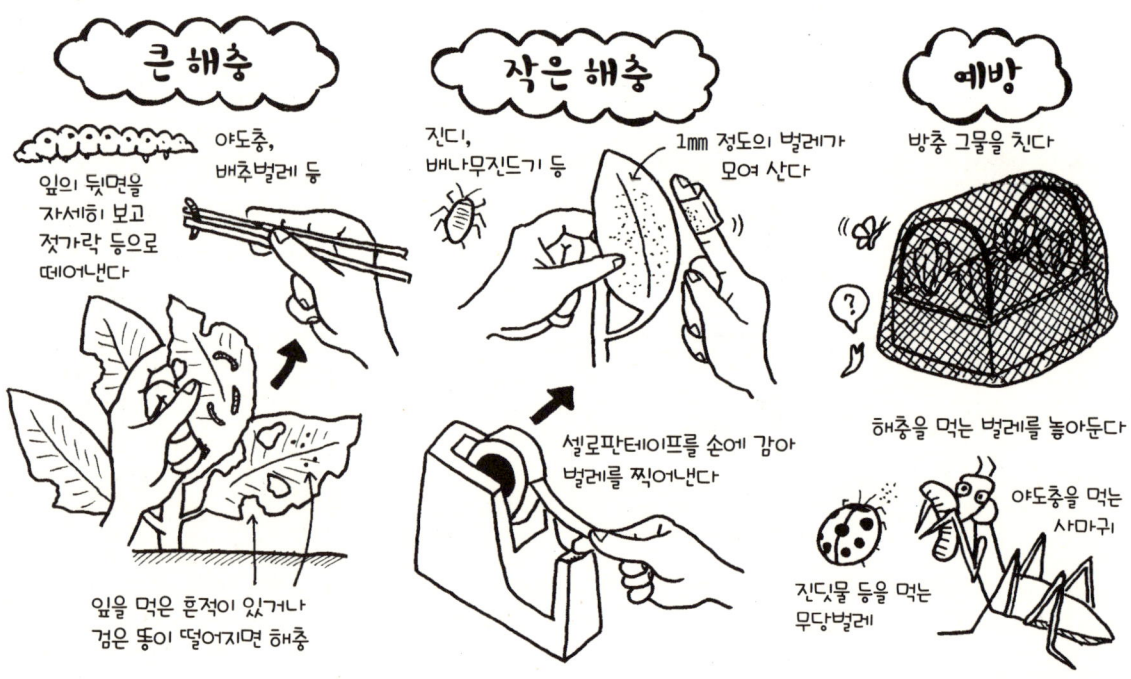

병충해나 새의 피해를 막아보자

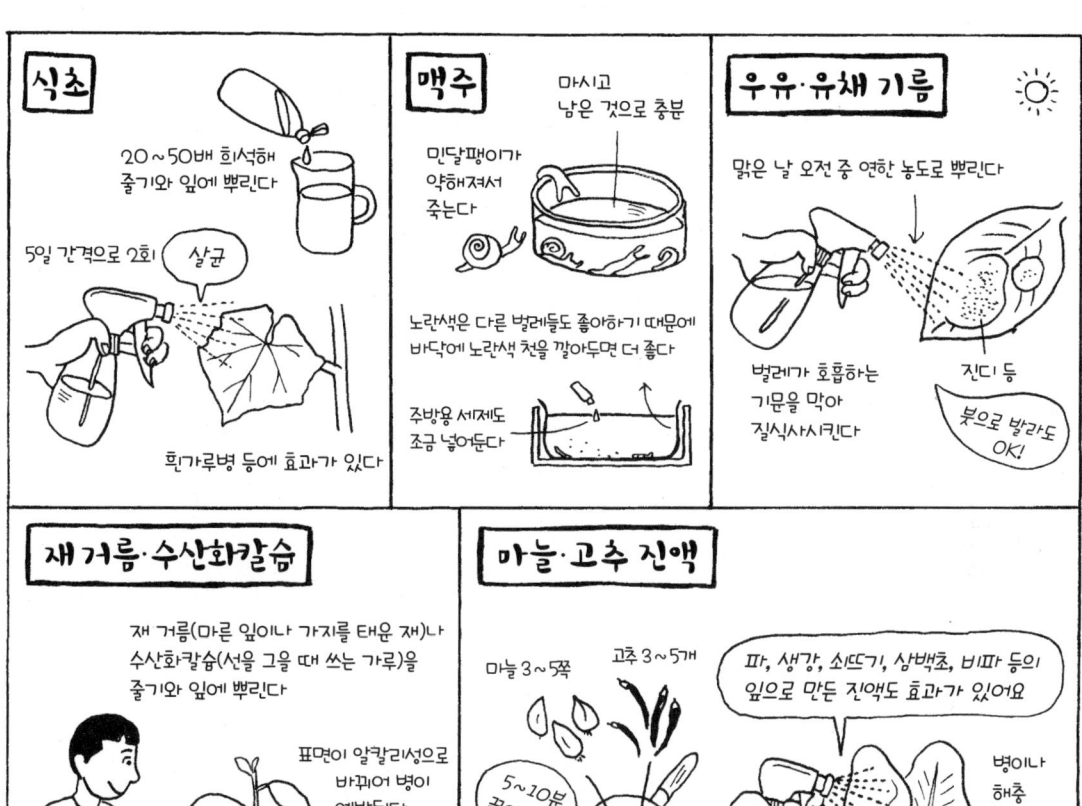

아이들 텃밭은 무농약 재배를 원칙으로 합니다. 해충 박멸에는 다음과 같은 방법도 효과가 있으므로 시도해봅시다.

식초 | 식초는 살균작용이 있습니다. 20~50배 희석해 5일에 2회씩 줄기와 잎에 뿌려주면 백분병 등에 효과적입니다.

마늘·고추 진액 | 물 1ℓ에 마늘 3~5쪽, 고추 3~5개를 넣고 5~10분 끓여서 진액을 냅니다. 식혀서 천으로 걸러준 다음 뿌립니다. 병이나 해충 예방에 효과가 있습니다.

재 거름·수산화칼슘 | 줄기와 잎에 훌훌 뿌려주면 표면이 알칼리성으로 바뀌어 병을 예방할 수 있습니다.

마시고 남은 맥주 | 벌레는 노란색을 좋아합니다. 노란 종이를 깔아놓은 접시 등에 세제를 떨어뜨려 넣어두면 민달팽이나 해충이 빠져서 죽습니다.

오래된 CD나 눈 모형 | 비둘기나 참새와 같은 새는 반짝반짝 빛나는 것이나 매의 큰 눈과 닮은 커다란 눈 모형을 싫어합니다. 오래된 CD나 물 담은 풍선을 가까이에 매달아두면 다가오지 않습니다.

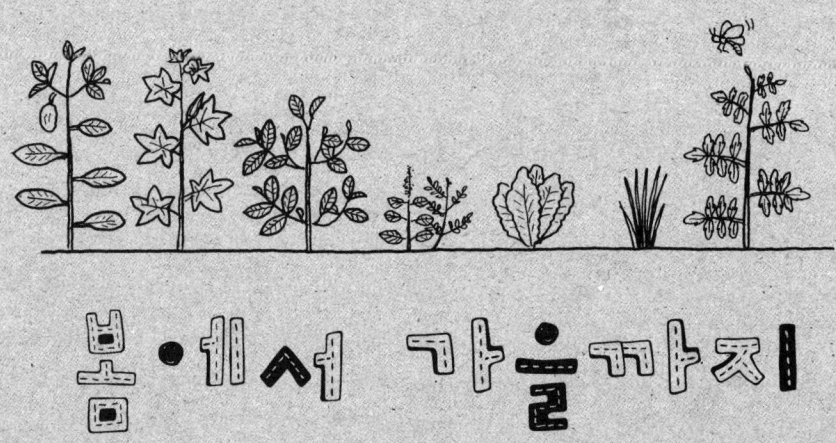

봄에서 가을까지

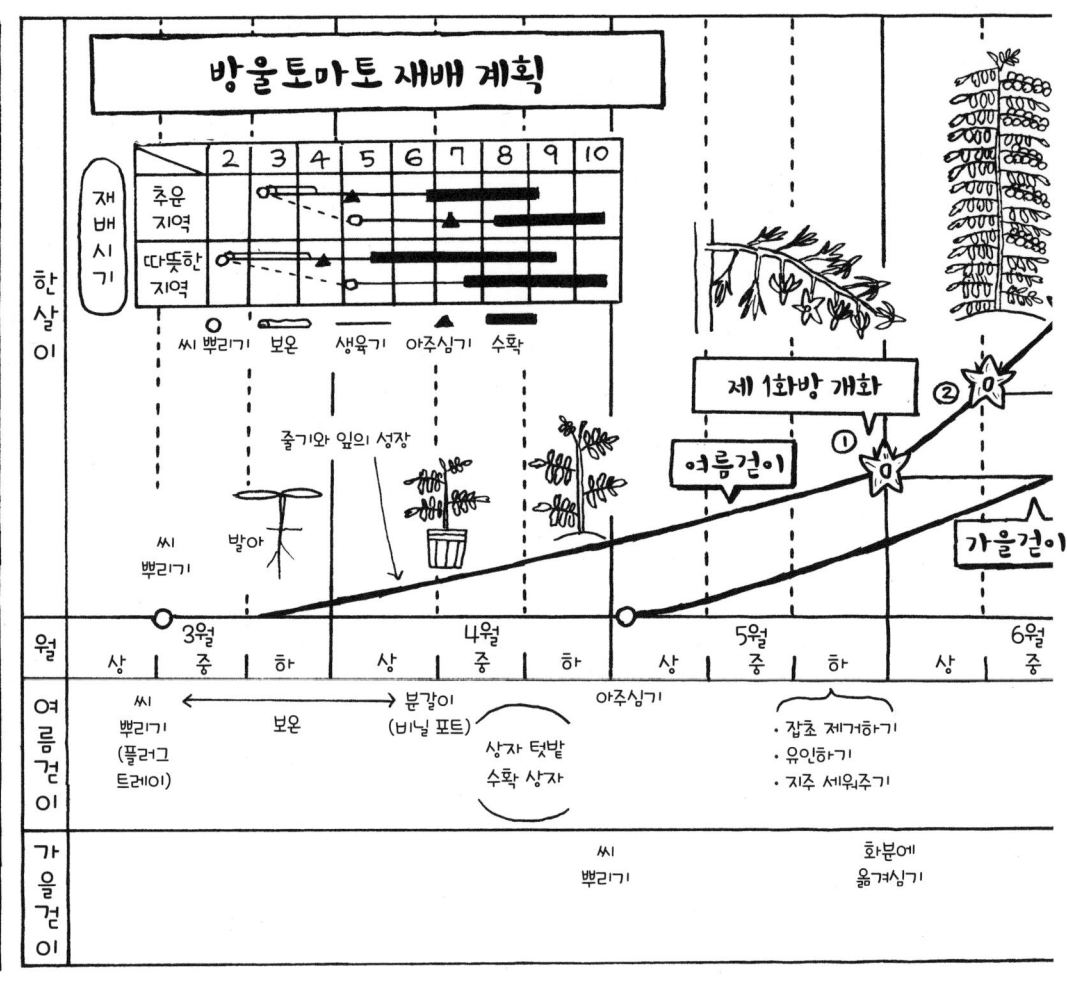

1. 방울토마토 재배 계획

🌱 텃밭을 시작할 때 가장 기본이 되는 작물

텃밭을 처음 시작할 때 가장 추천할 만한 작물은 방울토마토입니다. 방울토마토 재배는 파종에서부터 꽃을 피우고, 열매를 맺은 후 씨를 채취하는 것까지 작물의 한살이 및 생명의 연속성에 대해 배울 수 있습니다. 식물의 한살이 전 과정을 함께 해보면서 다른 채소를 재배할 때 필요한 기본적인 기술을 익혀봅시다.

보통의 큰 토마토는 재배하기 제법 까다로운 편이지만, 방울토마토는 잘 자라서 태평농법(생태계의 원리를 이용해 농약과 비료를 사용하지 않고, 땅도 갈지 않으면서 미생물과 벌레를 이용하는 농법)

을 하더라도 어느 정도 수확이 가능합니다. 게다가 장소에 크게 구애받지 않아 스티로폼 상자 텃밭 2~4개 정도면 교실 처마 밑이나 베란다에서도 재배가 가능합니다. 2명이 1개의 상자 텃밭을 사용하면 30명의 학급에서도 15개 정도의 상자 텃밭을 충분히 가꿀 수 있습니다.

방울토마토의 키는 아이들 가슴 정도 높이여서 작업·관찰·수확하기에 적당하고, 급식에도 자주 등장하는 먹거리라 싫어하는 아이들이 많지 않습니다. 숙성시킬수록 당도가 높아지는 작물이라 수량이나 당도를 객관적으로 비교할 수도 있습니다.

퓨레와 같은 가공식품, 토마토 피자와 같은 요리

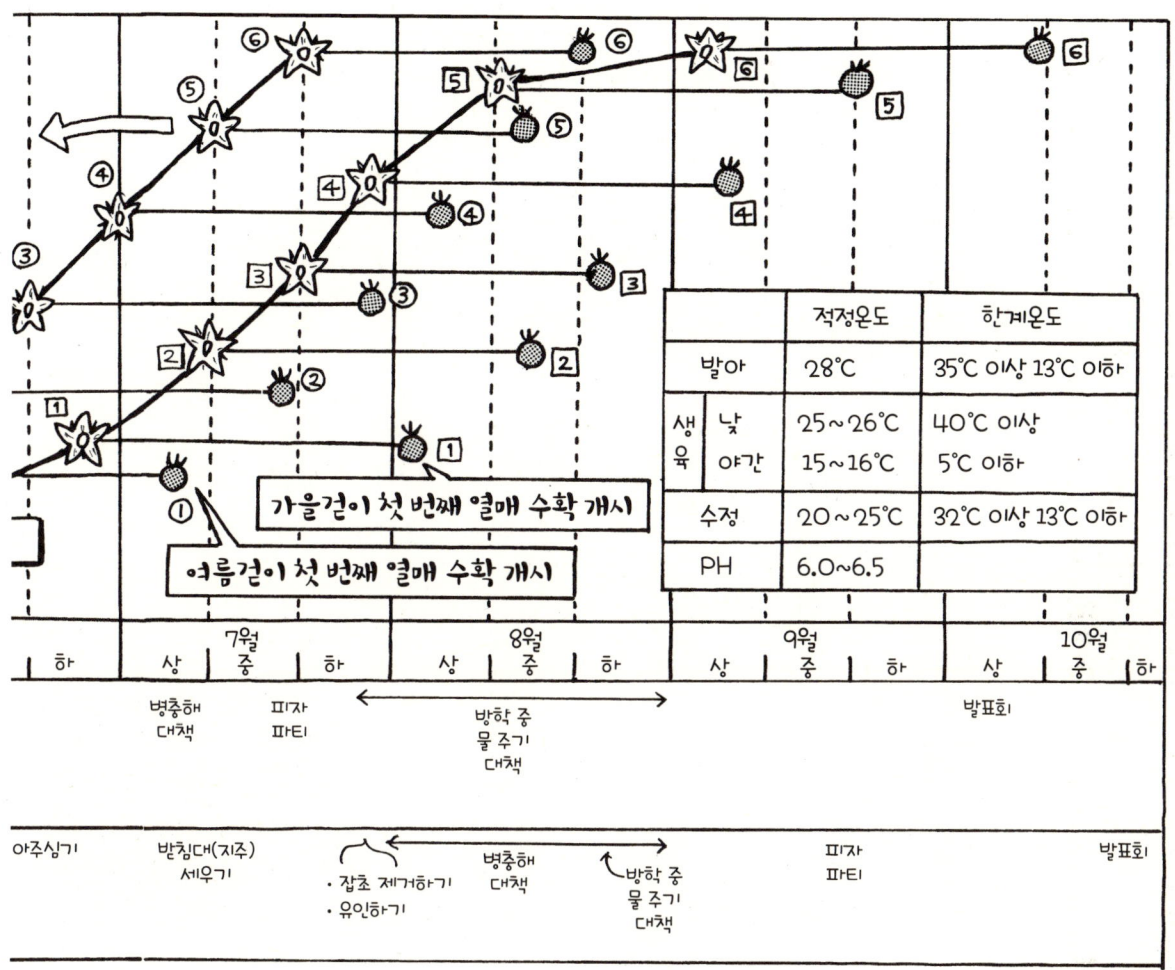

서둘러 씨를 뿌려 여름방학 전에 수확하자

안데스 고원이 원산지인 토마토는 추위나 건조, 각종 병에는 강하지만, 더위에는 약해서 32도 이상의 고온이 되면 성장이 느리고 수정도 어려워집니다. 씨 뿌리기부터 수확까지의 재배기간은 약 5개월 정도지만, 제 1화방이 개화할 때까지 2개월 이상, 개화부터 수확 시작까지 40일 전후가 걸립니다. 잘 자란다면 6, 7단 화방까지 약 2개월간 연속해서 수확할 수 있습니다. 수확이 여름방학에 집중되지 않도록 위의 그림과 같이 3월 상중순에 씨를 뿌리고, 5월 초순에 아주심기를 하며, 7월 상순에 수확을 시작하는 여름걷이를 권장합니다. 여름방학 후에 수확하려면 5월 초순 이후에 씨를 뿌려 가을걷이를 하는 것이 좋습니다.

어느 쪽도 여름방학 중 관리가 중요하지만, 특히 가을걷이는 여름방학 중 물 주기를 게을리하면 실패하게 됩니다. 재배의 적기는 지역에 따라 다르지만, 가능하다면 서둘러 3월에 씨를 뿌리는 것이 좋습니다. 수확기간이 비교적 길기 때문에 일정량을 한번에 수확할 수 있습니다.

2. 모종 기르기 세트와 씨 뿌리기

🌱 모종 기르기 세트 만들기

'모종을 사서 재배해도 실패하는데, 씨앗부터 재배한다는 것은 너무 어려울 것 같아!'라고 생각하세요? 그래도 채소 재배에서 아이들이 가장 감동하는 순간은, 스스로 뿌린 씨앗이 흙을 밀고 나와 싹을 틔울 때입니다.

모종을 구입할 때는 느낄 수 없는 '생명의 존귀함'을 실감할 수 있고, '내 방울토마토'를 더욱 사랑하게 됩니다. 아이들은 그후 매일 매일의 성장에 관심을 갖고 더욱 세심히 지켜보게 됩니다.

씨 뿌리기는 육묘 상자에 씨를 뿌렸다가 화분에 옮겨 심는 것도 가능하지만, 농협이나 화원에서 파는 '플러그 트레이'라는 합성수지 트레이를 이용할 것을 권장합니다.

씨를 뿌려 본잎이 3~4장까지 나오면 분갈이하면 됩니다. 아이들이 하더라도 뿌리가 상하지 않으면서 분갈이할 수 있습니다.

🌱 모종 기르기 세트 준비물

플러그트레이 : 크기는 278×542㎜가 대부분이지만, 구멍의 크기나 수가 다른 종류도 몇 가지 있습니다.

방울토마토를 본잎 3~4장까지 기르기 위해, 구멍의 수가 크게 50개(5×10열) 있는 것을 고릅니다.

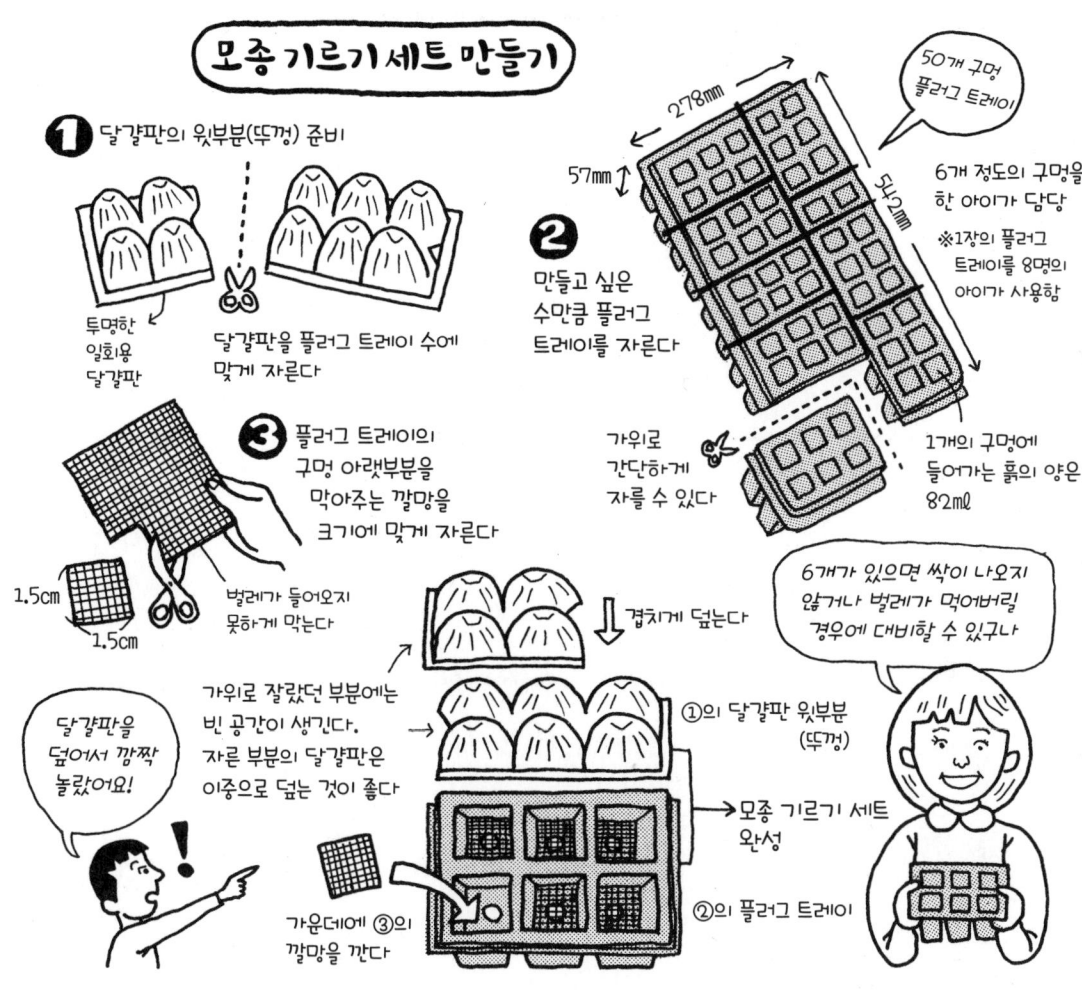

한 구멍에는 82㎖의 흙이 필요합니다. 구멍이 작으면 뿌리가 금방 가득 차버려 더 성장하지 못하고 막혀버립니다.

예비 모종을 합해 한 사람당 4~6개를 키우도록 합니다. 한 사람당 6개의 모종을 키울 경우는 위의 그림과 같이 자릅니다. 8명이 트레이를 사용할 수 있습니다.

달걀판의 뚜껑(윗부분) : 플러그 트레이(50개 구멍)에 달걀판을 덮으면 간단하게 보온효과를 볼 수 있습니다. 구멍끼리 딱 맞습니다. 10개입 달걀판을 잘라 트레이에 맞게 뚜껑과 아랫부분을 분리합니다. 윗부분을 보온용 뚜껑으로, 아래를 배수용으로 사용합니다.

깔망(화분 바닥 그물) : 깔망을 플러그 트레이의 구멍 크기에 맞춰 깔아줍니다. 아래쪽에서 물이 빠질 때 흙이 함께 빠져나가는 것을 막아줍니다.

배양토 : 가능하다면 육모 배양용 흙을 구입합니다. 가볍고 통기성이나 보온성이 우수해야 합니다. 또한 비료 성분은 적고 잡균이나 잡초 종류가 없으며 적당한 수분을 함유하면 좋습니다.

40명이 6개 정도 재배하는 경우에 필요한 양은 약 20ℓ 정도이므로 한 자루면 충분합니다.

그 외 셀로판테이프, 이름표 등이 필요합니다.

🌱 방울토마토의 품종 선택하는 법

'모종은 재배의 80%'라는 말이 있습니다. 그만큼 모종 만들기가 중요하다는 뜻입니다. 배양토 선택이나 관리도 중요하지만, 씨앗을 잘 선택해야 합니다.

방울토마토의 품종은 30~40종류가 있고, 화원에 가보면 여러 가지 품종이 진열되어 있을 겁니다.

겉보기에는 비슷하지만 씨앗 한 알씩의 가격을 조사해보면 싼 것부터 비싼 것까지 약 10배의 차이가 납니다. 저도 여러 가지 품종을 시도해보았지만 모종 상태와 가격은 큰 상관이 없었습니다. 오히려 초기 성장은 싼 씨앗 쪽이 더 빠르고 좋지만, 최종적인 수확시기에 열매의 질이나 당도를 비교해보면 조금 비싼 씨앗이 나왔습니다.

점원에게 문의하거나 뒷면에 적힌 특성, 키우는 방법, 유효기간 등을 잘 읽고 가격이 비싸도 좋은 씨앗을 선택합시다. 추천 품종은 재배하기 쉽고, 당도가 높으며, 비타민도 풍부한 '미니케롤'입니다.

좋은 씨앗일수록 발아율이 높기 때문에 한 구멍에 한 개의 씨앗을 뿌리는 것만으로도 충분합니다. 한 사람당 6개, 40명이라면 240개의 씨앗이 있으면 됩니다.

🌱 배양토를 균일하게 채우고 씨앗은 얕게 뿌리기

플러그 트레이에 배양토를 채우고, 씨를 뿌리고, 물을 주는 것은 얕은 스티로폼 상자에서 합니다.

깔망을 깐 플러그 트레이에 배양토를 약간 많이 넣고, 빈 공간이 없도록 구멍마다 손가락으로 잘 눌러줍니다. 아주 균일하게 채워지지 않으면 고르게 자라지 않게 됩니다. 물을 뿌리면 흙이 가라앉아버리기 때문에 남은 흙을 견고하게 넣어 플러그 트레이 윗부분을 평평하게 눌러줍니다.

다음은 씨를 뿌립니다. 토마토의 씨앗은 작기 때문에 한 구멍에 한 개씩 올려두고 가볍게 손가락으로 눌러주며(3~5㎜), 씨앗을 가려주는 정도로 흙을 덮습니다.

플러그 트레이에서 모종 기르기는 몇 가지 장점이 있습니다. ① 한 사람 한 사람이 자신만의 모종을 키우기에 용이합니다. ② 작은 용기에서 4~6개 정도씩을 재배합니다. 실패할 경우 예비 모종을 이용할 수 있고, 또 집으로 가져갈 수 있습니다. ③ 뿌리가 잘 얽혀 화분 모양의 뿌리가 만들어지므로 분갈이할 때 아이들도 뿌리를 상하지 않고 옮겨심기에 좋습니다. ④ 한 구멍에 한 개의 씨앗을 뿌릴 수 있어 간격을 벌릴 필요가 없습니다. ⑤ 물 빠짐이 좋아 뿌리가 굵고 튼튼하게 자라며 좋은 모종으로 성장합니다.

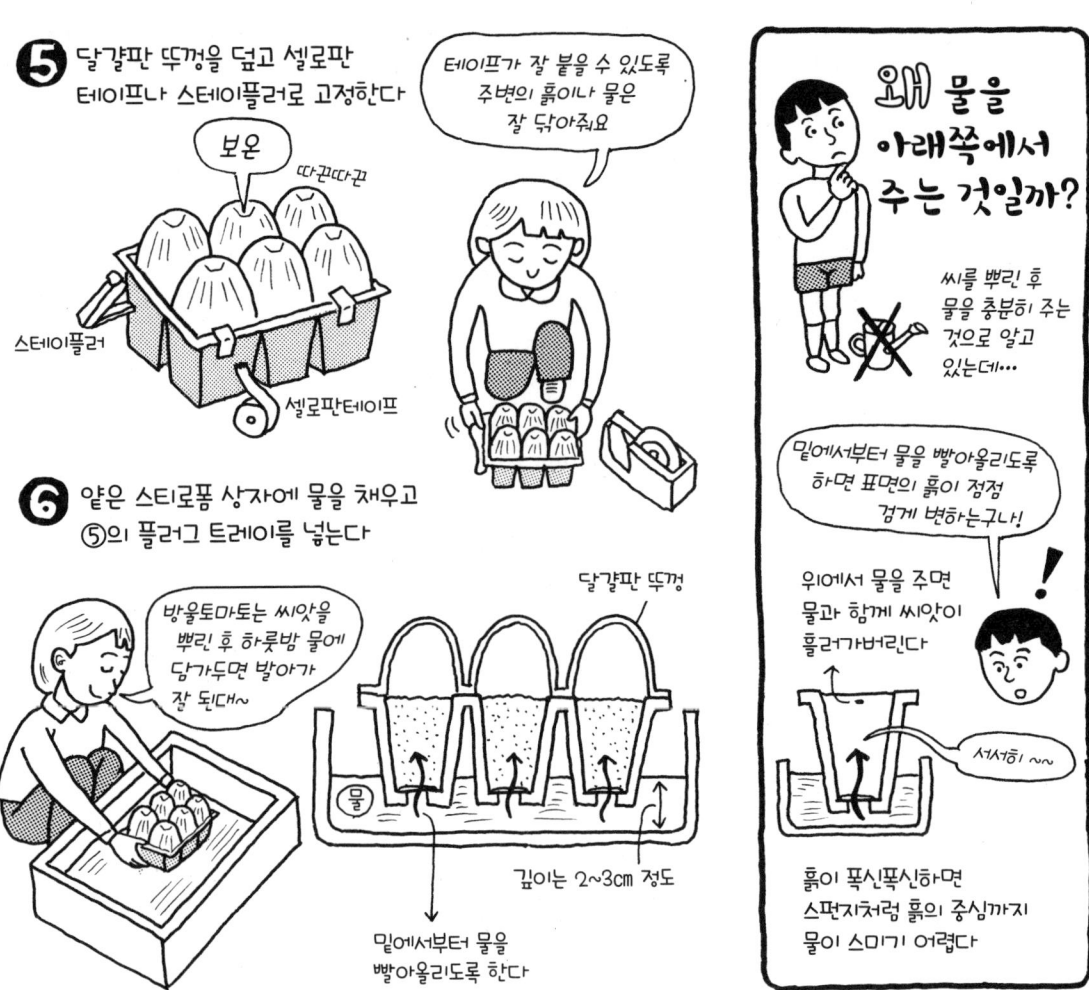

🌱 달걀판 뚜껑으로 보온하면 싹이 빨리 나요!

자고 있던 씨앗이 눈을 떠 발아하려면 물과 온도, 산소가 필요합니다. (빛이 필요한 식물도 있습니다.) 3~4월 중 씨를 뿌릴 때 부족한 것은 온도(흙의 온도)입니다.

토마토 씨앗이 발아하는 최적의 온도는 28도라고 알려져 있지만, 최저 13도 이상 돼야 합니다. 오히려 온도가 높아 35도 이상이 되면 발아하기 어렵습니다.

발아 온도를 확보하기 위해 플러그 트레이 위에 달걀판 뚜껑을 덮고 가장자리를 셀로판테이프나 스테이플러로 고정해서 외부의 공기가 들어오지 못하도록 합니다. 셀로판테이프가 잘 붙도록 플러그 트레이 주변의 물기를 미리 닦아두면 좋습니다.

낮에는 햇볕이 좋고 온도가 높은 장소에 둡니다. 추운 밤에는 발아할 때까지 실내 난방기 옆에 두기, 스티로폼 상자 등에 넣고 비닐로 싸기, 따뜻한 실내에 두고 담요 덮어두기 등 다양한 방법을 찾아야 합니다. 기본적인 조건이 모두 충족된다면 4~10일 후에는 싹이 틉니다.

🌱 물 주는 방법은 저면급수로

물뿌리개를 이용하는 것이 일반적인 방법이지만, 저는 밑에서부터 아래쪽 구멍을 통해 물을 주는 것

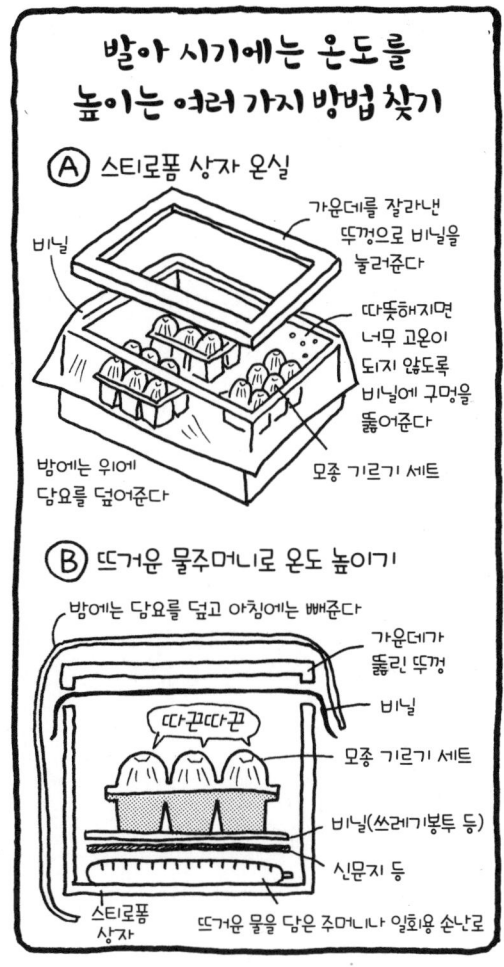

을 권장합니다. 물뿌리개로 주면 흙과 함께 씨앗이 흘러가버리거나 충분히 축축해지지 않기 때문입니다.

씨앗은 먼저 물을 충분히 빨아들이지 않으면 발아할 수 없습니다. 씨 뿌리기 전날 씨앗을 물에 담가두었다가 뿌리거나, 씨를 뿌린 후 하룻밤 아랫면에 물을 채워주면 실패할 확률이 줄어듭니다.

저면급수는 씨앗을 뿌리고 달걀 뚜껑을 덮은 후에 합니다. (덮기 전에 하면 뚜껑이 젖어 접착되기 어렵습니다.) 흙을 넣을 때 사용한 스티로폼 상자에 2~3㎝ 물을 채우고 플러그 트레이를 담급니다. 이때 수면이 플러그 트레이보다 높아지면 씨앗이 떠올라 흘러가버릴 수 있으니 주의합니다. 몇 분 후에는 세포관 현상으로 아래에서부터 물이 빨아올려져 흙이 검정색으로 변합니다.

저면급수 후에는 남은 물을 빼냅니다. 위의 그림과 같이 달걀판 아랫부분이나 수확용 상자 등에 올려두면 좋습니다.

뿌리에는 물과 함께 산소도 필요합니다. 배양토가 항상 물로 가득 차 있는 상태라면 산소 부족이 되어버립니다. 물이 빠지면 새로운 공기가 배양토 안으로 들어옵니다. 또 아래쪽 구멍이 공기에 노출되면 플러그 트레이 안에서 뿌리가 잘 뻗어갑니다.

3. 비닐 포트로 분갈이

🌱 흙의 건조 상태를 보면서 물을 주자!

씨를 뿌리고 나서 싹이 날 때까지 4~10일간은 변화가 거의 없습니다. 그러나 씨앗에서는 이미 수분을 빨아들이면서 어린뿌리나 어린싹이 성장하고 있습니다. 여기에서 중요한 것이 바로 물 주기입니다. 이제 막 자라나기 시작한 어린뿌리나 어린싹은 수분 부족으로 한번 말라버리면 싹이 나지 않습니다.

씨를 뿌릴 때처럼 얕은 스티로폼 상자에 플러그 트레이를 넣고, 플러그 트레이 높이의 반에서 3분의 2정도까지 물을 채워 2~3분간 담그는 방식으로, 아래에서부터 서서히 물을 흡수하도록 합니다.

물은 건조 상태를 보면서 이틀에 한 번, 기온이 높아지기 전 아침에 주는 것이 원칙입니다. 모종이 작을 때나 기후가 나쁠 때는 2~3일에 한 번이 좋습니다. 낮 동안에 물을 주면 물이 따뜻해져 모종이 익어버릴 위험이 있습니다. 저녁에 물을 주어도 상관없지만 밤 동안에는 수분이 많으면 웃자라기가 쉽습니다.

물을 주는 시기는 흙의 색깔이 검정색에서 갈색으로 될 때, 플러그 트레이를 들어보고 가볍다고 느껴질 때, 달걀판 뚜껑에 붙은 물방울이 적어졌을 때 등입니다. 달걀판 뚜껑 안이 보이지 않을 정도로 물방울이 있다면 아직 물을 줄 필요가 없습니다.

🌱 싹이 나는 순간 관찰하기

검은색 흙에서 흰색 점이 보입니다! 자신이 뿌린 씨앗에서 생명이 탄생하는 순간을 보는 것은 아이들을 늘 감동시킵니다. 가늘고 긴 떡잎이 벌어져 발아가 무사히 완료되면 재배의 반 이상 성공했다고 해도 과언이 아닙니다. 식물은 낮보다도 밤에 잘 자라는 경향이 있어 이 순간을 놓치지 않기 위해서는 매일 아침 관찰해야 합니다.

싹이 난 후에는 실외의 햇빛이 잘 비치는 장소로 옮기고, 뒤집어놓은 수확용 상자 위에서 키웁니다. 밟거나 차일 위험이 적습니다. 밤사이 15도 이하로 내려갈 경우에는 실내에 두는 것이 좋습니다.

🌱 달걀판 뚜껑을 벗기는 시기는?

떡잎이 나오고 나면, 잎의 가장자리가 뾰족뾰족한 본잎이 나옵니다. 달걀판 뚜껑을 제거하는 시기는 가장 큰 모종의 본잎이 2장 나와 뚜껑에 닿을 정도가 되었을 때입니다.

본잎이 3장 나올 때쯤이면 점점 저온에도 강하게 됩니다. 오히려 고온에서는 비실비실 웃자란 모종이 돼버립니다. 발아 후 약 20일 정도의 상황입니다.

뚜껑을 벗긴 후에는 햇빛이 잘 비치는 곳으로, 가능한 한 비를 맞지 않는 실외에서 키웁니다.

🌱 본잎 2~3장일 때 덧거름 주기

육묘 배양용 흙에는 대부분 비료가 포함되지 않기 때문에, 발아 후 2~3주쯤 본잎 2~3장이 나오면 덧거름을 줍니다. 전체적으로 잎의 색깔이 흐려지고, 떡잎이 노란색을 띠면 덧거름이 필요합니다.

덧거름의 비료는 여러 가지 성분이 함유되어 서서히 효과가 나는 유기질 비료를 권장합니다. 보통의 화학비료는 효과가 빠르게 나타나서 뿌리가 병들어버립니다. 유기질 비료는 길이 7~8mm, 너비 3~4mm의 원기둥 모양의 알갱이 상품을 추천합니다. 알갱이 모양이라면 주기도 편하고 양도 알기 쉽고, 냄새도 거의 없습니다. 또 바람에 잘 날려가지 않습니다. 플러그 트레이 구멍마다 모종 주변에 5~6알씩 뿌리고, 손가락으로 덮어주는 정도로 눌러줍니다. 저면급수하면 비료는 서서히 물에 녹아 뿌리에서부터 흡수됩니다. 반대로 축축한 상태라면 산소 부족으로 뿌리가 썩어버릴 수 있기 때문에 물을 잘 빼줍니다. 이때쯤부터는 물 주기를 점점 줄여가야 뿌리가 잘 자랄 수 있습니다.

덧거름을 실시한 지 3~4일 정도 되면 잎의 색이 진해지고 생기가 돕니다. 덧거름을 실시해도 생기가 느껴지지 않으면 뿌리에 문제가 있다는 증거입니다. 덧거름과 물 주기보다 지나치게 습한 흙을 말려 뿌리에 산소를 공급하는 것이 급선무입니다.

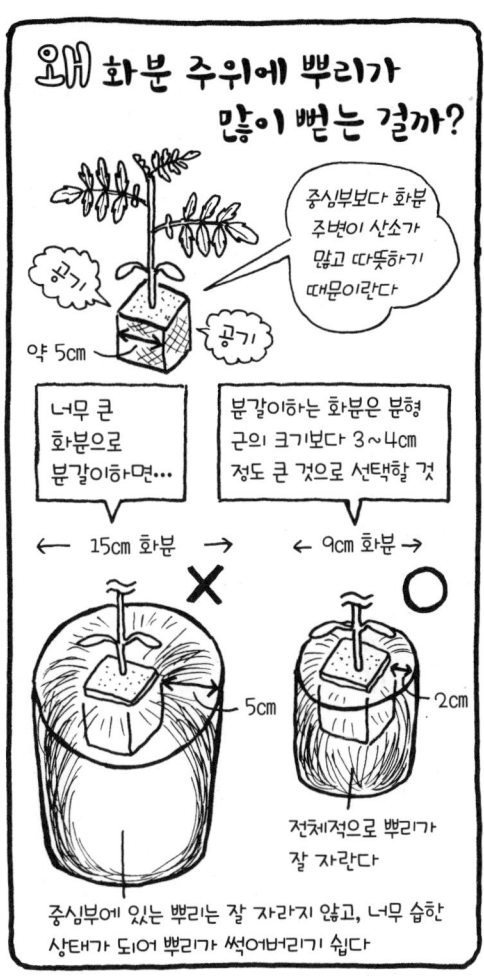

🌱 분형근이 잘 만들어지면 분갈이하기

씨앗을 뿌린 후 30일 전후로 본잎 3~4장이 나오게 됩니다. 이때쯤이면 셀 구멍 전체에 하얀색 뿌리가 온통 둘러칩니다. 아래 구멍을 눌러보면 화분 모양 그대로 빠져나옵니다. 이것을 '분형근'이라고 합니다.

더 이상 자라면 새로운 뿌리가 자랄 공간이 없어집니다. 그러면 하얀 뿌리는 노화해 감빛에서 검정색으로 변할 수 있습니다. 흙 위의 성장도 멈추고, 옮겨 심는다 해도 새로운 뿌리가 성장하지 못하는 노화 모종이 되어버립니다. 분형근이 생겼다면 분형근보다 조금 큰 화분으로 분갈이해야 합니다.

분갈이하는 시기는 본잎 3~4장 정도가 나오는 때로, 플러그 트레이 아래쪽 구멍을 손가락으로 눌러보면 하얀 분형근이 그대로 빠져나오는 때입니다. 분형근이 만들어지면 흙이 나와도 허물어지지 않기 때문에 아이들도 뿌리를 보호하며 분갈이할 수 있습니다. 6개 모두 같은 상태는 아니기 때문에 분형근이 만들어진 것부터 순서대로 분갈이를 합니다.

방울토마토는 본잎 5~6장이 나오고, 작은 7~8장의 잎이 보일 때쯤 분갈이하는 것이 가장 좋으며, 직경 9cm 비닐 포트가 적당합니다.

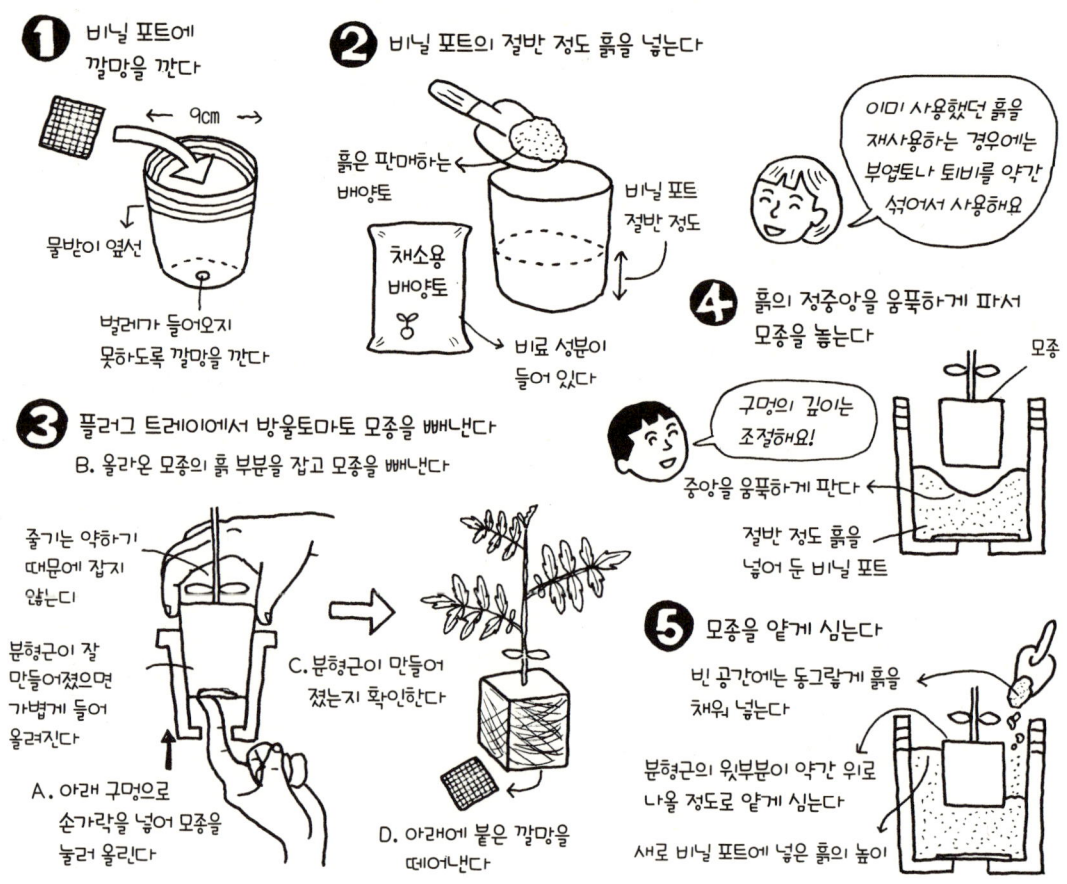

🌱 물받이 공간을 확보하며 얕게 심기

비닐 포트(직경 9cm)로 분갈이하는 방법은 다음과 같습니다.

① 비닐 포트에 깔망을 넣는다.

② 비닐 포트 절반 정도까지 흙을 넣는다. 흙은 판매하는 배양토가 좋습니다. 사용했던 흙을 다시 사용할 경우에는 부엽토나 퇴비를 20~30% 섞어 둡니다.

③ 방울토마토 모종을 빼낸다. 플러그 트레이 아래쪽 구멍에 손가락을 집어넣어, 아래에서 위로 약간 올려봅니다. 가볍게 올라오면 분형근이 잘 만들어진 것이지만, 올라오지 않는다면 아직 분갈이할 상태가 아니므로 배양을 계속합니다. 올라온 분형근을 반대쪽 손으로 잡고 아래의 깔망을 떼어냅니다.

④ 비닐 포트의 정중앙에 분형근을 올려둔다. 절반 정도 흙이 들어간 포트의 중앙부를 움푹 파고 분형근이 만들어진 모종을 올려놓은 후, 분형근의 윗면이 화분 가장자리보다 1cm 정도 아래 있도록 조절한다.

⑤ 분형근의 주위에 배양토를 채운다. 분형근 주위에 빈 곳에는 동그랗게 돌아가며 배양토를 채웁니다. 배양토는 분형근의 윗면보다 약간 아래쪽까지만 넣습니다. 얕게 심으면 분형근에 공기가 들어

[분갈이 직후의 물 주기]

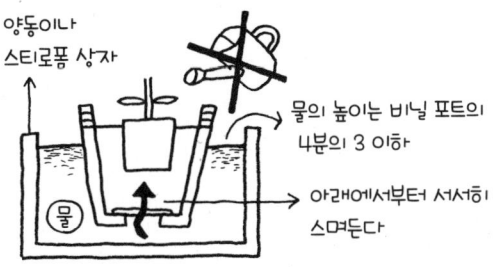

가기 쉬워 튼튼하게 자랍니다. 또, 입고병(잘록병이라고도 한다. 작물의 뿌리 및 지표부 또는 유관속, 도관부에 병원균이 기생하여 조직의 괴사하거나 붕괴하는 병) 등의 병원균이 안으로 침투하지 못하도록 해줍니다.

⑥ 화분을 지면에 가볍게 두드려 흙을 가라앉힌다. 빈 공간이 있으면 물을 줬을 때 흙이 가라앉아 버립니다. 흙이 적으면 이후의 성장에 큰 영향을 줍니다. 가볍게 두드리거나 손가락으로 눌러보면서 빈 공간이 생기지 않도록 합니다. 흙이 적으면 그림과 같이 비닐 포트의 윗부분에 있는 선 중 가장 아래의 선까지 배양토를 더 넣어줍니다.

⑦ 분형근과 그 주위를 눌러준다. 마지막으로 줄기 밑동 부분을 양손 검지와 중지로 정성스럽게 꾹 눌러줍니다. 그렇게 하면 분형근과 새로운 흙이 밀착돼 새 뿌리가 자라기 쉽습니다.

⑧ 아래쪽에서 물 주기. 분갈이가 끝나면 스티로폼 상자에 화분을 넣고 화분 높이의 4분의 3까지 물을 넣어 아래쪽에서 흡수하는 방식으로 물을 줍니다. 화분의 가장자리까지 물을 넣으면 화분이 떠오르거나 쓰러질 수 있으므로 주의합니다.

아래쪽에서 물을 줄 때는 옮겨진 화분에서 새로운 뿌리가 자라나 안정을 찾을 때가지 센 바람이 불지 않는 장소에 둡니다.

4. 분갈이 후 관리와 기록

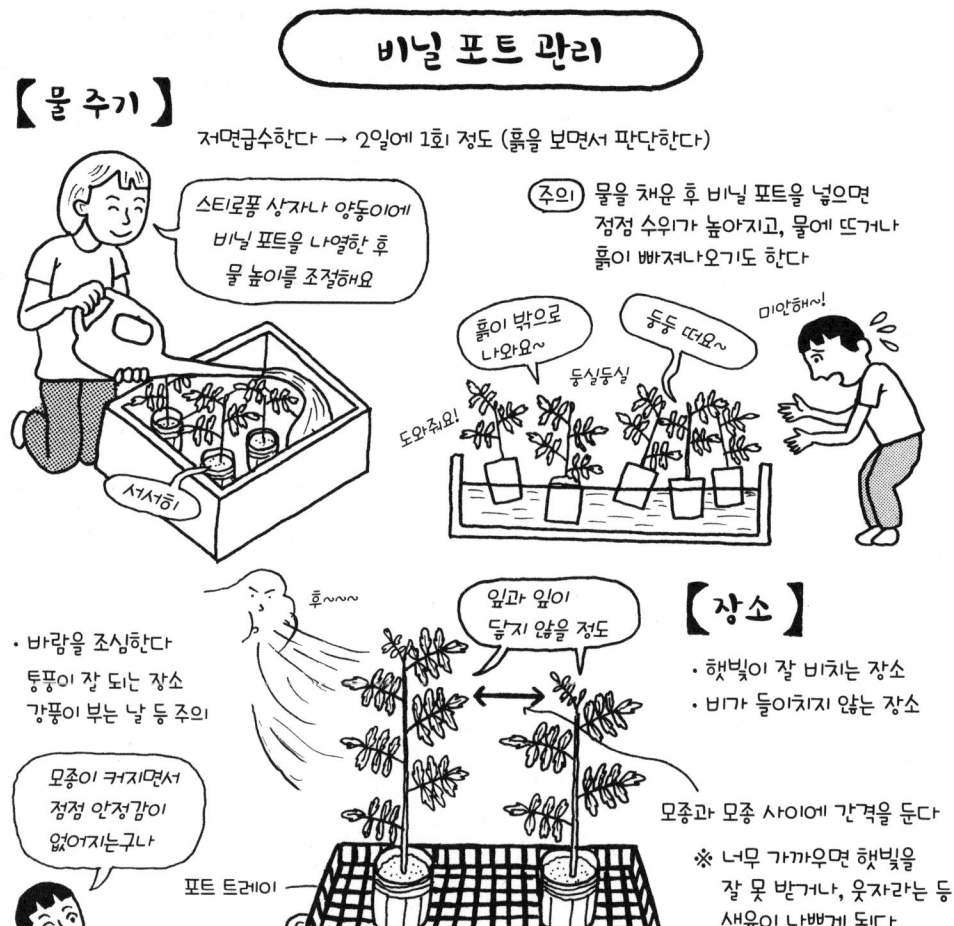

🌱 분갈이 후에는 물이 많지 않도록!

분갈이한 화분은 뒤집어놓은 수확용 상자 위나 포트 트레이 위에 서로 잎이 닿지 않게 놓습니다. 물 주기는 물뿌리개를 사용할 수도 있지만, 흙 표면만 젖은 상태로 결국 말라버리는 경우가 많습니다. 분갈이를 한 후에도 아래쪽에서 물을 줄 것을 권장합니다.

우선 화분을 스티로폼 상자에 일렬로 넣은 다음 물을 줍니다. 물을 먼저 채우고 화분을 넣으면 뒤집혀버리기도 합니다.

물 주기는 반드시 흙이 하얗게 말라 있을 때 합니다. 항상 습한 상태로 두면 뿌리가 새 흙에 적응하기 어렵습니다. 그렇다고 너무 건조하게 둬서도 안 됩니다. 맑은 날이 계속되더라도 이틀에 한 번 정도 물을 주기 바랍니다. 4월에 씨앗을 뿌린 경우 봄철 비가 많이 오는 시기를 특히 주의해야 합니다.

분갈이를 한 후 덧거름은 2~3주에 한 번 정도를 기준으로 모종의 상태를 보며 조심스럽게 실시합니다. (육묘 배양토는 비료 성분을 많이 함유하고 있어 이 정도가 적당합니다. 혹은 줄 필요가 없을 때도 있습니다.) 앞서 말한 알갱이 모양의 유기질 비료라면 화분 하나에 10개 정도 줍니다.

작물이 자라 서로 잎이 닿을 정도가 되면 화분 간격을 넓혀줍니다.

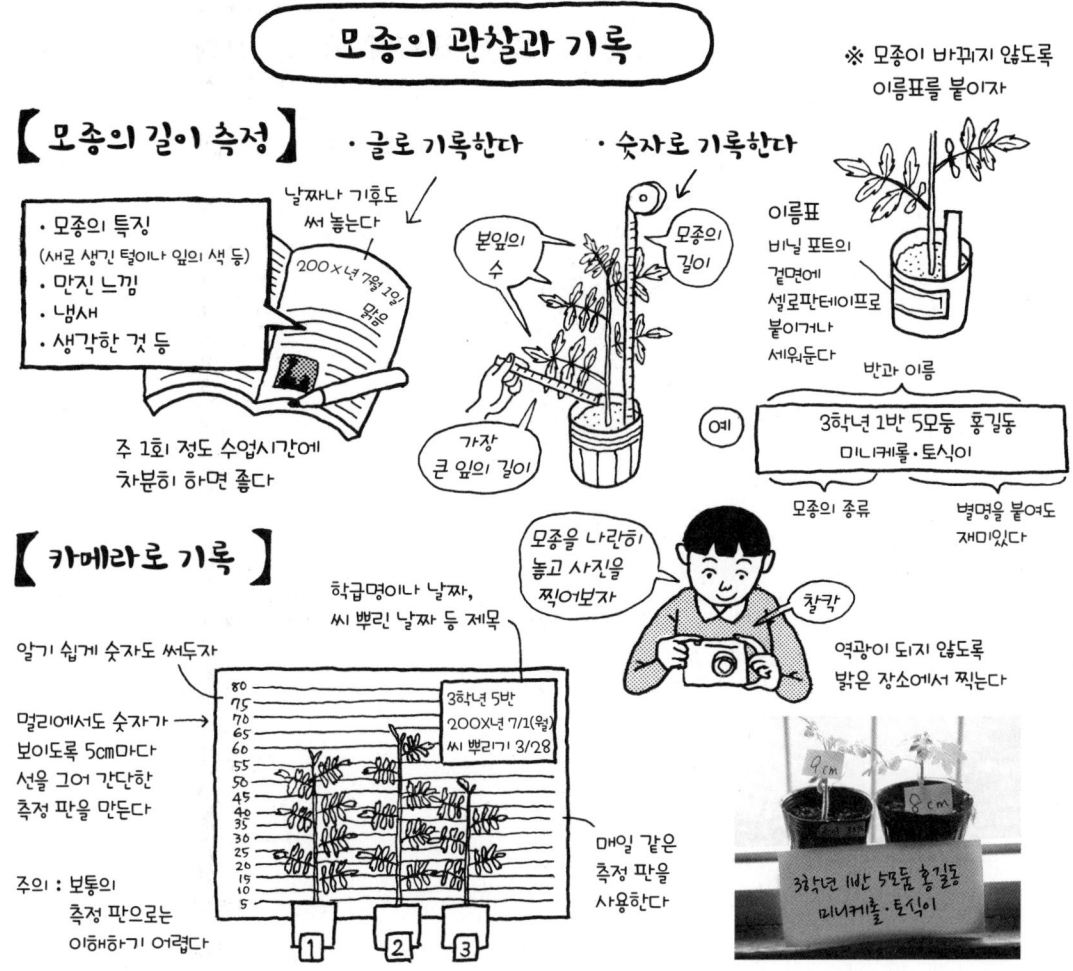

🌱 카메라로 작물의 성장을 기록합시다

분갈이를 한 후에는 '내 방울토마토'를 알 수 있도록 화분에 이름표를 붙이거나 세워둡니다(개인별 재배). 그런 다음 물을 주는 등의 관리나 관찰은 모둠별 당번제로 실시(공동관리)하는 것이 좋습니다.

아주심기의 시기는 분형근이 잘 만들어질 때쯤이 적기입니다. 본잎 6장이 크게 자라서 7~8장째의 작은 잎이 보일 때까지 2~3주간 화분에서 키웁니다. 이 시기는 작업량이 적기 때문에 관찰이나 기록하기에 좋습니다. 주 1회 정도는 수업시간에 차분하게 정리합니다.

카메라로 기록할 때는 직접 만든 측정 판을 배경으로 넣거나 목적에 맞는 다양한 촬영 방법을 생각해봅시다.

· 멀리에서 한 화분의 모종 전체를 정기적으로 촬영하면 성장과정을 잘 이해할 수 있다.

· 가까이에서 모종의 각 부분을 확대해 촬영하면 줄기, 잎, 성장점, 열매가 열리는 모습, 꽃, 색깔 등 토마토를 구조적으로 잘 이해할 수 있다.

· 몇 개의 모종을 나열하여 촬영하면 환경이나 관리 방법에 따라 성장이 다름을 알 수 있다.

최고·최저 온도 측정으로 보온효과 알아보기

① 창가 쪽에 둔 스티로폼 온실의 최고·최저 온도

※ 바깥 기온은 하마마츠(지역기상청) 측후소 발표 수치

날짜(날씨)	장 소	최고 °C	최저 °C	
12/10 (맑음)	바깥 기온	18.0	11.0	
	실내 창가 온도	31.0	10.4	역전 현상
	스티로폼 온도	36.8	10.3	
12/12 (맑음)	바깥 기온	16.0	8.0	
	실내 창가 온도	32.7	10.4	역전 현상
	스티로폼 온도	36.7	10.3	
12/14 (비)	바깥 기온	17.0	6.0	스티로폼 온실의 최저 기온이 실내 창가 최저 온도보다 낮다
	실내 창가 온도	27.5	6.4	
	스티로폼 온도	40.3	8.6	
12/22 (구름)	바깥 기온	14.0	12.0	
	실내 창가 온도	26.3	8.9	
	스티로폼 온도	28.2	9.4	

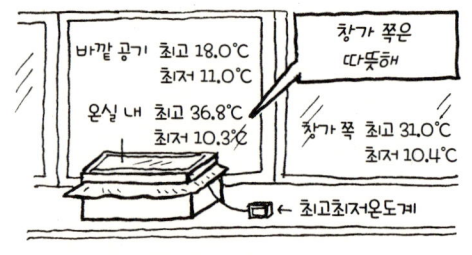

② 실외 처마 밑에 둔 스티로폼 온실의 최고·최저 온도

날짜(날씨)	장 소	최고 °C	최저 °C	
12/15 (맑음)	바깥 기온	26.4	-0.9	역전 현상
	스티로폼 온도	32.1	-3.7	
12/16 (맑음)	바깥 기온	24.7	0.3	역전 현상
	스티로폼 온도	39.1	-4.7	
12/17 (비)	바깥 기온	10.3	3.5	역전 현상
	스티로폼 온도	10.7	2.6	
12/18 (맑음)	바깥 기온	22.7	-1.3	역전 현상
	스티로폼 온도	27.4	-4.7	

실외의 최저 온도가 스티로폼 온실의 최저 온도보다 높다

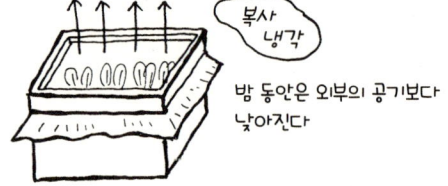

🌱 밤사이 어떻게 보온할까?

토마토 발아적정온도는 28℃ 전후입니다. 13℃ 이하 또는 25℃ 이상이 되면 발아가 어렵습니다. 위의 표는 디지털 최고최저온도계로 스티로폼 상자 온실의 최고·최저 온도를 조사한 것입니다.

①의 창가 쪽에 둔 스티로폼 온실의 결과를 보면 해가 잘 비치는 교실의 창가는 매우 따뜻한 것을 알 수 있습니다. 하지만 밤의 최저 온도를 보면 흐리거나 비오는 날은 보온 효과가 보이지만, 맑은 날은 약간 낮아지고 있습니다. 이것은 왜일까요?

②의 실외에 둔 스티로폼 상자 온실의 최저 온도는 바깥 기온의 최저 온도보다도 낮고, 특히 맑은 날의 밤은 3℃ 정도 낮습니다. 이것은 온실 안 공기의 대류가 없어 방사냉각 효과가 크기 때문이라고 생각됩니다. 흐리거나 비온 날 밤은 구름에 의해 방사냉각이 차단되기 때문에 이러한 역전차가 적은 것입니다.

육묘 중의 보온은 밤의 최저 온도를 높여주는 것이 중요합니다. 실외의 경우, 스티로폼 상자 온실에 터널을 만들어 이중으로 덮어씌우는 방법이 있습니다. 또 밤에는 실내에 넣어두거나 두꺼운 담요로 덮어두는 것도 좋습니다. 반대로 맑은 날 낮에는 35℃ 이상이 되지 않도록 뚜껑을 약간 열어두어 환기할 필요가 있습니다.

5. 상자 텃밭 만들기와 아주심기

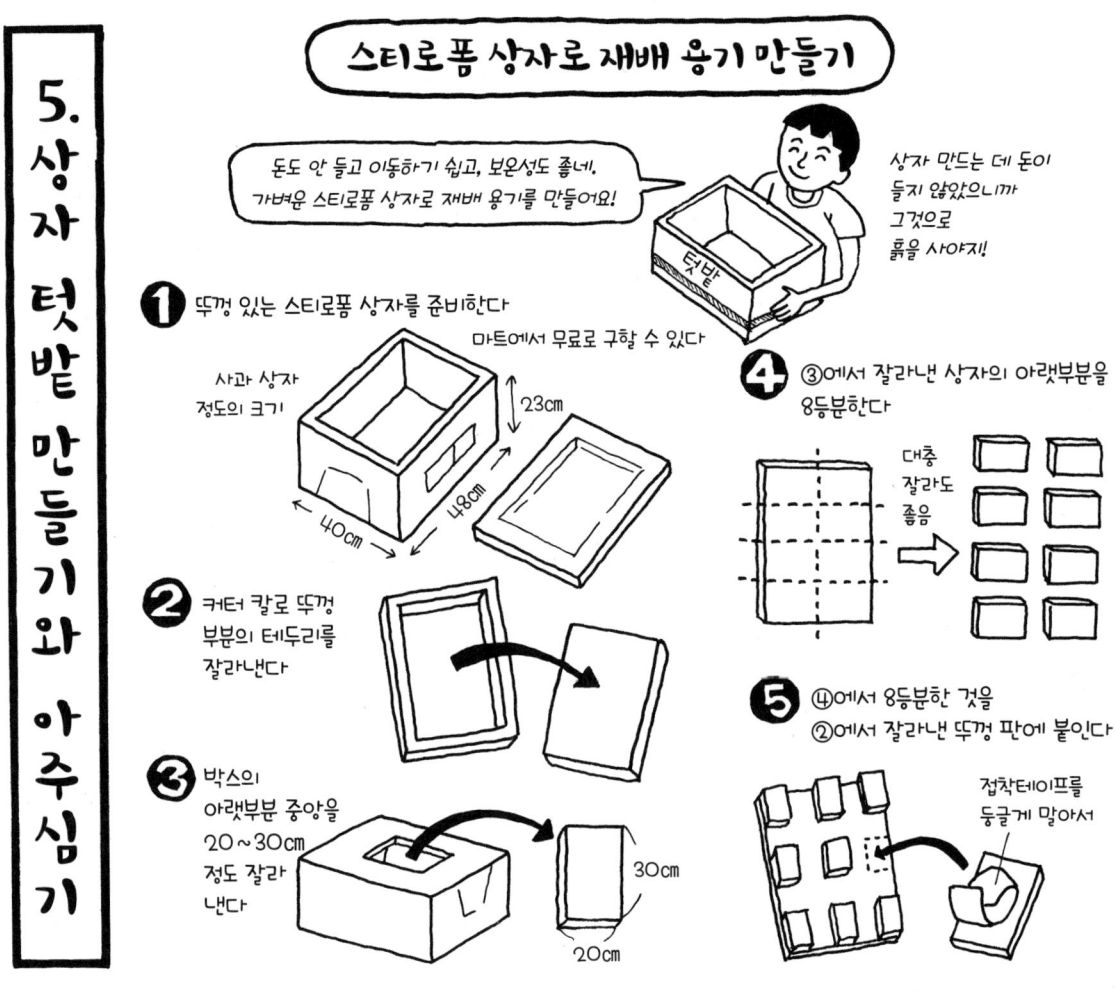

🌱 물 빠짐이 뛰어난 스티로폼 상자 텃밭

방울토마토는 생육기간이 길기 때문에 배양토가 40ℓ 이상 들어가는 커다란 상자가 필요합니다. 수확용 상자나 위의 그림과 같이 커다란 크기의 스티로폼 상자(사과 상자 등)로 직접 텃밭을 만드는 것도 좋습니다. 스티로폼 상자는 마트에 부탁하면 무료로 얻을 수 있습니다. 사전에 크기와 필요한 수량을 말해두면 좋습니다.

스티로폼 상자 텃밭을 만드는 방법은 위의 그림과 같습니다. 뚜껑을 이용하여 이중 바닥과 다리를 만들고, 배수 구멍을 크게 하면 물 빠짐이 좋습니다.

판매하는 재배 용기도 이중 바닥으로 돼 있지만, 배수 구멍이 작아 막히기 쉽고 공기도 잘 들어오지 않습니다. 스티로폼 상자 텃밭은 배수 구멍이 커도 부직포를 깔기 때문에 뿌리가 바닥에 나오는 일이 없습니다.

스티로폼 상자 텃밭은 재료 가격이 거의 들지 않으면서도 가볍고, 이동이 쉬우며 배양토가 많이 들어갑니다. 대부분의 채소를 키워볼 수 있습니다.

또 배수가 잘 돼 당도가 높아지고 겨울에는 보온 효과가 있고, 여름에는 더위를 막아주는 등 여러 가지 장점이 있습니다.

수확용 상자(과일 등의 수확 시 담아서 이동할 수

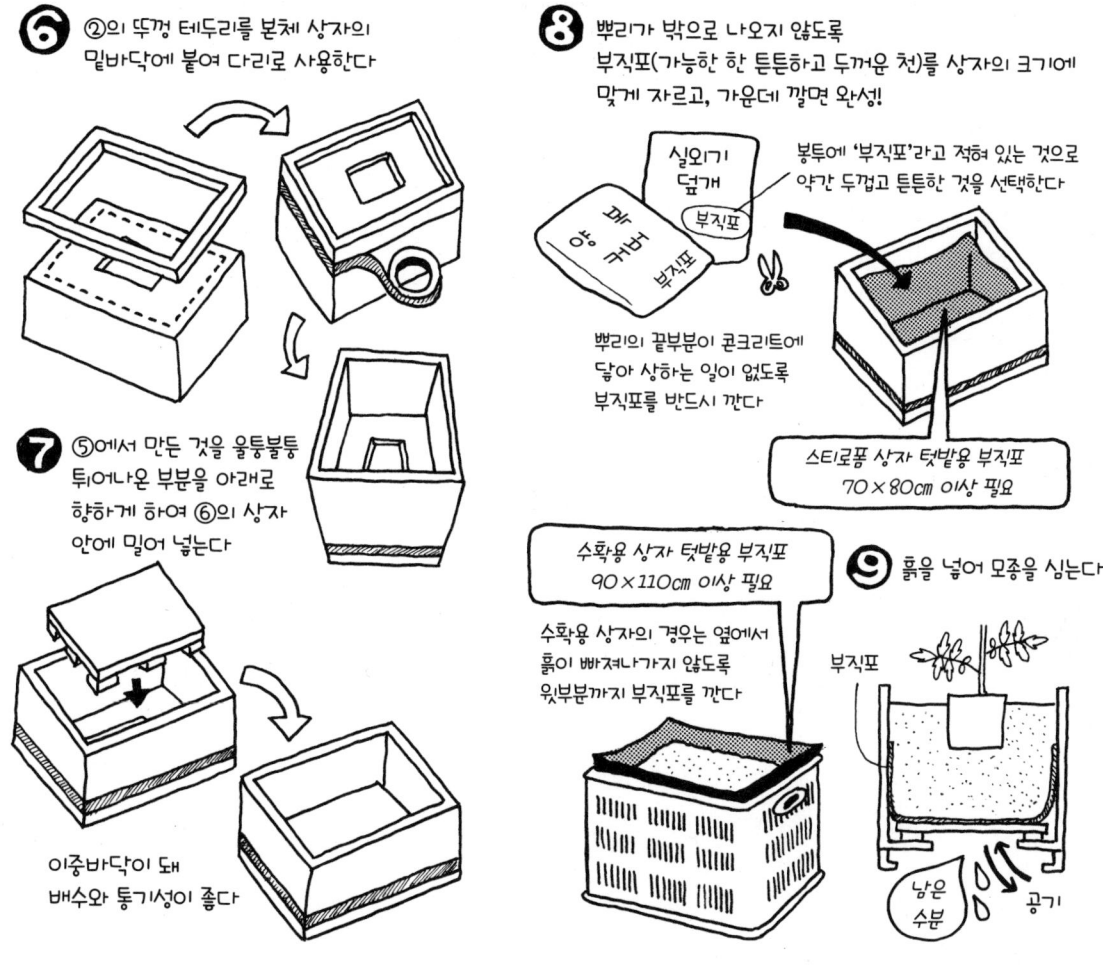

있는 용도로 이용하는 상자. 보통 노란색 플라스틱으로 체크무늬 형태의 구멍이 나 있음)도 같은 장점이 있으며, 부직포를 깔기만 하면 완성됩니다. 또 내구성이 강해 수년간 사용할 수 있습니다.

비)나 부엽토, 버미큘라이트(질석을 약 1,000℃에서 구운 것으로 배합토의 재료)를 30% 정도 섞어 재사용한다면 더욱 저렴합니다.

🌱 칠천 원으로 상자 텃밭 만들기

스티로폼 상자 텃밭과 배양토의 경비를 계산해보았습니다. 어디까지나 참고 가격입니다만, 1개당 약 칠천 원이 안 됩니다. 비료비나 지주대 등을 포함해도 약 1만 원 정도입니다.

전년도에 사용했던 배양토에 바크 퇴비(목재를 다듬고 난 후 나무의 껍질 등을 발효시켜 만든 퇴

🌱 직접 흙 만들어보기

스티로폼 상자나 수확용 상자로 텃밭을 만들었으면 드디어 모종을 아주심기합니다.

흙은 판매하는 것도 상관없지만, 배양토(60%)와 퇴비(20%), 부엽토(10%)와 버미큘라이트(10%)를 잘 섞어주면 더욱 가볍고 통기성이나 배수성, 보온성이 좋은 흙이 됩니다.

배양토에는 이미 퇴비(쇠똥 바크)가 포함되어서 굳이 비료를 섞을 필요가 없습니다. 판매 배양토를 조금 손질해주는 것만으로도 아이들은 손수 만든 흙이라고 생각하고, 재배에 대한 관심이 높아집니다.

상자 텃밭의 가장자리까지 먼저 부직포를 깔고 나서, 흙을 윗부분 3cm 정도(물받이) 비워두고 넣습니다. 손으로 가볍게 눌러가며 빈 공간이 없도록 합니다.

🌱 몇 포기씩 심어야 할까?

50×40cm 크기의 상자 텃밭에는 네 포기까지 심을 수 있지만, 수가 늘수록 뿌리가 상자 텃밭 가득히 자랄 것이고, 길게 수확하는 것이 어렵게 됩니다. 오랫동안 건강하게 키우고, 많은 양을 수확하기 위해서는 두 포기만 심을 것을 권장합니다. 텃밭의 수나 장소에 여유가 있다면 한 포기씩 심는 것

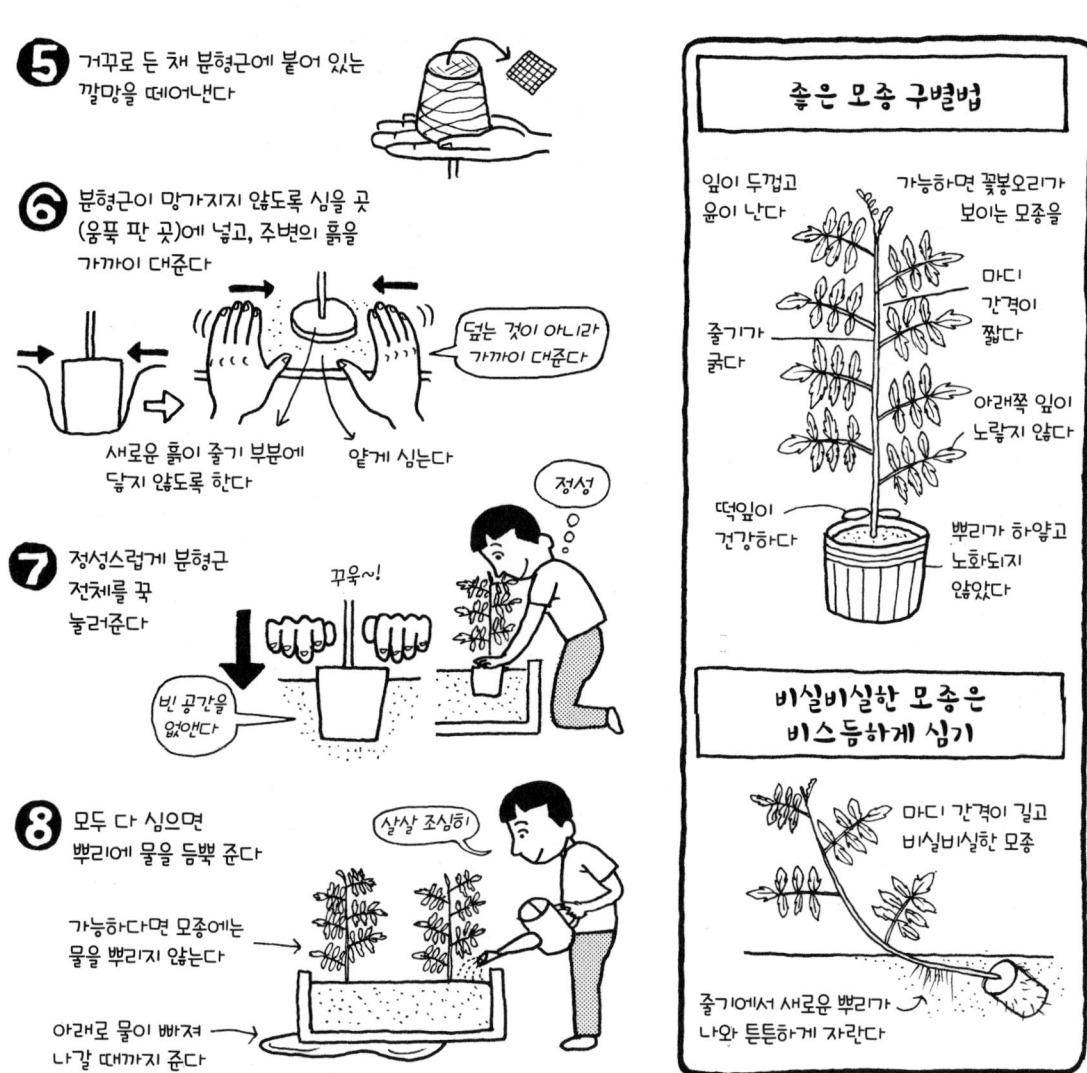

이 가장 좋습니다.

예비 모종이 남는다면 아이들에게 나눠줘 집에서 키우도록 합니다. 가족과 대화도 많아지고, 아이들의 흥미도 커집니다.

🌱 분갈이하는 요령

아주심기는 분갈이 방법과 같습니다. 우선 모종의 균형이나 빛을 잘 받는 곳을 보고 장소를 결정합니다. 가장자리를 따라 심기보다 대각선으로, 마름모꼴로 심습니다.

심을 위치가 정해지면 분형근의 윗부분이 약간 바깥으로 나올 정도로 얕게 심습니다. 그 다음 분형근의 주변을 정성스럽게 꾹 눌러줍니다. 분형근 부분을 중심으로 조심스럽게 물을 충분히 줍니다. 물을 줄 때는 물뿌리개를 이용하면 좋고, 물이 아래로 빠지도록 줍니다.

끝부분의 싹이 자라기 시작할 때까지는 물 주기를 약간 줄이는 것이 좋습니다. 새로운 뿌리를 안정시키는 데 도움이 됩니다. 표면에 부엽토를 1cm 정도 두께로 깔아두면 물을 주더라도 흙이 딱딱해지지 않아 뿌리를 보호할 수 있습니다.

6. 장소 선택과 물 주기

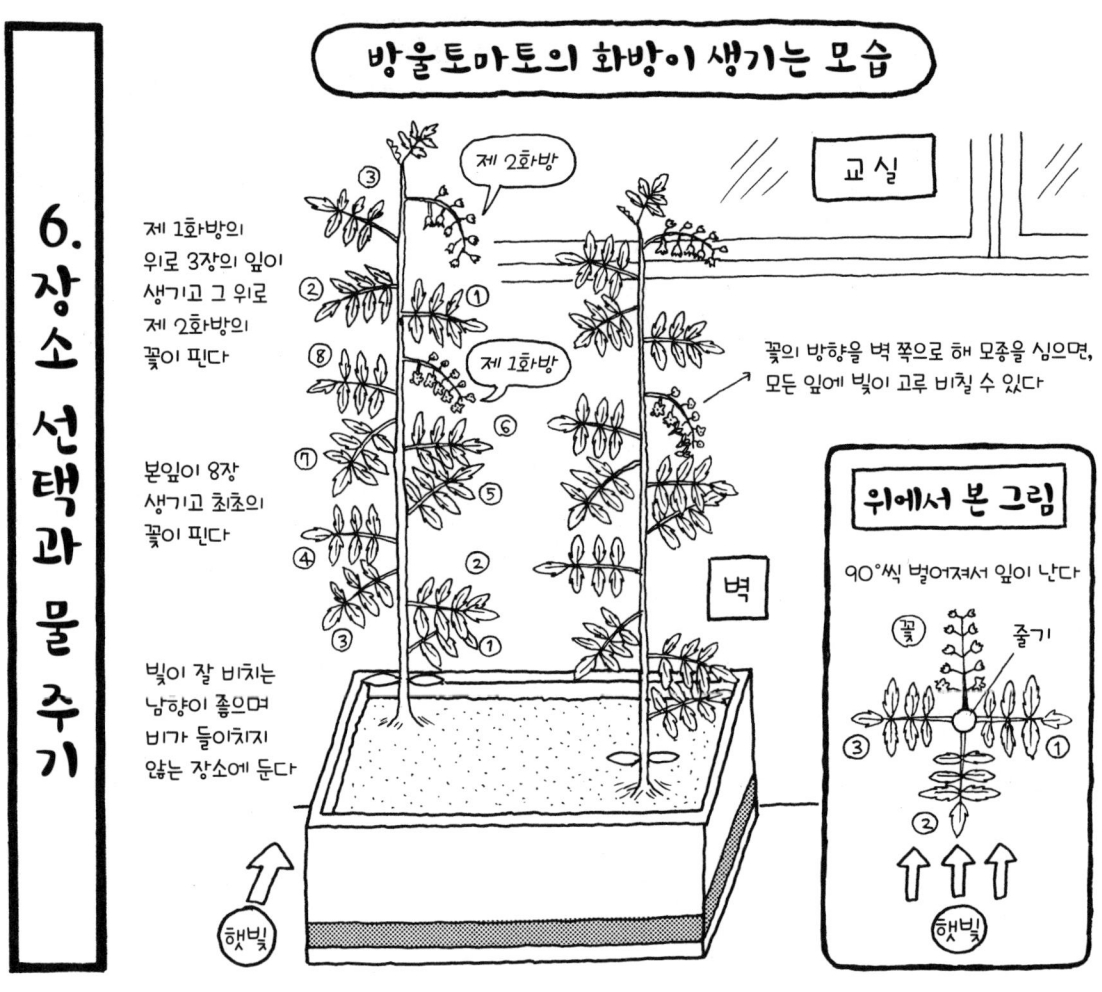

🌱 벽을 향해 꽃을 두는 이유는?

상자 텃밭을 두는 장소는 4가지 조건에 맞는 장소를 고릅니다.

① 햇빛이 잘 비치는 곳
② 가능한 비가 들이치지 않는 곳
③ 풀이나 해충이 침입하기 어려운 곳
④ 매일 자연스럽게 볼 수 있는 곳 등

이중 남향 교실의 처마 끝이나 베란다가 가장 좋은 장소입니다. 비를 맞으면 병에 걸리기 쉽고, 수확 전 열매가 갈라지거나 뿌리가 지나치게 약해지기 때문입니다.

상자 텃밭을 두는 방향은 가능한 한 꽃봉오리가 교실의 벽 쪽을 향하도록 하는 것이 좋습니다. 토마토는 3장의 잎(겹잎)이 자라면 다음은 대부분 꽃이 핍니다. '잎-잎-잎-꽃-잎-잎-잎-꽃'의 순으로 반복됩니다. 잎과 그 다음의 잎 또는 꽃은 줄기 근처를 90도씩 회전하듯이 자랍니다. 그래서 꽃은 모두 같은 방향입니다.

남향 교실의 처마(베란다)에서는 가능한 꽃을 벽쪽으로 바라보게 하고, 잎을 앞과 좌우에 배치하면 좋습니다. 그러면 잎과 꽃 모두 빛을 잘 받을 수 있습니다. 꽃봉오리가 보이는 모종을 아주심기하는 경우에는 이런 방법을 잘 생각해서 심어봅시다.

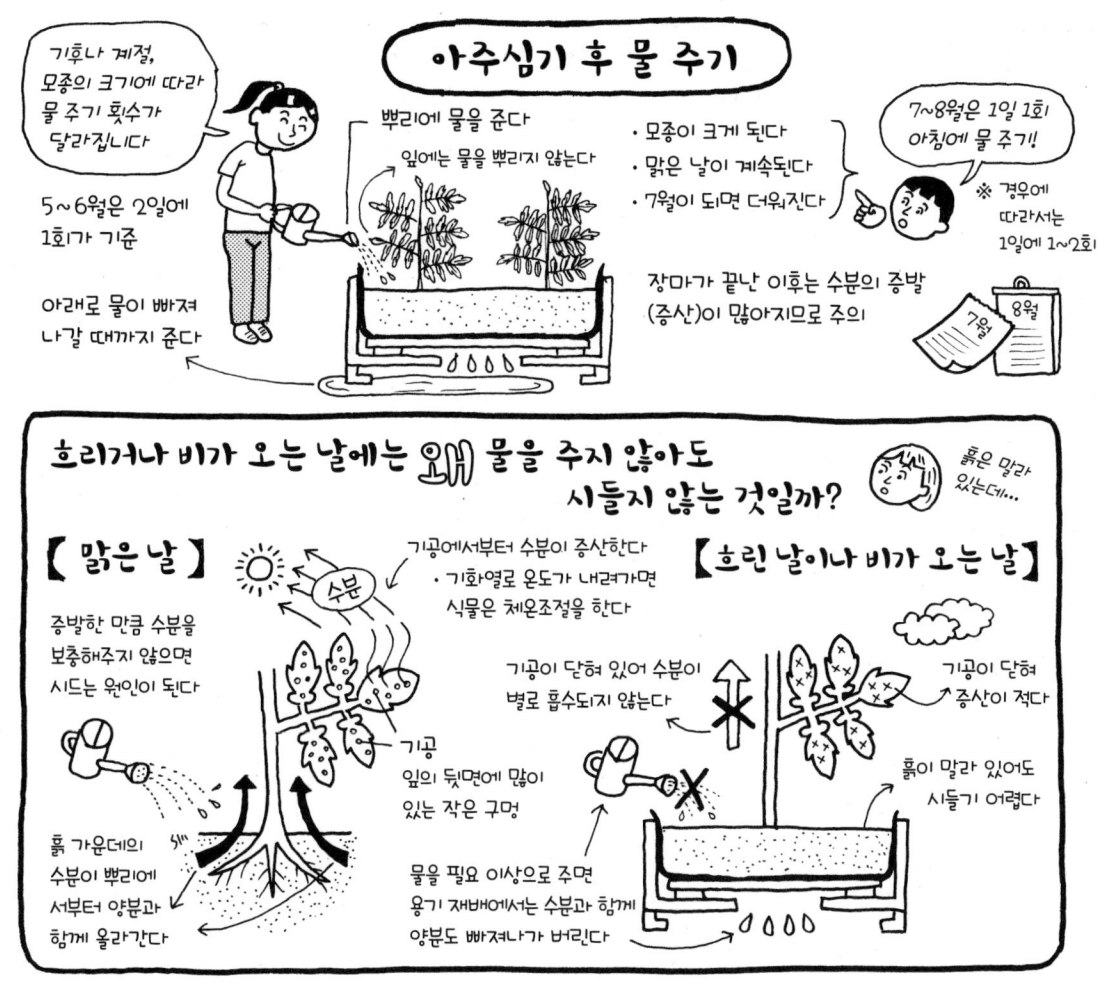

🌱 물 주기는 2일 1회가 기준

물 주기는 기본적으로 이틀에 한 번꼴로 합니다. 기본적으로는 흙이 하얗게 말라버린 것을 보거나, 손으로 만졌을 때 말라 있으면 물을 듬뿍 줍니다.

하지만 아주심기 후부터 안정될 때까지는 뿌리가 있는 중심부에는 물을 적게 줍니다. 모종이 불쌍하다고 생각해 매일 전체에 물을 준다면 뿌리에 산소가 부족하게 됩니다.

상자 텃밭은 보통의 재배 용기보다 흙의 양이 많기 때문에 흙에 포함된 수분량도 많습니다.

주말이 다가오는 금요일에는 물을 충분히 줍니다. 토마토는 비교적 건조에 강합니다. 약간 건조하다 싶게 물을 주면 열매는 작지만 당도가 높은 토마토가 됩니다. 그러니 윗부분의 잎이 다소 시들거려도 한 번에 주는 물의 양을 줄이면 좋습니다.

이틀에 한 번꼴이라고 해도 흐리거나 비오는 날에는 증산량이 적고, 흙이 촉촉하므로 물 주기를 미룹시다. 상자 텃밭에 필요 이상으로 물을 많이 주면 물이 흘러나가면서 양분도 같이 빠져버립니다.

반대로 잎이 커질수록, 맑은 날이 계속될수록 증산량이 많아지기 때문에 하루 한 번 또는 하루 두 번씩 물을 주는 것이 좋습니다.

7. 재배법과 곁순 따기

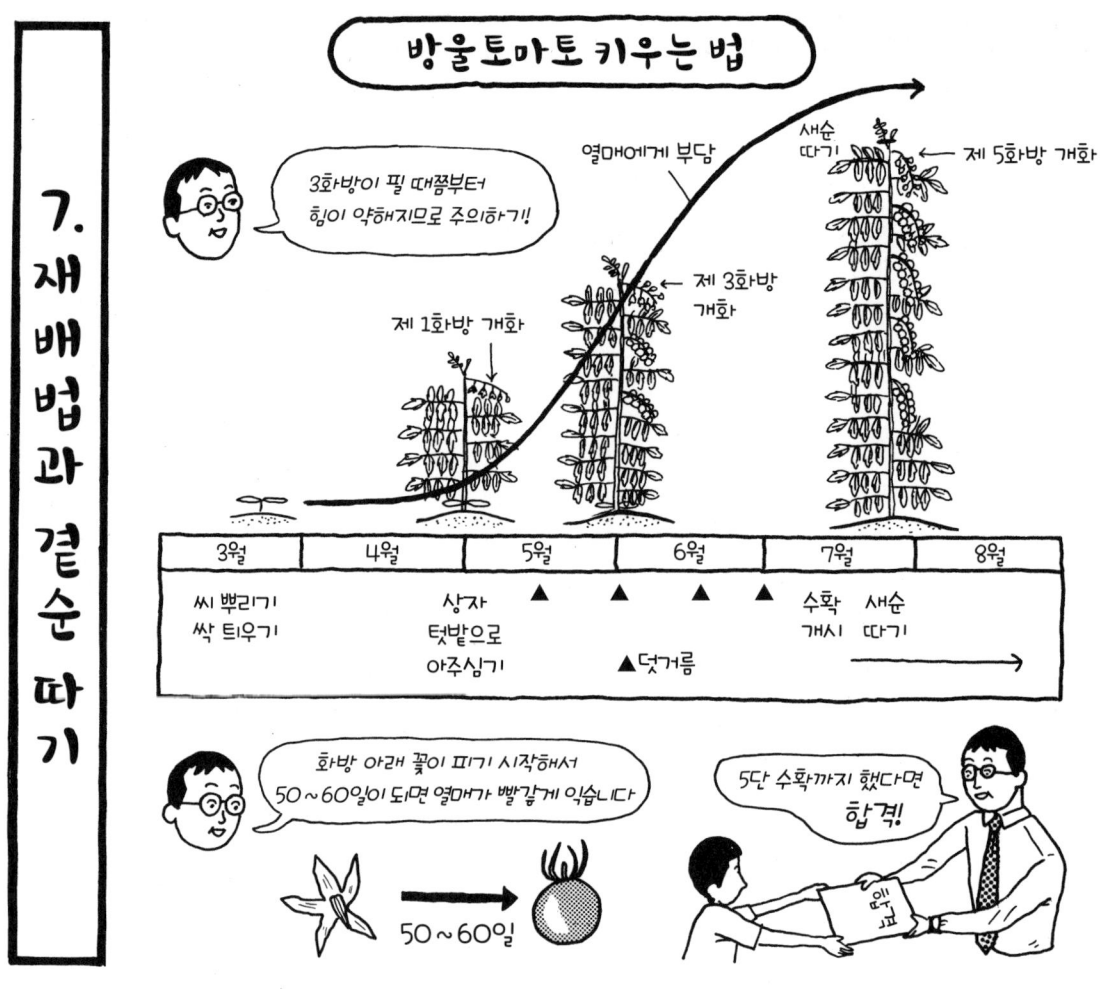

🌱 10일 간격으로 연달아 피는 화방

첫 번째 화방에 꽃이 피면 새로운 잎도 점점 자라납니다. 잎이 세 장씩 자랄 때마다 새로운 화방이 생기고, 화방 끝의 꽃봉오리에서 꽃이 연속적으로 피어납니다. 약 10일 후에는 다음 화방에서 꽃이 피기 시작합니다.

꽃이 피고 수술의 꽃가루가 암술머리로 옮겨 붙으면 꽃잎이 떨어지고 열매가 부풀어 오르듯 커집니다. 기온에 따라서 다르지만 꽃이 피고 나서 50~60일이 되면 열매가 빨갛게 익어 수확할 수 있습니다.

열매가 커지면 새 잎이나 줄기를 뻗어가면서 다음 화방을 피웁니다. 뿌리가 이에 발맞춰 양분과 수분을 더욱 흡수하지 않으면 점점 약해져 버립니다. 따라서 최초의 과방이 부풀어 오를 때쯤부터는 15일에 한 번씩 덧거름을 주어 건강하게 키웁니다. 덧거름은 한 번에 유기질 비료 100g씩(20개 정도)을 포기 주변에 뿌려줍니다.

3월 중순에 씨를 뿌린 것은 7월 상순경에는 수확을 시작합니다. 그 시기에는 5단 화방이 개화합니다. 방울토마토는 튼튼하기 때문에 잘 키우면 10단 이상 수확할 수 있지만, 여름방학이 시작될 때까지 5단까지 수확했다면 매우 성공적인 수확입니다.

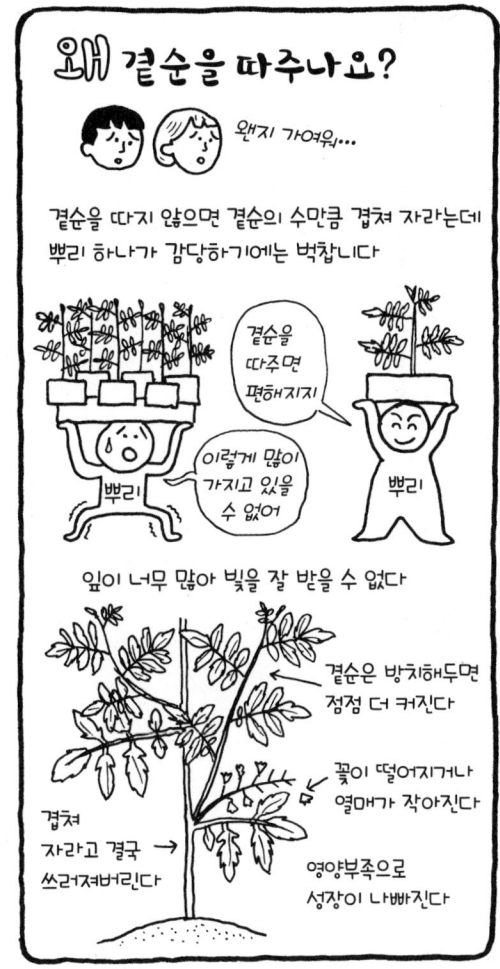

🌱 곁순을 빨리 떼어내 한 줄기로 만들기

곁순이란 줄기와 잎이 붙은 부분에서 나온 새싹을 말합니다. 생육이 좋다면 어떤 잎에서도 나옵니다. 토마토의 경우 화방의 바로 아래 잎에서 곁순이 힘 좋게 뻗어 나옵니다. 곁순을 떼어내지 않으면 가지가 너무 많이 자라 빛을 잘 못 받게 될 뿐만 아니라, 중요한 꽃이나 열매에 영양이 집중되지 않습니다.

곁순을 떼어내는 작업이 약간 늦어지면 중심이 되는 줄기와 비슷한 굵기의 새 줄기가 뻗어 어떤 게 중심인지 헷갈리게 됩니다. 곁순 따기는 손가락으로 집을 수 있는 크기가 되었을 때 서둘러 해주며 일주일에 한 번 정도 하면 좋습니다.

아이들에게는 약간 어려운 작업입니다. 중심 줄기와 새 줄기의 구별이 어렵기 때문입니다. 잎의 그림자에 가려진 것도 놓치지 않도록 곁순 줄기의 시작점을 잘 확인해서 따야 합니다. 중심 줄기와 비슷하게 굵고 길게 자란 것은 잎에 가까운 것이 곁순이기 때문에 혼동하지 않도록 주의합시다. 잘못하면 진짜 잎을 떼어버리는 경우도 있습니다.

크기가 큰 곁순을 심으면 뿌리가 나와 다시 모종으로 사용이 가능합니다. 꽃은 잎이 7장 정도 될 때까지는 따줍니다.

8. 지주 세우기와 유인하기

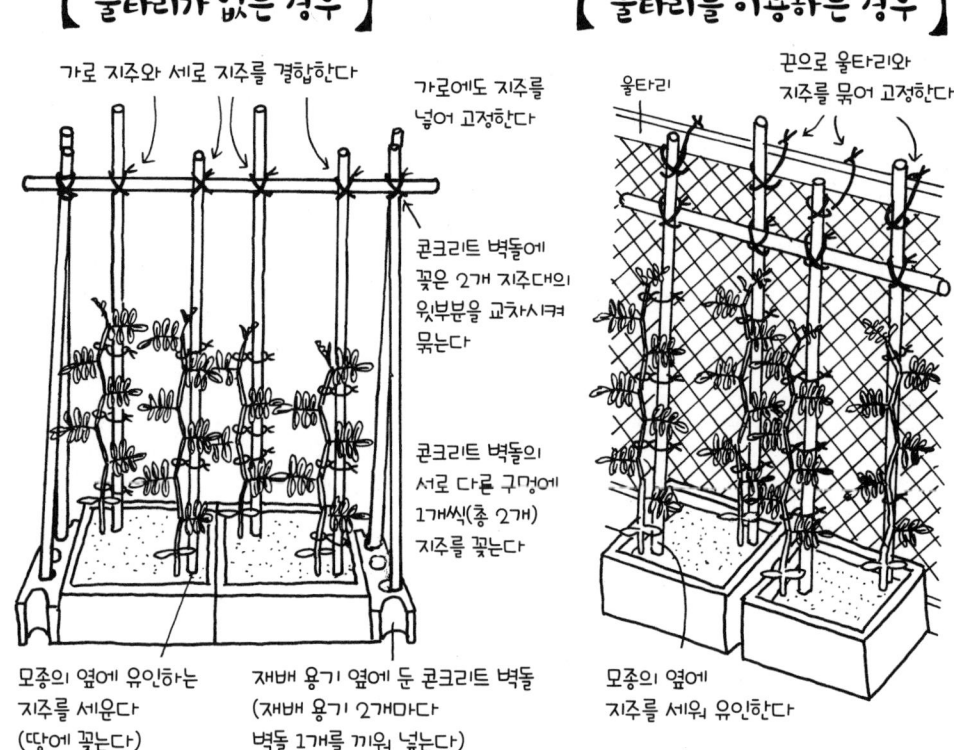

🌱 지주로 줄기 유인하기

방울토마토는 제 5화방의 꽃이 필 때쯤이면 사람 키 이상으로 자랍니다. 지주를 세워 서둘러 유인(식물의 줄기나 덩굴을 지주에 묶어 형태를 갖춰주는 것)하지 않으면 쓰러져버립니다. 기어가듯 자라면 열매는 열리지만 힘이 약해 바람에 꺾이고, 화분 밖으로 나가 더러워질 수 있습니다.

이를 막기 위해 지주를 세우고 줄기를 지주로 유인합니다. 재배기간 동안 태풍이 올 수 있기 때문에 단단히 대비할 필요가 있습니다. 지주는 길이 약 2m의 가는 대나무나 판매용 지주를 이용합니다.

한 포기에 한 개씩 지주를 세웁니다. 포기의 중심에서 약간 떨어진 곳에 꽂고, 가로 막대를 지나가도록 합니다. 세로와 가로 지주는 서로 묶어 고정합니다.

울타리에 묶으면 좋지만 없다면 2개의 화분 사이에 구멍이 뚫린 콘크리트 벽돌을 넣어 지주를 세웁니다. 마찬가지로 지주가 쓰러지지 않도록 서로 묶어줍니다.

줄기는 화방이 생길 때마다 그림과 같이 삼끈이나 비닐 끈 또는 유인 테이프를 이용해 8자로 느슨하게 묶습니다. 세게 묶으면 점차 굵어지는 줄기를 파먹어버립니다.

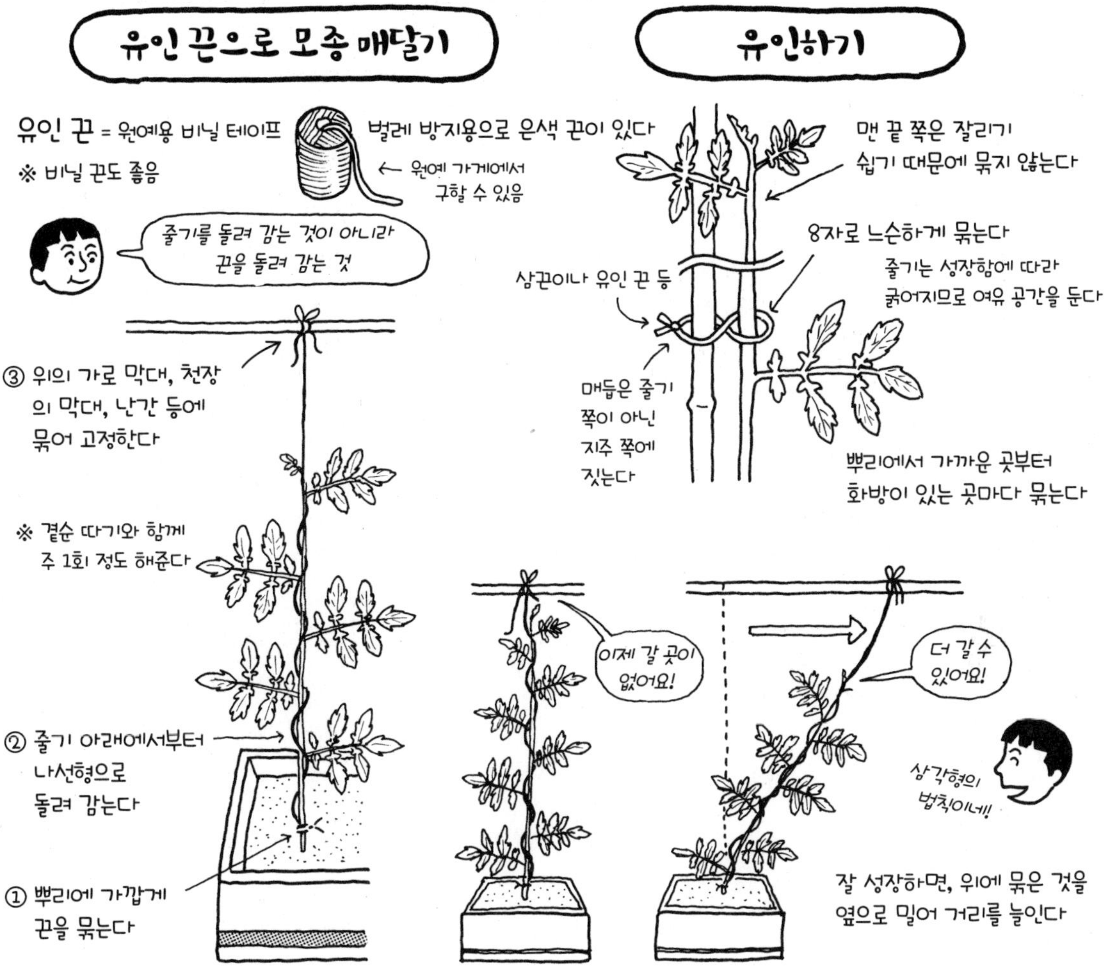

유인 끈으로 모종 매달기

유인 끈 = 원예용 비닐 테이프
※ 비닐 끈도 좋음

벌레 방지용으로 은색 끈이 있다
← 원예 가게에서 구할 수 있음

줄기를 돌려 감는 것이 아니라 끈을 돌려 감는 것

③ 위의 가로 막대, 천장의 막대, 난간 등에 묶어 고정한다

※ 곁순 따기와 함께 주 1회 정도 해준다

② 줄기 아래에서부터 나선형으로 돌려 감는다

① 뿌리에 가깝게 끈을 묶는다

유인하기

맨 끝 쪽은 잘리기 쉽기 때문에 묶지 않는다

8자로 느슨하게 묶는다

줄기는 성장함에 따라 굵어지므로 여유 공간을 둔다

삼끈이나 유인 끈 등

매듭은 줄기 쪽이 아닌 지주 쪽에 짓는다

뿌리에서 가까운 곳부터 화방이 있는 곳마다 묶는다

이제 갈 곳이 없어요!

더 갈 수 있어요!

삼각형의 법칙이네!

잘 성장하면, 위에 묶은 것을 옆으로 밀어 거리를 늘인다

방울토마토

🌱 지주의 높이까지 자라면 새순 따기

줄기가 지주 높이 이상으로 자라면 윗부분이 겹치면서 지주가 쓰러져버릴 위험이 있습니다. 다시 유인해야 합니다.

하지만 4, 5단 수확으로 충분하다면 가장 윗부분의 화방이 피고, 그 위로 3~4장의 잎이 날 때 맨 끝의 성장점을 손가락으로 따버립니다. 이것을 '새순 따기'라고 합니다.

🌱 '유인 끈 매달기'는 비스듬하게 밀어주면 OK

늦게까지 수확할 수 있는 유인 방법이 있습니다. 그림과 같이 손이 닿는 높이에 가로 막대(혹은 철사)를 튼튼하게 걸어두고, 유인 끈을 매달아 두는 방법입니다. 줄기가 많이 자라면 매듭을 풀고 크기에 맞게 다시 달아둡니다. 이 방법이라면 가로 막대의 높이까지 자라도 비스듬히 밀어주기만 하면 됩니다. 새순을 따지 않아도 되기 때문에, 10월이 끝날 때까지 수확할 수 있습니다. 그후에는 열매가 열려도 온도나 일조량 부족으로 달지 않으므로 더는 수확하지 않습니다.

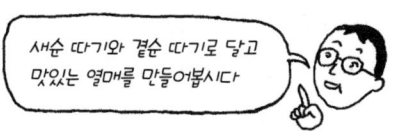

새순 따기와 곁순 따기로 달고 맛있는 열매를 만들어봅시다

9. 건강진단과 덧거름

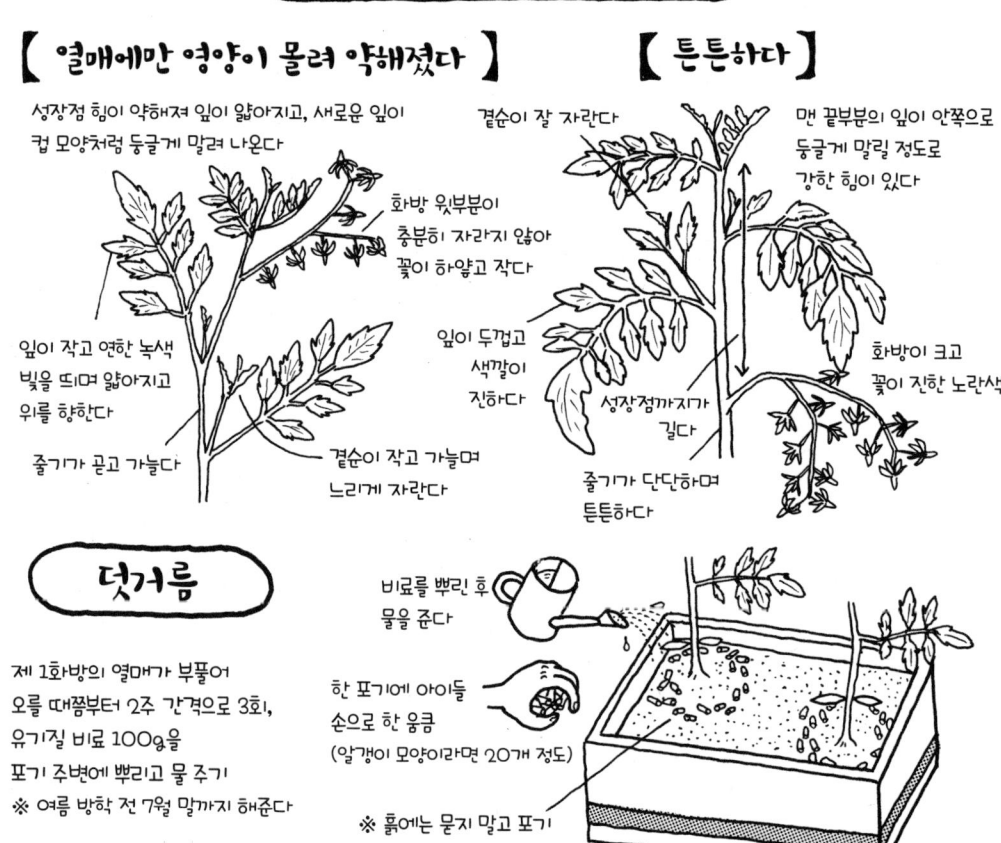

🌱 방울토마토는 왕성하게 비료 주기

1단 과방의 열매가 커지고, 3단 화방이 개화할 때쯤 갑자기 ① 줄기 끝 부분이 약해지거나, ② 잎과 화방이 작아지거나, ③ 꽃과 잎의 색이 흐려지거나, ④ 잎이 위쪽을 바라보며 자라는 등의 이상 현상이 나타날 수 있습니다. 이것은 열매로만 영양 공급이 많아져 줄기와 잎이 영양부족 상태라는 신호입니다.

방울토마토는 큰 토마토와 다르게 비료를 약간 많이 줘도 잘못되는 일이 별로 없습니다. 오히려 영양부족으로 열매가 열리지 않는 경우가 더 많습니다.

방울토마토는 줄기와 잎의 힘이 강하면 위의 그림처럼 새 잎이 안쪽으로 구부러지는 성질이 있습니다.

처음 꽃이 피기 시작한 1화방과 성장점까지의 길이가 짧을수록 영양이 부족한 상태이므로 빨리 덧거름을 해줍시다.

🌱 비료는 2주 간격으로

줄기와 잎을 강하게 유지하기 위해 1단 과방이 부풀어 오르고, 2단 화방이 피기 시작할 때쯤부터(아주심기 2주 후) 2주 간격으로 덧거름을 줍니다. 여름방학 전인 7월 말까지 3, 4회 실시합니다.

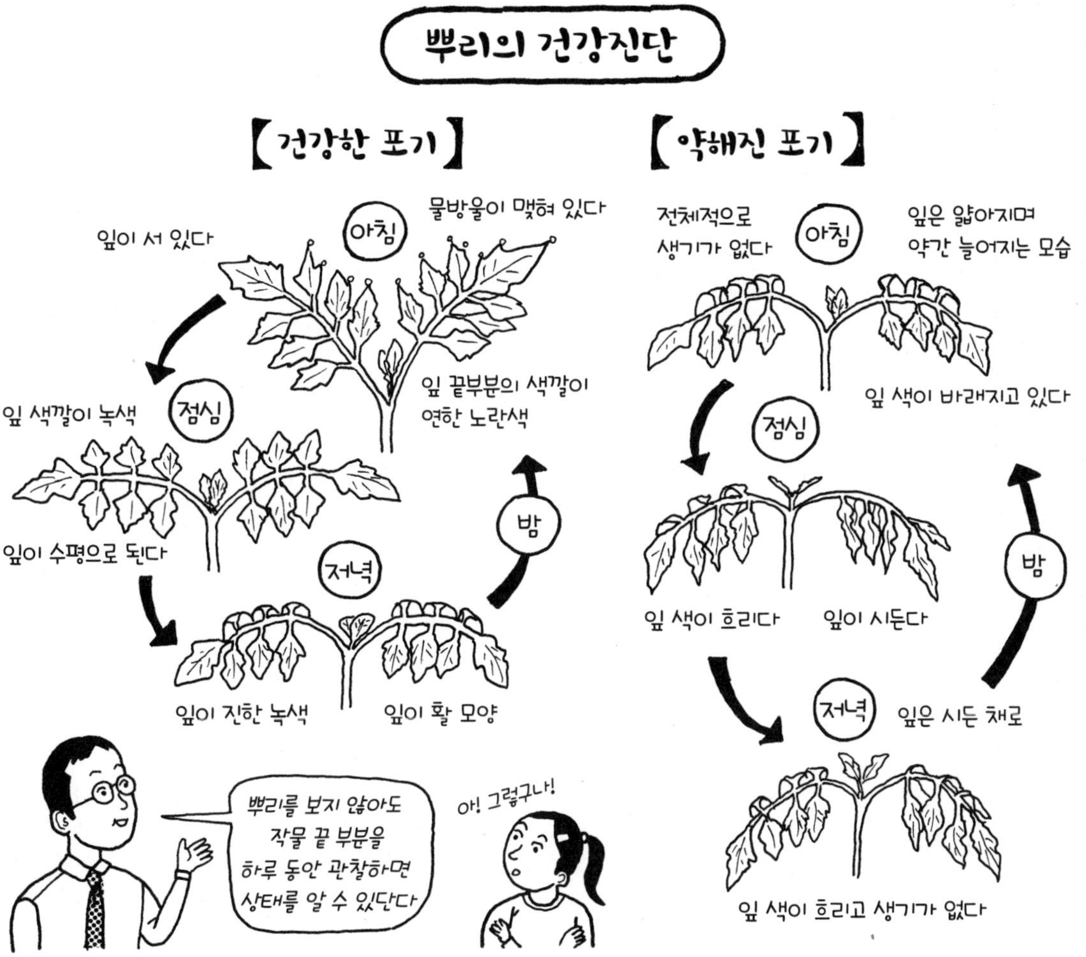

모종일 때 사용했던 알갱이 모양의 유기질 비료를 한 포기에 100g(한 움큼 정도)씩 가장자리에 뿌리고 물을 줍니다. 한번 기력이 떨어지면 회복하기 어려우므로 끝 부분을 항상 잘 관찰합시다.

🌱 끝 부분의 변화를 보고 뿌리 건강 진단하기

아무리 비료를 주더라도 뿌리가 약해지거나 썩으면 기력을 회복하기는커녕 오히려 더욱 약해집니다. 뿌리는 보이지 않기 때문에 건강진단이 어렵지만, 위의 그림처럼 하루 동안 줄기의 끝 부분을 잘 관찰하면 건강상태를 알 수 있습니다.

뿌리가 건강한 포기는 아침에는 잎이 서 있고, 물방울이 맺혀 있으며, 색도 약간 연합니다. 낮부터 저녁까지는 서 있던 잎이 점점 늘어지고, 색도 진해집니다.

반면 뿌리가 약한 포기는 아침에도 잎이 늘어져 있고, 색도 바랜 모습입니다. 낮과 저녁에는 시들어 축 늘어진 채로 있다가 다음날 아침까지 일어서지 못합니다.

뿌리가 약해진 이유는 병이 원인일 때도 있지만 대부분은 물을 너무 많이 줘서 산소가 부족해졌기 때문입니다. 회복할 때까지는 물을 피하고, 잎 면에 뿌리는 액체 비료나 영양제를 줍시다.

10. 병충해 대책

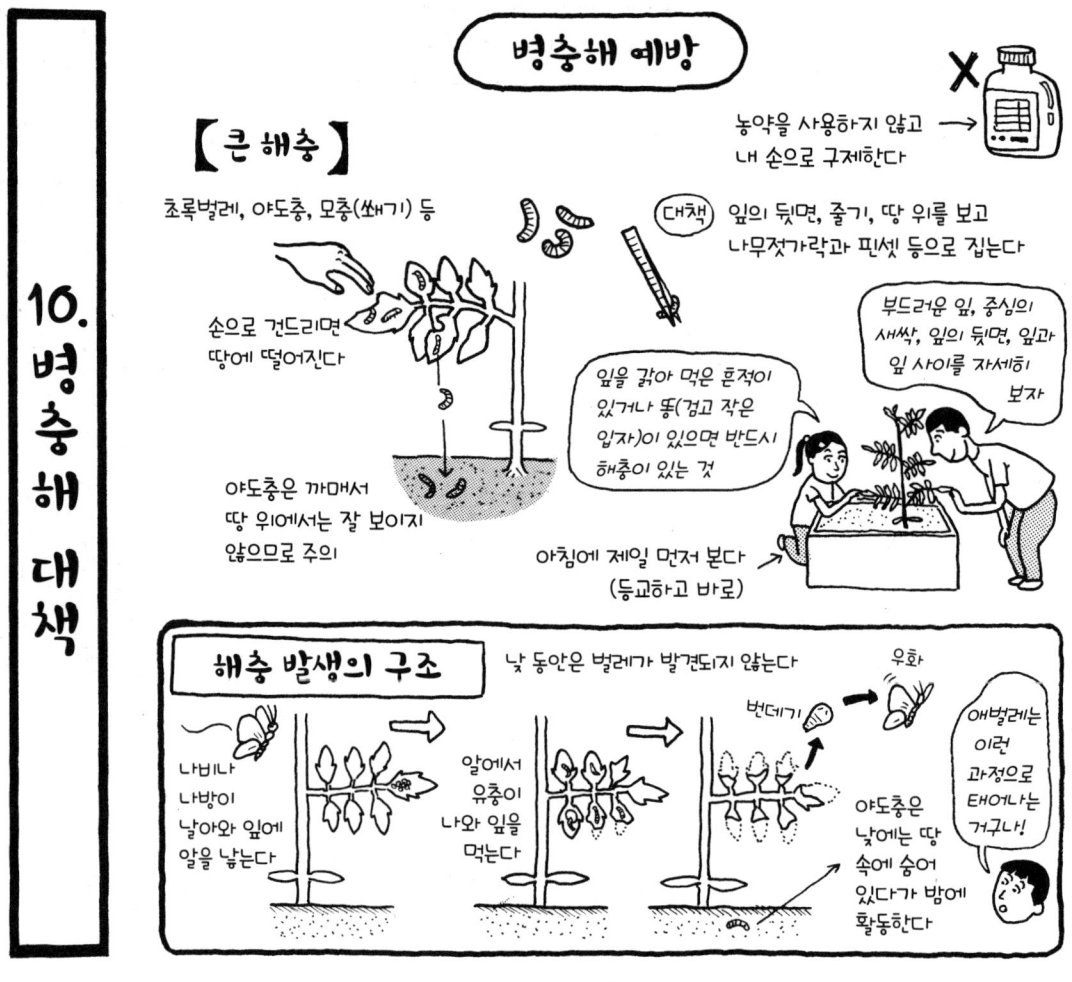

🌱 이른 아침에 해충을 잡는 이유는?

토마토가 점점 자라면서 '병충해를 어떻게 막을까?' 고민될 겁니다. 베란다 등 교실 옆에서 재배하기 때문에 농약은 절대 사용하지 않습니다.

잎을 먹는 초록벌레(나방이나 나비의 애벌레, 특히 배추흰나비 애벌레), 야도충(밤나방의 유충)이나 열매에 구멍을 내는 담배나방의 유충은 나무젓가락이나 핀셋, 비닐장갑 등을 사용해 떼어내봅시다. 처음에는 무서워하던 여자아이들도 이때는 해충 퇴치에 집중하게 됩니다.

퇴치 방법은 세 가지입니다.

① 등교하자마자 바로 본다. 많은 종류의 벌레가 밤에 활동하고 낮 동안에는 숨어 있습니다. 특히 밤나방 유충인 야도충은 낮에는 땅 속에서 자고 있습니다. 피해를 입은 포기의 중심 부분을 파보면 벌레를 발견할 수 있습니다. 관찰할 겸 밤에 손전등을 비춰보는 것도 재미있습니다.

② 보는 방향을 바꿔가며 두세 번 다시 본다. 부드러운 잎, 성장점의 새싹, 잎과 잎 사이 등 여러 방향에서 찾아봅시다.

③ 새 잎에 구멍이 나 있다면 철저히 수색한다. 새로운 잎을 갉아 먹은 흔적이 있거나 똥이 있다면 반드시 그 잎이나 근처에 해충이 있습니다. 철저하게 조사하여 퇴치합시다.

【작은 해충】

진딧물
1mm 정도의 작은 벌레

대책: 손가락 끝에 셀로판테이프를 돌돌 말아 해충이 있는 부분을 누른다

접착 면에 벌레를 붙여 떼어낸다

밝을 때 하는 것이 좋다

잎의 뒷면이나 줄기에 많이 모여 산다

아래쪽 큰 잎의 중심을 본다

벌레가 너무 많이 붙어 있다면 잎을 통째로 잘라버린다

【병충해 대책과 예방】

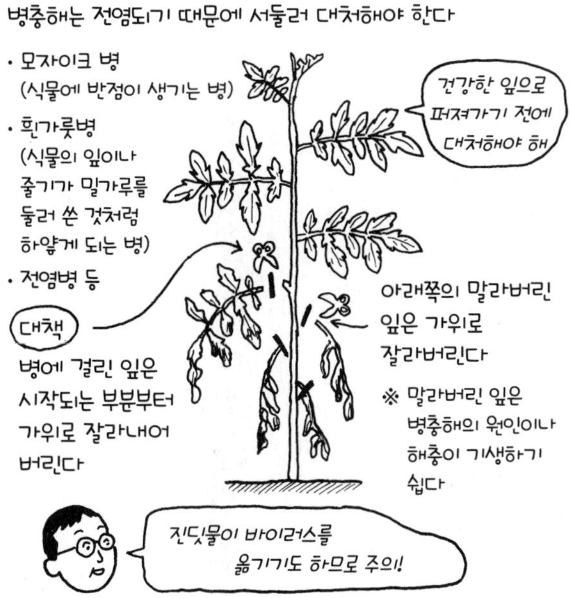

병충해는 전염되기 때문에 서둘러 대처해야 한다

- 모자이크 병 (식물에 반점이 생기는 병)
- 흰가룻병 (식물의 잎이나 줄기가 말가루를 둘러 쓴 것처럼 하얗게 되는 병)
- 전염병 등

건강한 잎으로 퍼져가기 전에 대처해야 해

대책: 병에 걸린 잎은 시작되는 부분부터 가위로 잘라내어 버린다

아래쪽의 말라버린 잎은 가위로 잘라버린다

※ 말라버린 잎은 병충해의 원인이나 해충이 기생하기 쉽다

진딧물이 바이러스를 옮기기도 하므로 주의!

셀로판테이프로 진딧물 퇴치

🌱 여러 가지 진딧물 방제 작전

진딧물과 같은 작은 해충은 손가락에 셀로판테이프를 말아 떼어냅니다. 또 바르거나 뿌리는 방법도 효과적입니다. 다음의 액체를 사용해봅시다.

① 우유나 풀을 물에 녹인 것
② 식용유를 비눗물에 희석시킨 것
③ 목초액을 300배 희석 시킨 것 등

벌레가 생기지 않는 고추나 마늘 등의 채소나 삼백초, 허브 등을 끓인 물도 좋습니다(p55 참고). 먹다 남은 맥주를 얕은 용기에 넣어두면 민달팽이(굼벵이)를 퇴치할 수 있습니다.

🌱 병충해에 걸린 잎은 잘라버리기

병에 걸린 경우에는 서둘러 잎의 맨 끝 부분을 가위로 잘라버립니다. 특히 성장점 부근의 잎 색이 얼룩덜룩하고 쭈글쭈글해지는 모자이크병(바이러스성) 증세가 나타나면 전염될 위험이 있으므로 서둘러 모든 포기를 뽑아내 옮겨 심어줍시다.

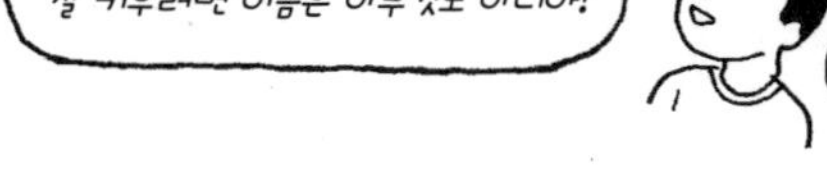

처음엔 조금 무서웠지만 튼튼하게 잘 키우려면 이쯤은 아무것도 아니야!

11. 당도를 높이는 비밀 작전

방울토마토 비밀 작전

- 세계에서 제일 단 방울토마토를 만들기 위해 궁리해보자
- 달게 하는 방법이라고 생각한 이유를 말해보며 보고서로 정리해보자

【 거울이나 미러볼로 빛을 반사시키기 】

그늘에 있는 잎이나 잎의 뒷면에 빛을 비춰 광합성량을 2배로 늘린다

돋보기로 빛을 모은다

알루미늄 호일을 동그랗게 만 작은 공을 매단다

거울을 땅 위에 놓는다

【 음악이나 노래 들려주기 】

바다 가까이에서 자란 토마토가 달다고 들었기 때문에 바닷소리를 들려준다

노래를 부른다

클래식이 좋다고 들었어

【 소금물 뿌리기 】

옛날이야기에서 바다 근처에서 자란 토마토가 달다고 들어서

【 쌀뜨물 주기 】

영양이 있는 물이니까 덧거름 대신으로

🌱 디지털 당도계로 당도를 비교해보자

지주 세우기, 유인, 첫 번째 덧거름이 끝난 후 아이들의 흥미를 높여주기 위해 공통 과제를 만들어 봅시다. 제가 실천한 '세계에서 가장 단 방울토마토 만드는 법'이라는 활동을 소개하겠습니다.

우선 동기유발을 위해 디지털 당도계로 객관적인 당도를 측정할 수 있다는 것을 미리 알려줍니다. 그 다음 '단맛 나는 방울토마토를 만들려면 어떤 작전을 세우면 좋을까?'에 대해 서로 이야기를 나누도록 합니다.

처음에는 수박이나 복숭아, 포도 중 가장 당도가 높은 것을 예상하도록 합니다. 아이들의 예상으로는 수박이나 복숭아를 많이 꼽았습니다. 당도계로 재보니 수박은 9, 복숭아는 11, 포도는 21 정도로 포도가 가장 달다는 결과가 나왔습니다.

디지털 당도계는 굴절 당도계에 비해 액체를 몇 방울 떨어뜨리는 것만으로도 소수 첫째 자리까지 당도 수치가 표시됩니다. 프로젝터 등을 이용해 숫자가 나오는 순간을 화면으로 크게 보여주면 보다 효과적입니다. 정답자에게 보너스 점수를 올려주면 더욱 흥미진진해집니다.

🌱 모둠별로 당도 높이기 작전 세우기

당도에 흥미가 높아진 아이들에게 산지나 크기

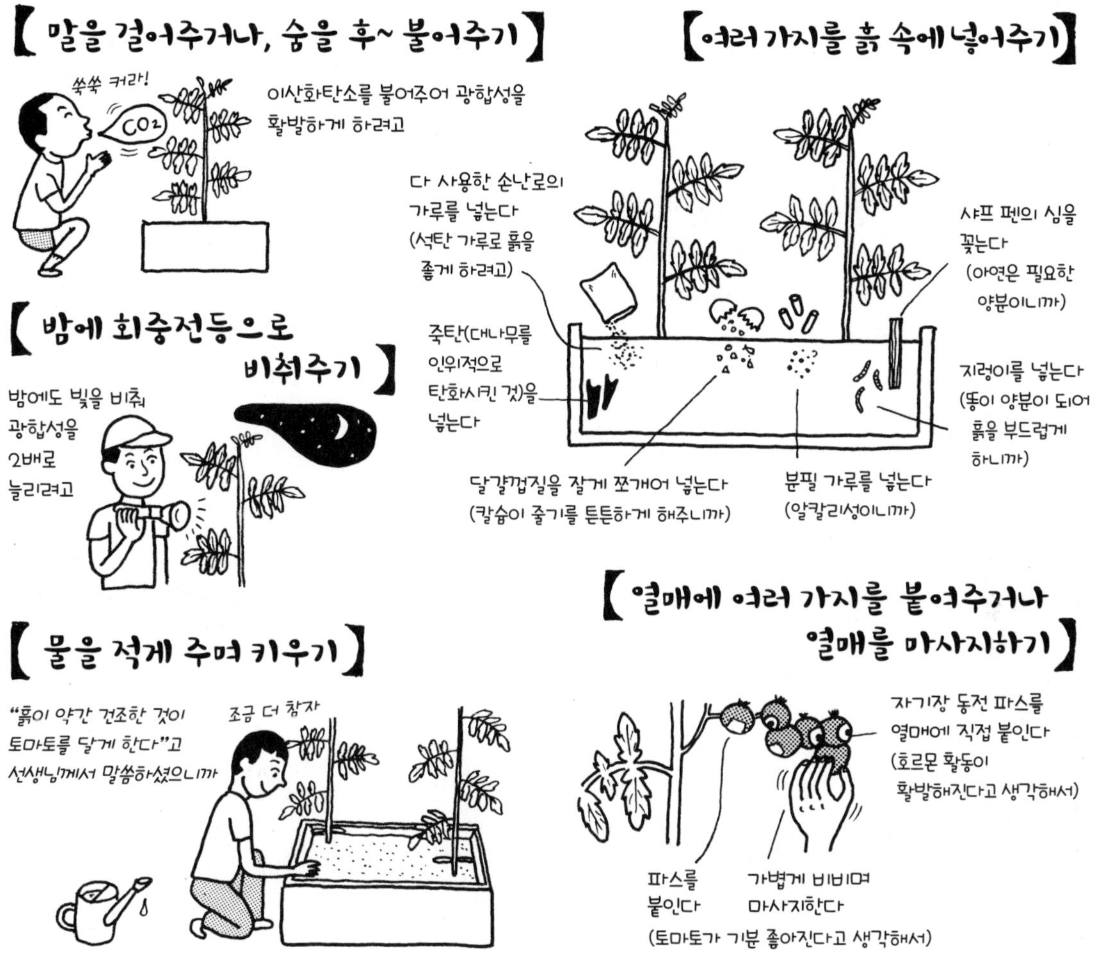

【 말을 걸어주거나, 숨을 후~ 불어주기 】

쑥쑥 커라!
이산화탄소를 불어주어 광합성을 활발하게 하려고

【 여러 가지를 흙 속에 넣어주기 】

다 사용한 손난로의 가루를 넣는다 (석탄 가루로 흙을 좋게 하려고)

샤프 펜의 심을 꽂는다 (아연은 필요한 양분이니까)

죽탄(대나무를 인위적으로 탄화시킨 것)을 넣는다

지렁이를 넣는다 (똥이 양분이 되어 흙을 부드럽게 하니까)

달걀껍질을 잘게 쪼개어 넣는다 (칼슘이 줄기를 튼튼하게 해주니까)

분필 가루를 넣는다 (알칼리성이니까)

【 밤에 회중전등으로 비춰주기 】

밤에도 빛을 비춰 광합성을 2배로 늘리려고

【 열매에 여러 가지를 붙여주거나 열매를 마사지하기 】

자기장 동전 파스를 열매에 직접 붙인다 (호르몬 활동이 활발해진다고 생각해서)

파스를 붙인다
가볍게 비비며 마사지한다
(토마토가 기분 좋아진다고 생각해서)

【 물을 적게 주며 키우기 】

"흙이 약간 건조한 것이 토마토를 달게 한다"고 선생님께서 말씀하셨으니까

조금 더 참자

방울토마토

등이 다른 세 종류의 방울토마토 당도 측정 결과를 알려주었습니다. 토마토도 품종이나 키우는 방법에 따라 당도가 다르다는 것을 알고 아이들의 눈이 동그래졌습니다.

실제 포도 농가에서 당도를 높이기 위해 실천하는 방법을 소개한 후, 세계에서 가장 단 방울토마토를 만들기 위한 비밀 작전을 혼자 생각해보게 합니다. 이후에는 모둠별로 이야기를 나누며 의견을 정리합니다. 왜 달아진다고 생각했는지 과학적인 근거를 드는 것도 중요합니다.

여름방학 전에 '당도 측정 대회'를 개최한다고 알리면, 아이들의 관심이 더욱 높아집니다. 위의 그림이 그 과정에서 나온 비밀 작전들입니다. 그리고 각자의 비밀 작전을 실행에 옮깁니다. 비밀 작전의 결과는 당도 측정 대회에서 공개합니다.

상자 텃밭은 물 주기로 수분 조절이 가능하기 때문에 물을 적게 주면 열매가 부풀어지는 현상을 막고, 속이 꽉 찬 열매를 만들 수 있습니다.

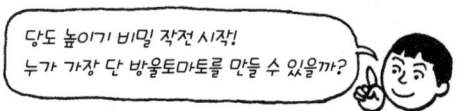

당도 높이기 비밀 작전 시작! 누가 가장 단 방울토마토를 만들 수 있을까?

12. 수확과 토마토 파티

수확 방법

[열매 따는 방법]

꽃받침 부분이 열매에서 떨어지지 않도록 떼어낸다
똑~!
① 열매의 윗부분을 엄지로 눌러 올린다
주의 : 손톱은 깎는다
② 동시에 꽃받침의 5mm 정도 위에 있는 관절과 같은 부분을 검지로 누르면 똑 딸 수 있다

[언제쯤 수확할까?]

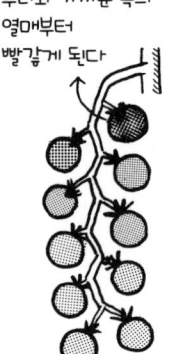
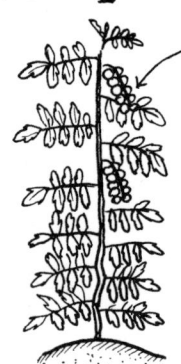

뿌리와 가까운 쪽의 열매부터 빨갛게 된다

너무 익어서 떨어지는 경우는 거의 없으므로 충분히 빨갛게 익었을 때 딴다

[먹어보자]

무농약이니까 땄을 때 바로 먹어도 맛있다

물 온도와 비슷한 정도로 차갑게 해서 먹자

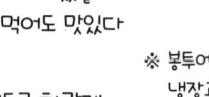

※ 봉투에 넣어 냉장고에서 10일 정도까지 보관은 OK!

냉장고에서는 너무 차가워지기 때문에 방울토마토 본래의 맛을 알기 어렵다

[수확한 열매를 선물하자]

예쁜 봉투에 넣어 포장하는 방법을 생각해본다

메시지를 적은 편지를 붙인다
이름을 적는다
한 봉투에는 10개 정도씩
씨앗부터 내가 직접 키운 방울토마토
무농약 유기농 재배
제가 키운 방울토마토예요

🌱 빨갛게 익은 것부터 차례로 수확하자

3월 중순에 씨를 뿌린 것은 7월 상순부터 열매가 빨갛게 익기 시작합니다. 이때부터 본격적인 수확기입니다. (5월 초에 뿌린 것은 7월 말부터 수확하면 됩니다.) 내가 키운 방울토마토를 먹어보면서 아이들은 토마토와 훨씬 더 친밀감을 느낍니다. 사 먹는 토마토와는 완전히 다른 맛! 아이들은 이 토마토의 맛을 오래도록 기억할 겁니다.

방울토마토는 뿌리와 가까운 쪽 열매부터 빨갛게 익어갑니다. 꽃이 피었던 순서와도 같습니다. 너무 익으면 갈라지거나 벌레나 새에 피해를 입을 염려가 있으므로 익은 것부터 차례로 따줍니다. 적당한 시기에 수확하면 작물의 부담도 덜어주고, 다음 화방도 충실하게 자랄 수 있습니다.

무농약이니까 수확한 것은 그 자리에서 바로 먹어도 됩니다. 차게 먹고 싶으면 물에 담가두는 정도가 좋고, 냉장고에 두는 것은 너무 차가워지기 때문에 추천하지 않습니다.

비닐 봉투에 예쁘게 포장해서 편지와 함께 친한 사람들에게 선물해도 좋습니다. 씨앗부터 유기농으로 키운 것이나 단맛을 높이려고 어떤 비밀 작전을 썼는지 등 그동안 들였던 노력과 정성을 편지에 담아봅시다.

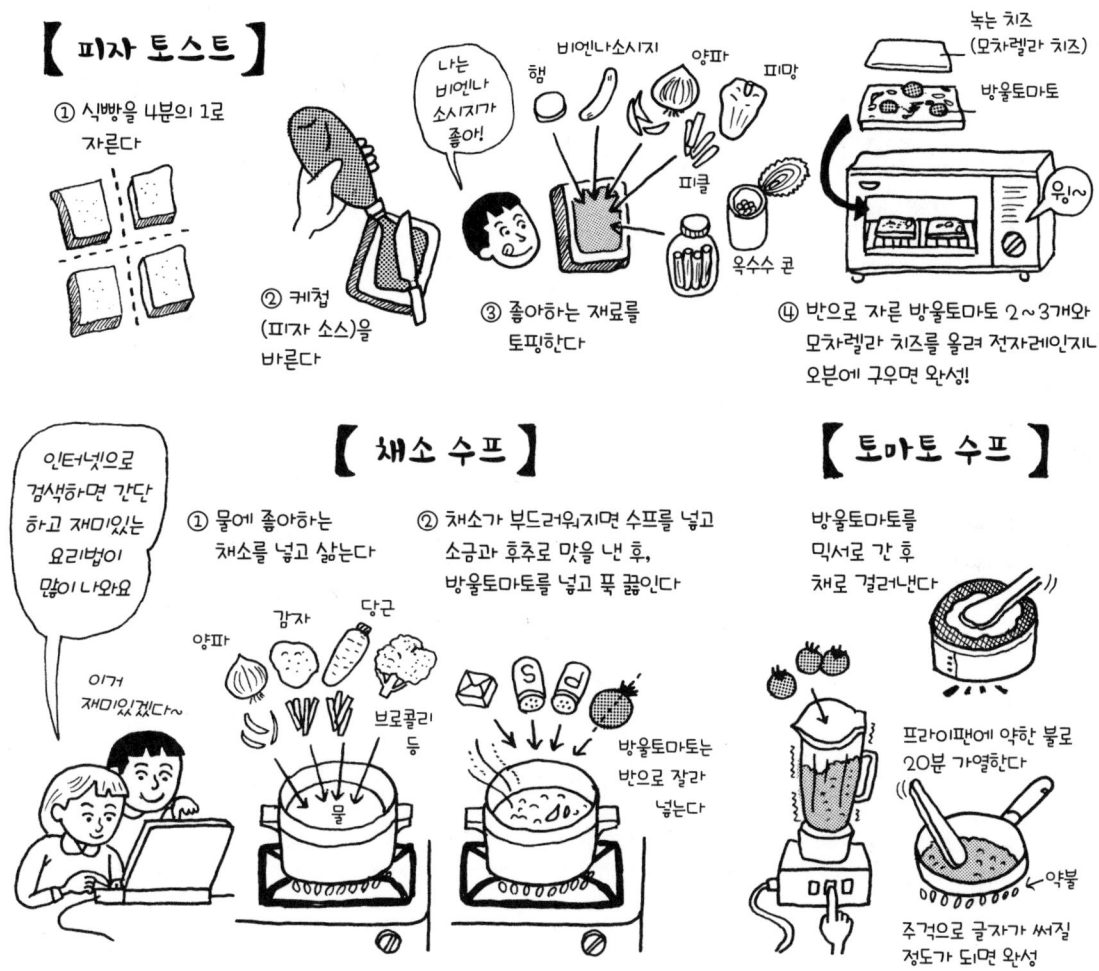

🌱 기다리던 토마토 파티!

여름방학 전, 방울토마토 재배를 마무리하면서 아이들이 가장 기대하던 토마토 파티를 열어봅시다.

날로 먹기도 하지만, 토마토를 싫어하는 아이들도 맛있게 먹을 수 있는 조리 방법을 생각해봅니다. 어떤 요리를 할지 재배 처음부터 계획해놓으면 수확할 때까지 4~5개월 동안 흥미를 잃지 않습니다.

토마토 요리로는 피자 토스트를 추천합니다. 좋아하는 재료를 토핑할 수 있고, 간단해서 아이들도 쉽게 만들 수 있습니다.

토마토는 아미노산 등 영양분이 풍부하고, 음식 맛을 살려주기 때문에 여러 가지 요리에 활용됩니다. 인터넷을 검색하면 채소 수프나 스파게티에 넣는 토마토소스 등 간단하고 재미있는 요리법이 많이 나옵니다. 토마토소스로 만들어두면 냉동해놓고 오랫동안 먹을 수 있습니다.

아직 파란 방울토마토는 버리지 말고, 피클(식초에 담그기)로 만들면 맛있게 먹을 수 있다는 것도 참고하기 바랍니다. 만드는 방법은 인터넷으로 조사해봅시다.

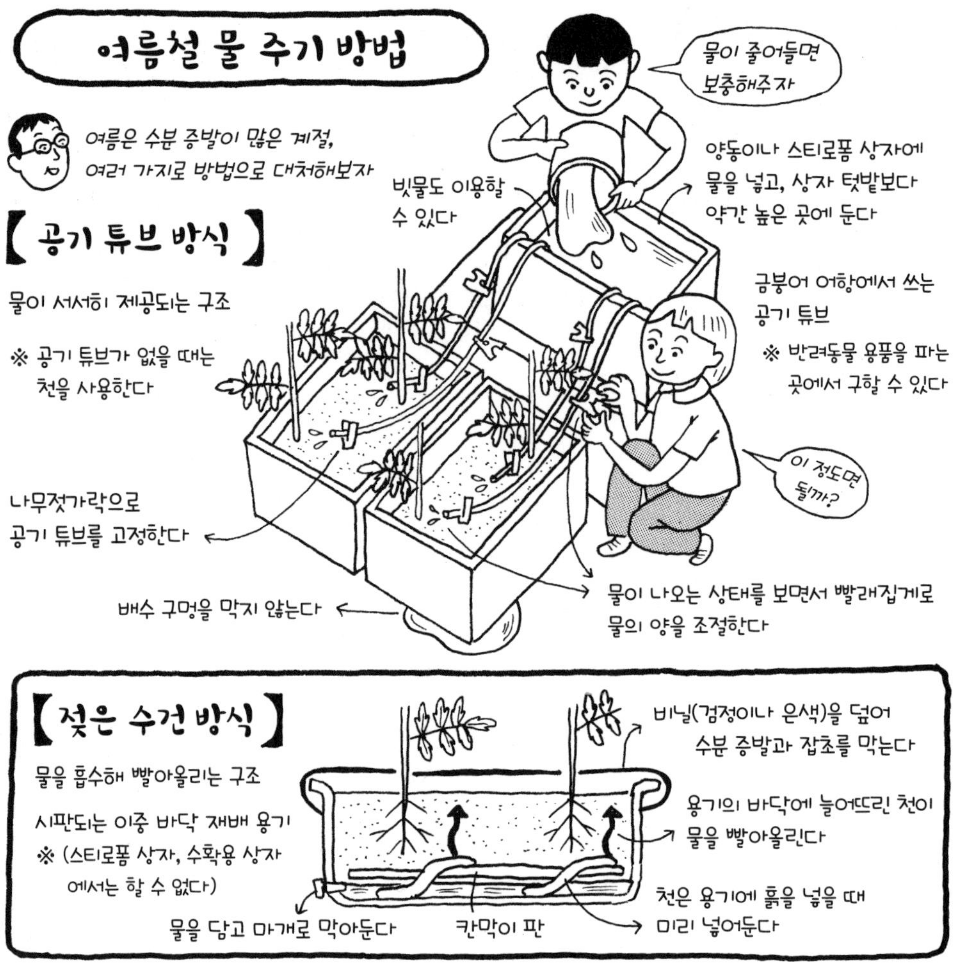

🌱 여름방학에도 당번제로 관리하기

3월 중순에 씨를 뿌린 여름걸이는 4, 5, 6단 과방을, 5월 초순에 씨를 뿌린 가을걸이는 1, 2, 3단 과방을 여름방학 중에 수확하게 됩니다.

토마토는 남미 고원이 원산지이기 때문에 비교적 더위에 약합니다. 그러니 여름방학이라고 해도 더위를 열심히 견디고 있는 방울토마토 돌보기를 쉴 수 없습니다. 모둠별 당번제로 물 주기, 덧거름, 수확 등의 작업을 해줘야 합니다.

덧거름이나 수확은 매일 필요하지 않지만 물 주기는 매일, 특히 한여름에는 아침과 저녁으로 두 번씩 해줍니다.

또 방학에는 사람이 거의 드나들지 않기 때문에 열매를 새가 쪼아 먹기 쉽습니다. 지주의 가로 막대에 방충망을 씌워두면 그나마 안심입니다.

수확한 방울토마토는 각 포기별로 기록합니다. 당번은 번거롭기도 하지만 방학에도 수확의 기쁨을 느낄 수 있습니다.

🌱 간이 물뿌리개로 부담 줄이기

가능한 한 아이들의 부담을 줄이고 작물이 말라버리는 것을 막기 위해 위의 그림과 같이 간이 물뿌리개를 도입합시다. 물을 수건으로 빨아올리는 '젖은 수건 방식'과 '호스 물뿌리개 방식'은 모종을 아

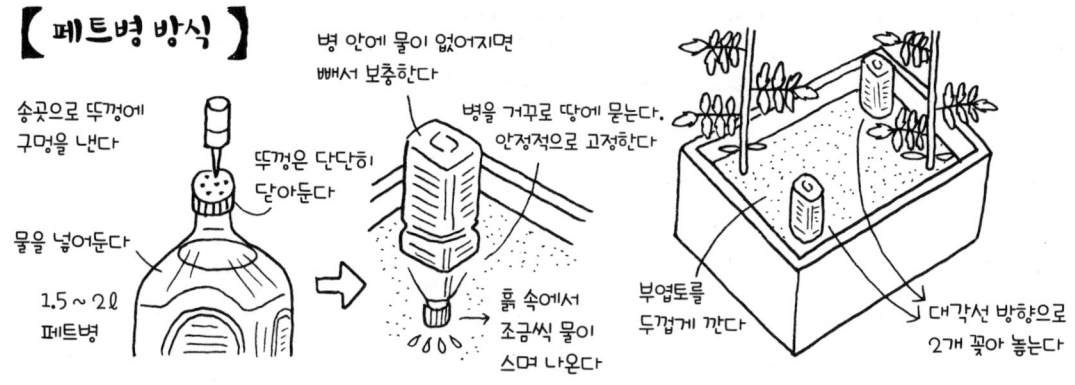

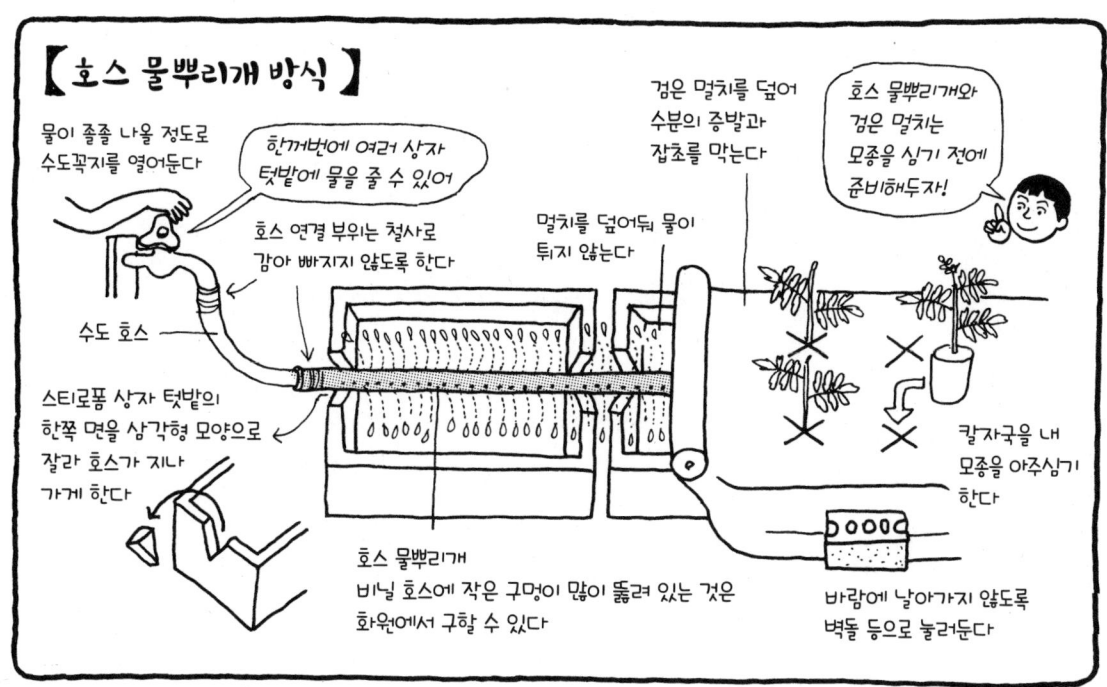

주심기할 때 설치해두면 좋습니다.

추천하는 것은 간단하고 경비도 적게 드는 페트병 방식과 공기 튜브 방식입니다.

공기 튜브는 금붕어나 열대어 수조에 공기를 공급하는 가는 튜브입니다. 수족관 용품을 파는 가게에서 살 수 있습니다. 상자 텃밭보다 높은 위치에 물탱크를 설치하고 공기 튜브를 넣어줍니다. 처음에는 튜브의 입구를 빨아서 물을 유도합니다. 하나의 상자 텃밭에 2~3개를 설치해 전체 흙이 축축해지도록 합니다. 나무젓가락으로 고정하고, 빨래집게로 물의 양을 조절하면 여름방학에도 물 관리가 가능하고, 당도도 높일 수 있습니다.

페트병 방식은 뚜껑에 작은 구멍을 낸 페트병 2개를 거꾸로 꽂아두기만 하면 됩니다. 물이 서서히 스며듭니다. 2ℓ 페트병이라면 2일 정도 물이 빠져나가도록 구멍의 수를 조정하면 좋습니다.

어떤 방식을 하더라도 텃밭 표면에 부엽토를 두껍게 깔아두면 뿌리를 보호할 수 있습니다. 증산이나 지온 상승을 막아줍니다.

14. 당도 측정 대회와 발표회

비밀 작전을 공개하는 당도 측정 대회!

수확기(7월 중하순~10월 상순) 때 1~2주에 한 번씩 수업시간에 하면 좋습니다

【구체적인 수업의 흐름】

🌱 숫자로 보는 당도에 감탄한다!

당도 높이기 비밀 작전의 성과를 '당도 측정 대회'에서 확인해봅시다. 수확이 시작된 후부터 1~2주에 1회, 그림과 같은 순서로 합니다.

7월 중하순부터 여름방학이 끝난 9월이나 10월 상순에 대회를 개최합니다. 이때쯤 하면 그동안 결과가 좋지 않았던 모둠도 작전 변경이 가능합니다.

당도 측정 결과를 프로젝터로 크게 보여주며 극적으로 연출해봅시다. '베스트 3'이 뽑히면 모두 볼 수 있도록 게시하고, 다 같이 칭찬해줍니다.

이때 성공한 비밀 작전도 공개합니다. 지금까지 최고는 13.5로 멜론과 비슷한 정도의 단맛이었습니다. 다른 모둠도 대부분 수박과 비슷한 10 이상의 당도를 보였습니다. (판매하는 토마토는 3~4 정도입니다.)

성공한 비밀 작전의 핵심은 물 주기였습니다. 보통은 배수 구멍으로 빠져나갈 정도로 물을 듬뿍 주지만, 물의 양을 조절해야 할 때는 매일 아침 한 포기에 1~2ℓ를 전체적으로 뿌립니다. 낮 동안에는 잎이 약간 시들해도 물을 주지 않다가 저녁에 상태를 보면서 다시 한 포기에 1~2ℓ를 더 뿌려줍니다. 조금씩 횟수를 늘려가며 물을 주되, 흙은 약간 마른 상태를 유지하는 것이 중요합니다. 그러면 흙의 수분량이 급격히 변하는 것을 막을 수 있습니다.

수분량이 급격히 변동하면 열매가 갈라지거나 떨어지고, 뿌리를 썩게 할 수 있으니 주의합니다. 절수배양을 하면 줄기와 잎은 가늘고 크기가 작아지고, 열매도 작고 껍질이 두꺼워지지만 당도만큼은 높아집니다.

🌱 기분의 변화나 감동을 공유합시다

재배 학습의 마무리로 씨앗과의 만남부터 수확까지의 과정에서 느낀 점, 감동한 순간 등을 되돌아봅니다. 자신의 생각을 정리해서 발표회를 가져봅니다. 각자 느낀 점을 이야기하다 보면 서로 공감할 수 있고 생각도 깊어지며 다음 활동에 대한 흥미도 생겨납니다.

그림과 같이 발표 형식은 여러 가지입니다. 한 아이가 의견을 발표하면 다른 아이들은 질문을 하거나 이야기를 듣고 느낀 점 등을 발표자에게 전해줍니다.

마지막으로는 서로의 발표를 평가하는 시간을 갖습니다. 최우수 발표자에게는 2점, 우수 발표자에게는 1점 등으로 투표해 최우수와 우수 발표자를 선정해봅시다. 평가는 각자의 관점 및 사고방식에 따라 다르므로 다양한 시각에서 평가하는 것이 바람직합니다.

15. 정리와 다음 해 활동 준비

정리와 다음 해 준비하기

【흙과 화분의 정리】

① 흙을 뒤집어준다
- 꽃삽이나 맨손으로 파서 부드럽게 한다
- 상자 텃밭 안에 넣어둔 부직포를 통째로 들어 올려 흙을 가볍게 흔들어주면 좋다
- 딱딱한 부분이 있으면 손으로 풀어줘요

② 큰 쓰레기는 빼준다
- 흙 안에 남아 있는 잎이나 열매, 커다란 뿌리 등은 꺼낸다

③ 퇴비를 넣고 잘 섞는다
- 양손으로 두 움큼 정도

④ 바로 가을 작물의 씨 뿌리기나 아주심기를 할 수 있다
- 아주심기   씨 뿌리기

🌱 사용한 흙은 퇴비나 부엽토를 넣어 재활용

수확이 끝나면 정리와 다음 해 준비를 합니다. 상자 텃밭에 사용했던 흙은 가을 재배나 내년 재배 때 재활용할 수 있습니다.

우선 줄기나 잎을 지주와 분리하고 지주는 빼냅니다. 그 다음 포기의 중심을 잡고 뿌리째 뽑아냅니다. 이미 사용했던 흙은 딱딱하게 돼버렸을 겁니다. 상자 텃밭에 깔아뒀던 부직포의 네 모서리를 잡고 두 사람이 들어 올려 가볍게 흔들어주면 뭉쳤던 흙이 풀립니다. 남은 덩어리는 손으로 풀어주고 큰 뿌리나 줄기, 잎 등은 제거해줍니다.

흙을 상자 텃밭에 넣고, 양손으로 두 움큼 이상 퇴비를 넣어 잘 섞어주면 가을 재배용 흙으로 다시 쓸 수 있습니다. 가을 재배를 쉴 경우에는 퇴비와 부엽토를 10%정도씩 더 섞어 비료나 배양토 봉투에 저장해둡니다.

🌱 씨앗 채집에도 도전!

씨앗 채집에도 꼭 도전해봅시다. 남은 열매를 떨어질 정도까지 남겨두었다가(익어서 떨어져버린 열매여도 좋습니다) 소쿠리에 넣고 뭉갭니다. 과육은 물에 흘려버리고 남은 씨앗은 깨끗하게 씻습니다. 노란색 씨를 수건이나 손수건 위에 펼쳐놓고 2~3일 그늘에서 말립니다. 씨앗이 잘 마르면 종이

【 씨앗 채취 】

올해의 재배를 정리해 내년에도 활용하기

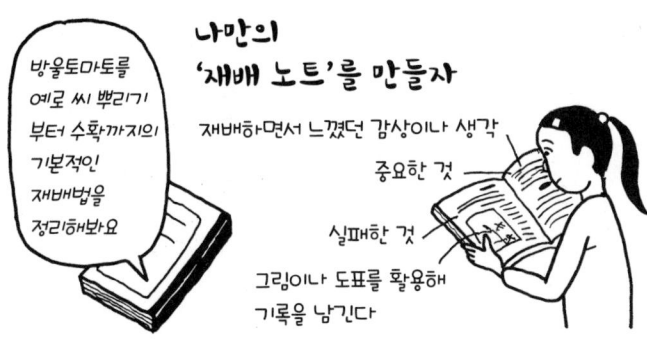

봉투에 넣어 냉장고에 저장합니다.

씨앗을 잘라 돋보기로 보면, 어린 싹이나 어린뿌리가 보입니다. 많은 열매를 맺었던 토마토는 다음 해에도 생명을 이어가기 위해 씨앗을 남겨놓은 것입니다. 생명을 이어가는 것은 인간을 포함해 모든 생물의 공통점입니다. 이런 이치를 알게 되면 아이들도 생명의 중요성을 실감할 수 있습니다.

토마토 품종의 대부분은 잡종 제1대이기 때문에, 채집한 씨앗을 뿌리면 여러 가지 형태와 성질을 가진 싹이 납니다. 다양한 방울토마토를 보는 즐거움도 있겠지만, 먹기 좋은 토마토를 얻기 위해서는 내년 재배용 씨앗은 판매용이 좋습니다.

🌱 재배 노트 만들기

마지막으로 올해 실천한 활동을 정리하고, 나만의 재배 안내서를 만듭시다. 제목은 '아주 달고 맛있는 방울토마토 키우는 법' 또는 '씨앗부터 키우는 방울토마토' 등 스스로 정합니다. 쓸 때는 아래 항목을 활용합니다.

① 자신이 찍은 사진이나 그림을 넣는다.

② 씨앗부터 수확까지 시기별로 중요한 점을 적는다.

③ 재배하면서 스스로 궁리한 것이나 실패한 점도 써본다.

④ 느낀 점도 넣어본다.

아주심기 후 자주 하는 실수

쉬는 시간
아이들의 흥미를 불러일으키는 이야기

왜 사 먹는 토마토보다 직접 키운 토마토가 더 맛있을까?

'토마토가 빨갛게 익으면 의사 얼굴은 파래진다.', '토마토 수확시기가 되면 요리 솜씨가 좋아진다.'는 서양 속담이 있습니다. 토마토를 먹으면 건강해지고, 또 토마토가 음식의 풍미를 더한다는 뜻입니다.

토마토는 비타민C와 미네랄 성분뿐 아니라 감칠맛의 성분인 당, 아미노산 등이 풍부합니다. 또 건강에 좋은 카로틴이나 리코펜(토마토의 붉은 색소) 등도 풍부하게 함유돼 있습니다.

서양에서는 토마토를 퓌레(채소나 고기를 갈아서 채로 걸러 걸쭉하게 만든 음식)로 해서 여러 가지 요리에 맛을 더하기도 합니다.

특히 리코펜과 카로틴은 아래 그림과 같이 초록의 엽록소가 적어지면서 빨갛게 되는 과정에서 급증합니다. 마지막까지 태양 빛을 받고 완숙한 토마토가 맛도 좋고 영양도 풍부합니다. 파는 토마토는 파란색을 띤 것을 수확해 진열할 때쯤 빨갛게 된 것이 대부분입니다. 파는 것과 직접 재배한 것의 맛이 확 차이나는 이유입니다.

레스토랑의 멜론에는 왜 칼집을 넣는 것일까?

레스토랑에서는 가끔 초승달 모양으로 자른 멜론 디저트가 나옵니다. 그런데 자세히 보면 초승달 모양의 한 쪽에는 과육과 껍질 사이에 칼집을 살짝 넣어 놓습니다.

왜 그럴까요? 먹기 편하게 하려는 이유도 있지만 같은 초승달 모양으로 자르는 수박에는 이렇게 하지 않습니다.

힌트를 드리겠습니다. 멜론은 끝을 만져 부드러워지거나 좋은 냄새가 날 때 수확합니다. 양 끝부터 익어가기 때문입니다. 즉 멜론은 양 끝쪽이 가장 달고 맛있습니다.

초승달 모양으로 자를 경우 양쪽 끝 부분이 가장 맛있습니다. 그래서 가장 먼저 맛있는 부분을 먹게 하려고 칼집을 넣는 것입니다.

그러면 위쪽과 아래쪽 중 어디에 칼집을 넣을까요? 정답은 위쪽입니다. 충분히 익지 않은 위쪽을 맛본 후 마지막으로 아래쪽을 먹게 되면 전체적으로 맛있는 멜론을 먹었다고 느끼기 때문입니다.

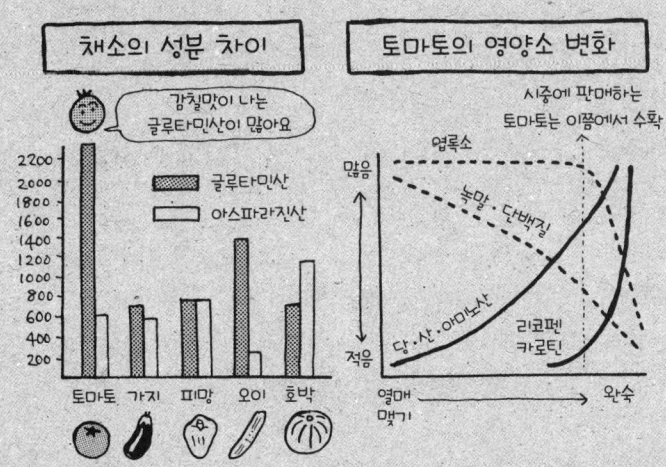

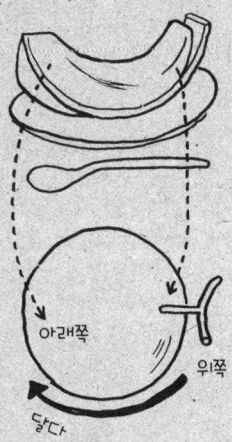

1. 오이 재배 계획

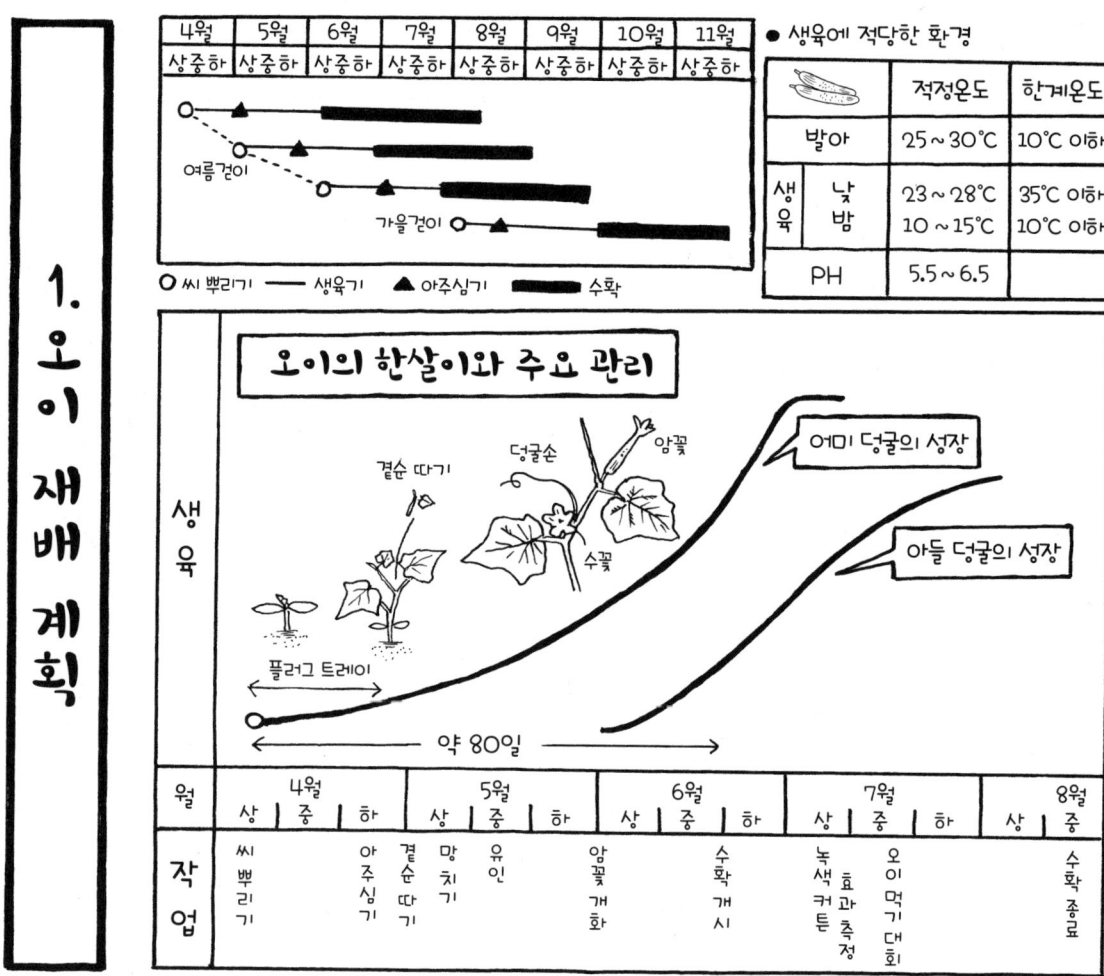

🌱 오이로 녹색 커튼을 만들어보자

예전에는 갈대발에 넝쿨진 나팔꽃과 마당에 물을 뿌리는 모습을 시원한 여름 풍경으로 꼽았습니다. 지구온난화가 큰 문제가 되는 요즘에는 창가에 덩굴식물을 키워 더위를 피하는 '녹색 커튼'이 새롭게 주목받고 있습니다. 나팔꽃이 일반적이지만 최근에는 열매를 보는 재미가 있는 오이, 여주, 수세미, 조롱박 등을 재배합니다.

그중에서도 수확해서 바로 먹을 수 있는 오이를 적극 추천합니다. 생육이 빠른 오이는 여름방학 전에 수확할 수 있고, 녹색 커튼 효과를 조사하기에도 알맞은 작물입니다.

🌱 오이는 엇갈려 뿌리기

오이는 성장이 빠른 작물입니다. 씨를 뿌리고 80일이 지나면 수확을 시작할 수 있습니다. 4월 초순에 씨를 뿌리면 6월 하순부터 수확이 가능합니다.

그러나 수명이 짧아 수확시기는 한 달 정도밖에 안 됩니다. 수확시기를 길게 하려면 씨를 뿌릴 때 엇갈려 뿌리면 됩니다(2, 3주간 사이를 두고 3회). 평균기온이 15℃ 이상 되면 상자 텃밭에 직접 뿌리고, 페트병을 씌워 기를 수 있습니다.

🌱 잎이 무성한 품종을 고르자

종묘점이나 인터넷에서 보면 오이의 품종이 서른

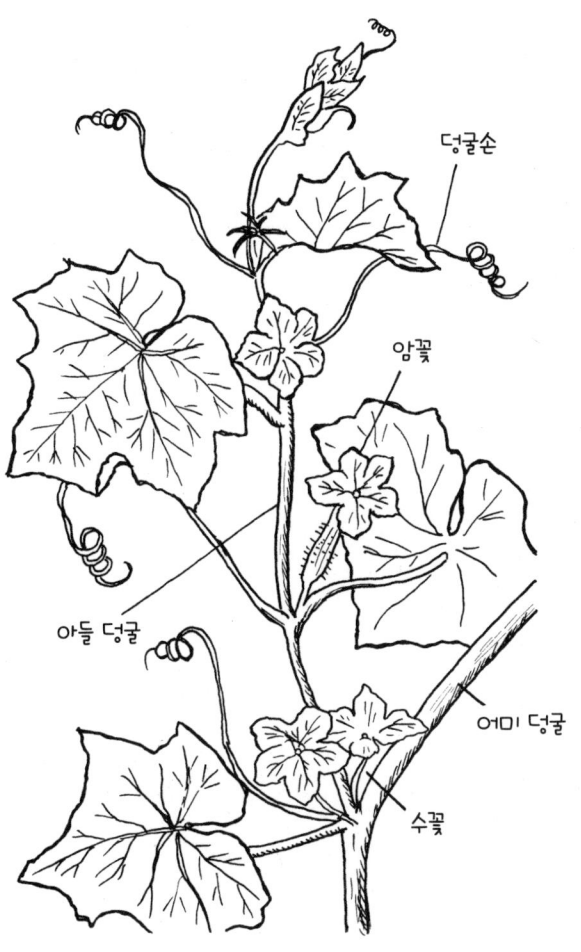

오이의 품종별 특성

열매 위치	마디마다 생기는 성질 (어미 줄기 착과형)	건너뛰는 마디에 생기는 성질 (건너뛰기 착과형)	곁가지에 생기는 성질 (곁가지 착과형)
	어미 줄기의 각 마디에 암꽃이 생김	어미 줄기 여기저기에 암꽃이 생김	어미 줄기에는 거의 암꽃이 생기지 않음
풀의 무성함	약함	중간 정도	강함
수확 개시	빠르다	중간 정도	늦다
옆 가지	발생하기 어렵다	중간 정도	발생하기 쉽다
수량	적다	중간 정도	많다

가지가 넘습니다. 이렇게 품종이 많으면 어떤 것을 골라야 좋을지 망설여지게 됩니다.

오이는 잎이 붙어 있는 뿌리부터 곁순, 꽃, 덩굴손(가지나 잎이 실처럼 변하여 다른 물체를 감아 줄기를 지탱하는 가는 덩굴) 순으로 자랍니다. 암꽃이 생기기 시작하면 곁순은 생기기 어려워지고, 또 잎이 무성하지 않으면 덩굴손이 생기지 않습니다.

어미 줄기에 거의 곁순(곁가지)이 발생하지 않고, 열매가 어미 줄기에 생기는 어미 줄기 착과형과 잎의 무성하고 곁순이 잘 자라서 열매가 아들 덩굴에 나는 곁가지 착과형, 또 그와 비슷하게 건너뛰기 착과형의 세 종류가 있습니다. 곁순이 생기기 쉬운 품종일수록 잎이 무성하고 튼튼합니다.

상자 재배는 밭 재배와 비교해 잎이 무성해지기 어려우므로 곁가지 착과형이나 건너뛰기 착과형 품종을 고르는 것이 좋습니다. 특히 녹색 커튼을 만들기 위해서는 잎이 무성하고 곁순이 자라기 쉽고, 흰가룻병(자낭균이 식물의 잎, 어린 열매 따위에 번져서 생기는 병)에 강한 품종을 고릅니다.

덩굴식물로 창가에 '녹색 커튼'을 만들어봅시다. 열매를 바로 먹을 수 있는 오이를 적극 추천합니다.

2. 씨 뿌리기와 달걀판 온실

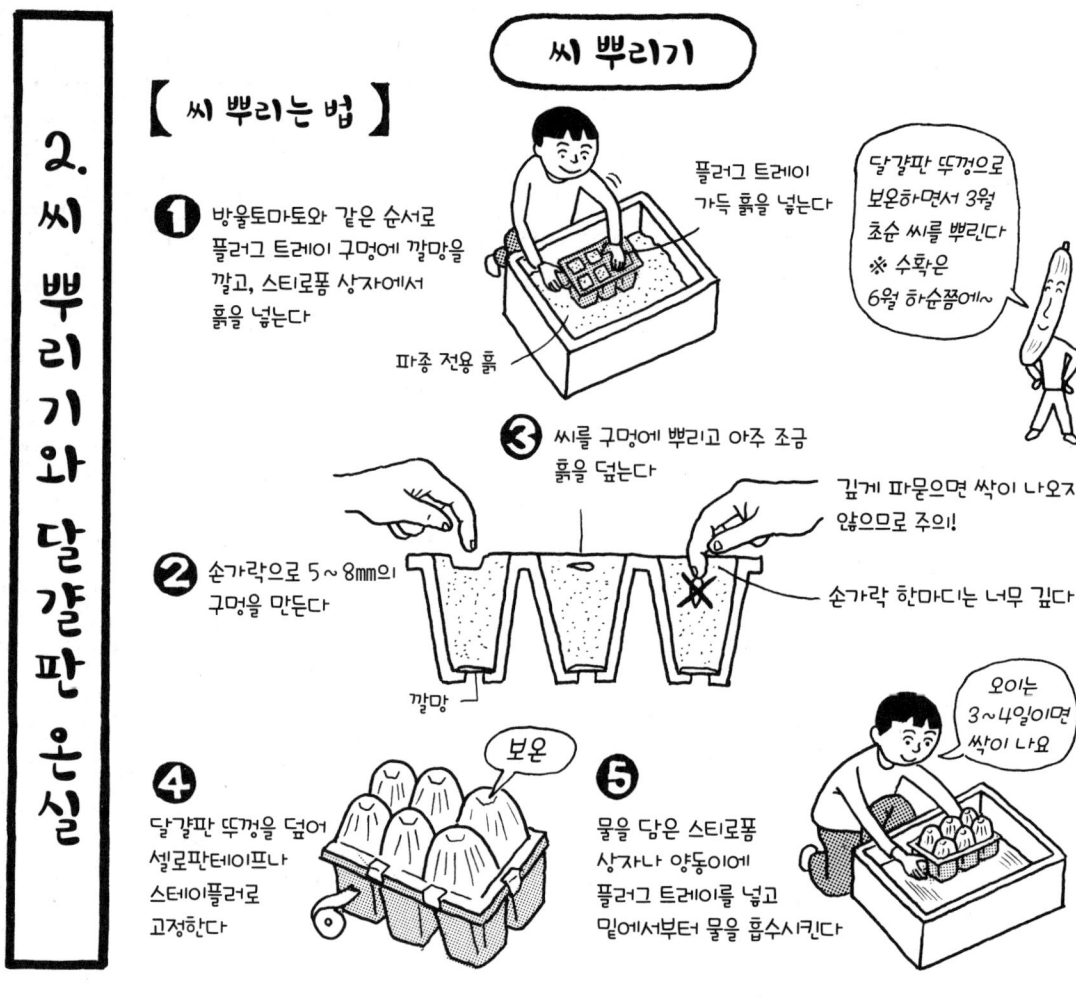

🌱 씨를 뿌리고 달걀판 온실로 따뜻하게

오이 씨를 뿌릴 때도 방울토마토와 같이 50개의 구멍이 있는 플러그 트레이에 한 알씩 뿌립니다. 뿌리 깊이는 씨 두께의 1.5배가 기본입니다. 깊이는 5~8mm 정도가 적당합니다.

오이씨는 비교적 크기 때문에 나팔꽃 씨를 뿌릴 때처럼 검지의 첫째 마디까지 구멍을 내고 심는 사람도 있지만, 그렇게 하면 너무 깊어 싹이 나기 어렵습니다. 얕게 심어주어 아주 조금 흙을 덮습니다.

25℃ 이상이라면 3~4일째 싹이 나지만, 15℃ 이하면 좀처럼 싹이 나지 않습니다. 달걀판 뚜껑을 잘 덮어 최저기온이 15℃ 이하가 되는 것을 막아줍니다. 밤에는 스티로폼 온실(p35 참고) 등에 넣어 보온합시다.

오이는 건조에 약한데다가 잎이 커 증산량이 많습니다. 싹이 난 후에도 물 주기를 빠뜨리지 말고 듬뿍 저면급수합니다.

🌱 본잎이 2~3장 되면 빨리 아주심기

본잎이 2~3장까지 나오면 방울토마토처럼 직경 9cm 비닐 포트로 아주심기합니다. 될 수 있으면 빨리 아주심기를 하면 좋습니다. 오이 뿌리는 곧은 성질이 있기 때문에 아주심기하면서 상처를 잘 입기

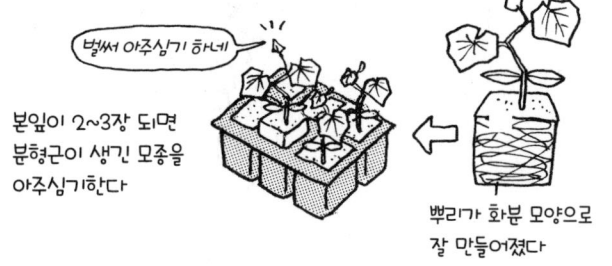
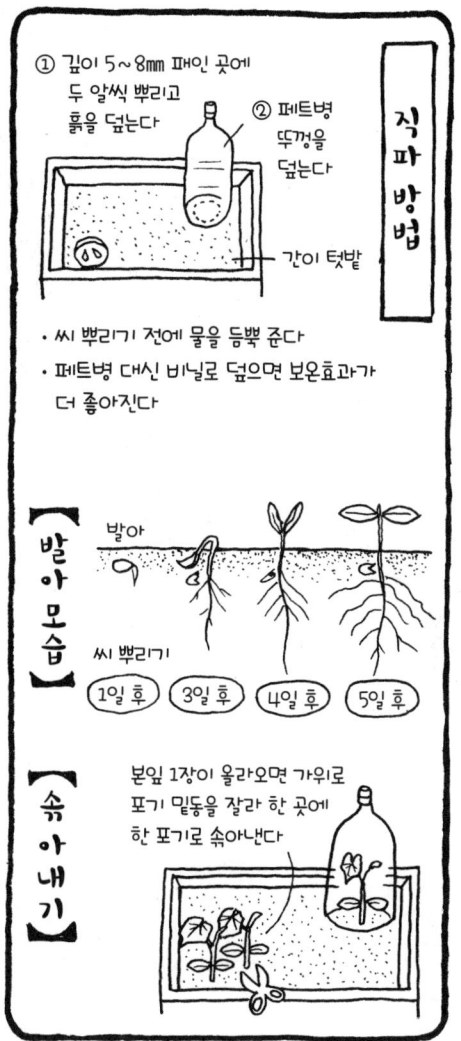

때문입니다.

오이는 방울토마토보다 저온에 약하기 때문에 달걀판 뚜껑을 오래 덮어두고 싶지만, 싹이 나고 2주 정도 지나면 본잎이 뚜껑에 닿으므로 신속히 아주심기를 해봅시다.

아주심기 후에는 아랫부분을 자른 페트병 뚜껑을 덮어 보온합니다.

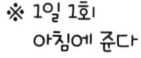 바로 뿌리기 요령

온도를 유지할 수 있다면 '바로 뿌리기(직파)'를 권합니다. 상자 텃밭에 흙을 넣고 듬뿍 물을 주고 난 후, 대각선으로 3곳에 두 알씩 뿌립니다.

발아온도를 유지하려면 상자 텃밭에 비닐을 덮든지, 페트병 뚜껑을 덮어둡니다. 또한 밤사이 15℃ 이하가 될 경우에는 싹이 날 때까지 낡은 모포를 덮어 보온해봅시다.

발아 후 30℃ 이상 되면 웃자라거나 선 채로 말라 죽기 쉬우므로 주의합니다. 본잎이 한 장 올라오면 한 곳에 한 포기로 솎아줍니다.

아주심기

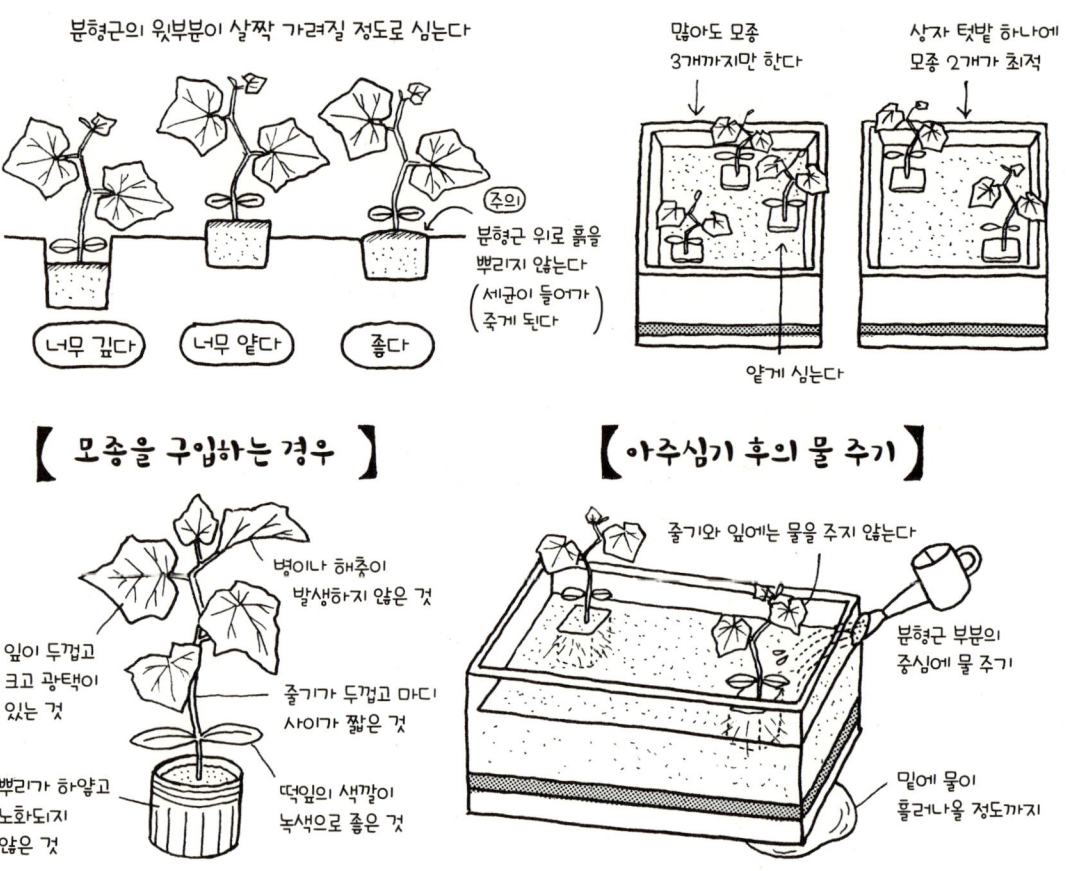

🌱 얕게 심고 포기 밑동을 중심으로 물 주기

상자 텃밭 하나에 많아도 모종 세 그루, 보통은 두 그루를 심는 것이 적당합니다. 오이 뿌리는 산소를 좋아해서 얕게 뻗어 나가므로 포기 사이를 넓게 두어야 합니다. 또한 잎이 비교적 크기(어른 손바닥 2배 만한 크기도 있습니다) 때문에 겹치지 않도록 간격을 벌려줍니다.

오이 뿌리는 습기에 약하므로 얕게 심어줍니다. 분형근 윗부분이 조금 나올 정도 깊이로 심고, 흙을 덮지 않도록 합니다. 깊어지면 뿌리가 약해지고 활착이 늦어집니다.

아주심기 후 분형근을 중심으로 물을 줍니다. 전체적으로 듬뿍 주면 새롭게 나는 뿌리에 좋지 않습니다.

🌱 튼튼한 모종을 구입하자

모종을 구입할 경우에는 ① 잎과 잎 사이(마디 사이)가 짧고 튼튼한 것, ② 잎이 진한 녹색으로 두껍고 윤택이 나는 것, ③ 병이나 해충이 없는 것, ④ 뿌리가 하얗고 노화되지 않은 것, ⑤ 완전한 떡잎이 2장 있는 것 등을 주의해서 선택합시다.

웃자라서 마디 사이가 긴 모종이나 뿌리가 갈색이나 회색으로 노화된 모종은 피합니다.

쉬는 시간
아이들의 흥미를 불러일으키는 이야기

오이꽃은 왜 암꽃과 수꽃으로 나뉘어져 있을까?

토마토 등 많은 식물의 꽃에는 수술과 암술이 같이 붙어 있습니다. 암술과 수술이 같이 있는 꽃을 '양성화'라고 합니다. 그런데 오이는 암술은 암꽃에, 수술은 수꽃에 따로따로 핍니다. 이것을 '자웅이화'라고 합니다. 호박이나 수박, 메론 등 박과(쌍떡잎식물의 한 과. 주로 열대 지방에 분포하며, 박, 수박, 참외, 오이 등)의 채소는 모두 자웅이화입니다. 옥수수나 밤, 소나무, 삼목 등의 과수도 자웅이화입니다.

양성화가 꽃가루가 붙기 쉽고, 수정률도 높은데 왜 굳이 암술과 수술이 다른 꽃에 있을까요? 그 이유는 다른 꽃의 꽃가루를 가져오면 유전자가 더해져 여러 가지 환경에서 살아남을 가능성이 높아지기 때문입니다. 진화 과정에서 식물이 몸에 익힌 생존 전략입니다.

이런 전략을 조금 더 중요하게 여기는 식물은 아예 암그루와 수그루가 나뉘어져 있습니다. 채소 중에서는 시금치와 아스파라거스, 머위, 참마 등이 있고, 이것을 '자웅이수'라고 합니다. 열매를 먹지 않는 경우에는 특별히 암그루와 수그루의 구분이 필요하지 않지만, 열매를 먹는 키위, 은행, 소귀나무 등은 확실히 구분해야 합니다.

수그루는 몇 년이 걸려도 열매가 열리지 않고, 암그루도 가까이에 수그루가 없다면 열매를 맺기 어렵습니다. 그래서 키위 같은 작물을 심을 때는 반드시 암그루와 수그루를 함께 심습니다.

매화, 배, 자두, 사과 체리, 올리브, 으름덩굴 등은 양성화지만, 자신의 꽃가루는 물론 같은 품종의 꽃가루도 수정하지 않습니다. 수정할 때는 궁합이 좋은 다른 품종의 꽃가루가 필요합니다.

이때 벌 등의 곤충들이 꽃가루 운반하는 것을 도와줍니다. 꽃은 꿀로 곤충을 불러 꽃가루를 묻히게 합니다.

아름다운 연꽃은 무슨 역할을 할까?

정겨운 연꽃 밭. 요새도 봄이 되면 논 한쪽에 피는 아름다운 연꽃들을 종종 볼 수 있습니다. 이 연꽃은 단지 감상용으로 기르는 것일까요?

연꽃은 콩과(쌍떡잎식물 갈래꽃류의 한 과. 강낭콩, 녹두, 완두, 콩, 팥 등) 식물입니다. 콩과 식물의 뿌리에는 작은 혹이 나 있습니다. 여기에는 공기 속 질소를 암모니아 등으로 바꿔 연꽃에 공급해주는 뿌리 혹 박테리아가 공생합니다. 대신 연꽃은 뿌리 혹 박테리아에게 당 등의 영양분을 공급해줍니다. 10cm 정도 자란 연꽃은 질소 4~5kg 정도에 해당합니다.

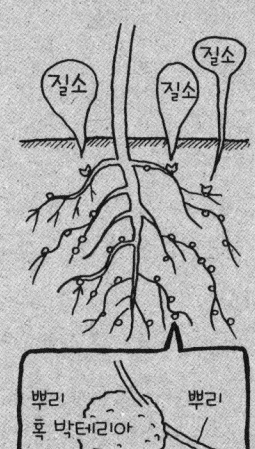

그래서 비료를 따로 주지 않아도 연꽃은 잘 자라고, 자란 연꽃은 풋거름(생풀이나 생나무 잎으로 만든, 충분히 썩지 않은 거름)이 되어 벼를 잘 자라게 돕습니다.

풋콩이나 강낭콩, 땅콩, 클로버 등의 콩과 식물도 연꽃과 마찬가지 경우입니다. 비료가 적어도 잘 자랍니다.

3. 녹색 커튼 그물망 설치법

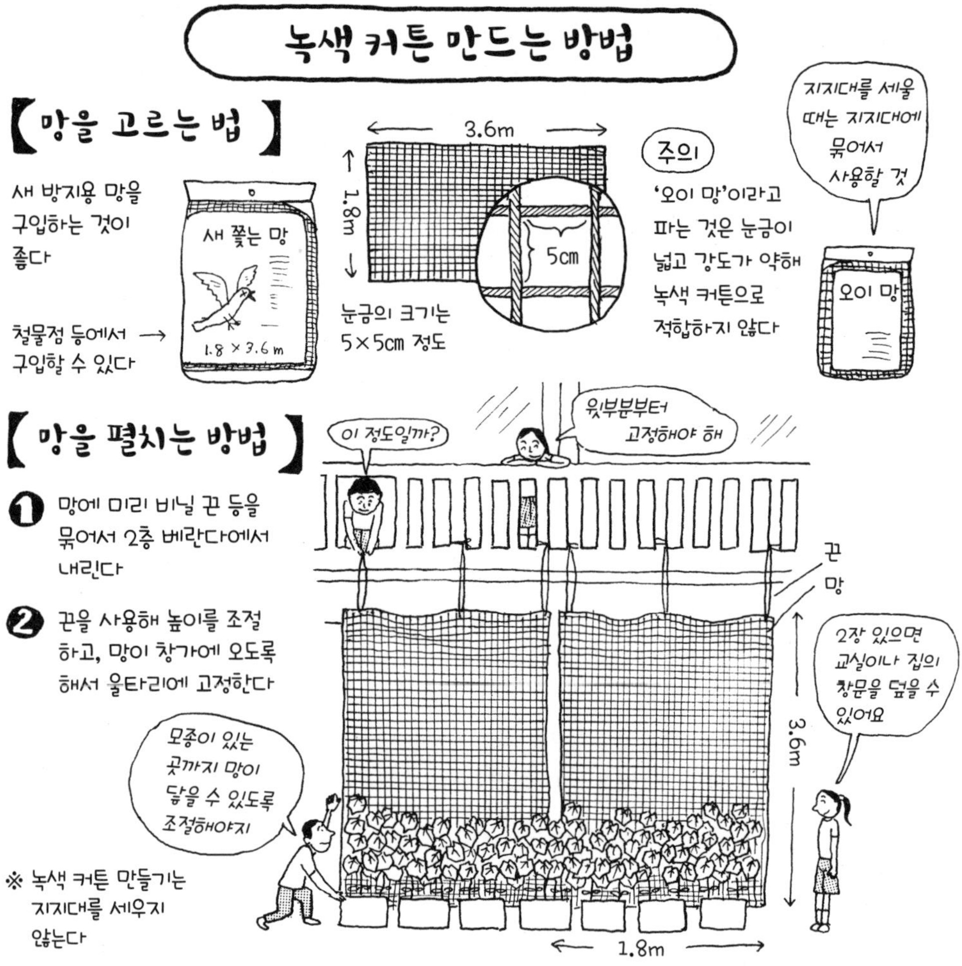

녹색 커튼 만드는 방법

【망을 고르는 법】

새 방지용 망을 구입하는 것이 좋다

철물점 등에서 구입할 수 있다

새 쫓는 망
1.8 × 3.6 m

3.6m
1.8m
눈금의 크기는 5×5cm 정도

주의
'오이 망'이라고 파는 것은 눈금이 넓고 강도가 약해 녹색 커튼으로 적합하지 않다

오이 망

지지대를 세울 때는 지지대에 묶어서 사용할 것

【망을 펼치는 방법】

① 망에 미리 비닐 끈 등을 묶어서 2층 베란다에서 내린다

② 끈을 사용해 높이를 조절하고, 망이 창가에 오도록 해서 울타리에 고정한다

모종이 있는 곳까지 망이 닿을 수 있도록 조절해야지

※ 녹색 커튼 만들기는 지지대를 세우지 않는다

이 정도일까?
윗부분부터 고정해야 해
끈
망
2장 있으면 교실이나 집의 창문을 덮을 수 있어요
3.6m
1.8m

🌱 새 방지용 망으로 튼튼하게

오이는 A형으로 지지대를 세우는 것이 일반적이지만, 3m 이상 높이까지 녹색 커튼을 만들려면 망을 늘어뜨려야 합니다.

망은 시중에 판매하는 오이 망보다는 새를 쫓는 망(방조망)을 사용해야 튼튼합니다.

망 하나로 창틀 2개 정도를 덮을 수 있습니다. 교실의 창틀이 8개라면 새 방지용 망이 4개 필요합니다. 망 하나에 상자 텃밭 3개를 나란히 놓을 수 있으니까 총 12개의 상자 텃밭 분량의 오이를 키울 수 있습니다. 새 방지용 망은 튼튼해서 매년 사용할 수 있습니다.

교실 베란다에 만든 수세미 녹색 커튼 앞에서 즐거워하는 아이들

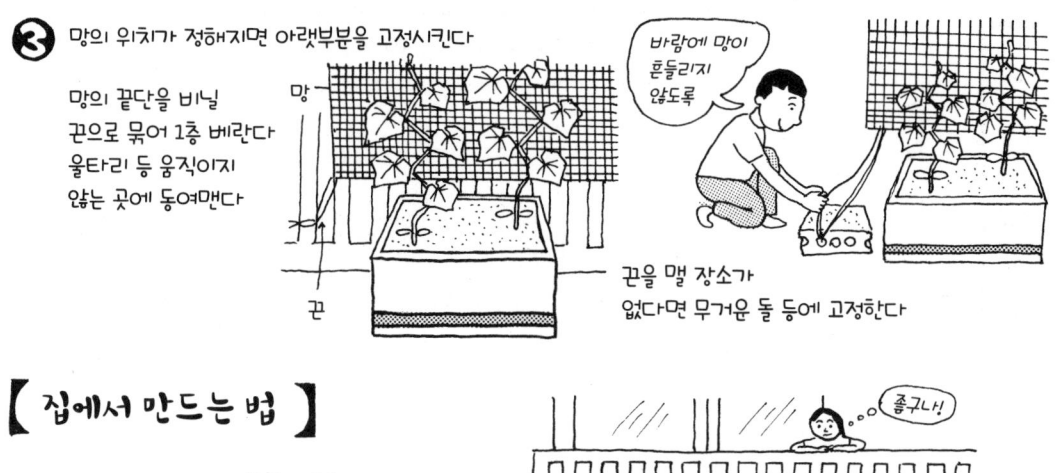

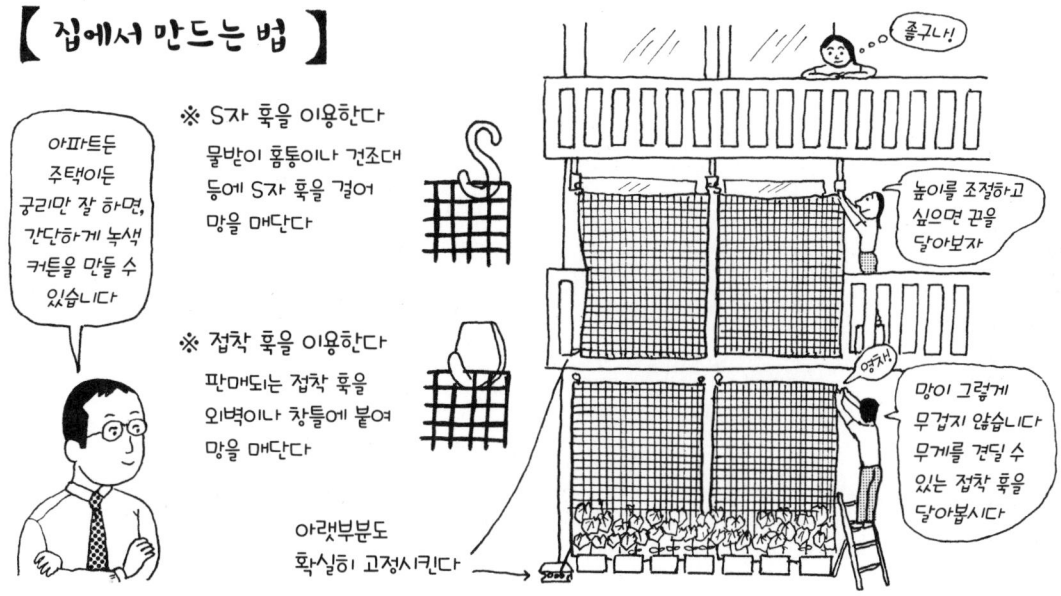

🌱 망을 위아래로 고정해 팽팽하게 늘어뜨리기

망 고정은 녹색 커튼을 만들 때 상당히 중요한 부분입니다. 망 자체를 확실하게 고정하지 않으면 바람에 흔들려 줄기와 잎에 상처가 날 수 있습니다.

우선 직사광선이 들지 않는 높이까지 망을 끌어올려 베란다 울타리 등에 세 곳으로 나눠 고정합니다. 망의 끝단도 블록이나 돌 등 무거운 곳에 단단히 잡아매 팽팽하게 펼칩니다.

커튼이 필요한 창가 부분에 위치하도록 하고, 부족한 경우에는 망을 이어 붙이도록 합니다. 아래는 창의 조금 밑에까지 내려오면 충분합니다.

교무실 외벽에 조성한 3개월 된 여주와 수세미 녹색 커튼

4. 곁순 따기와 유인하기

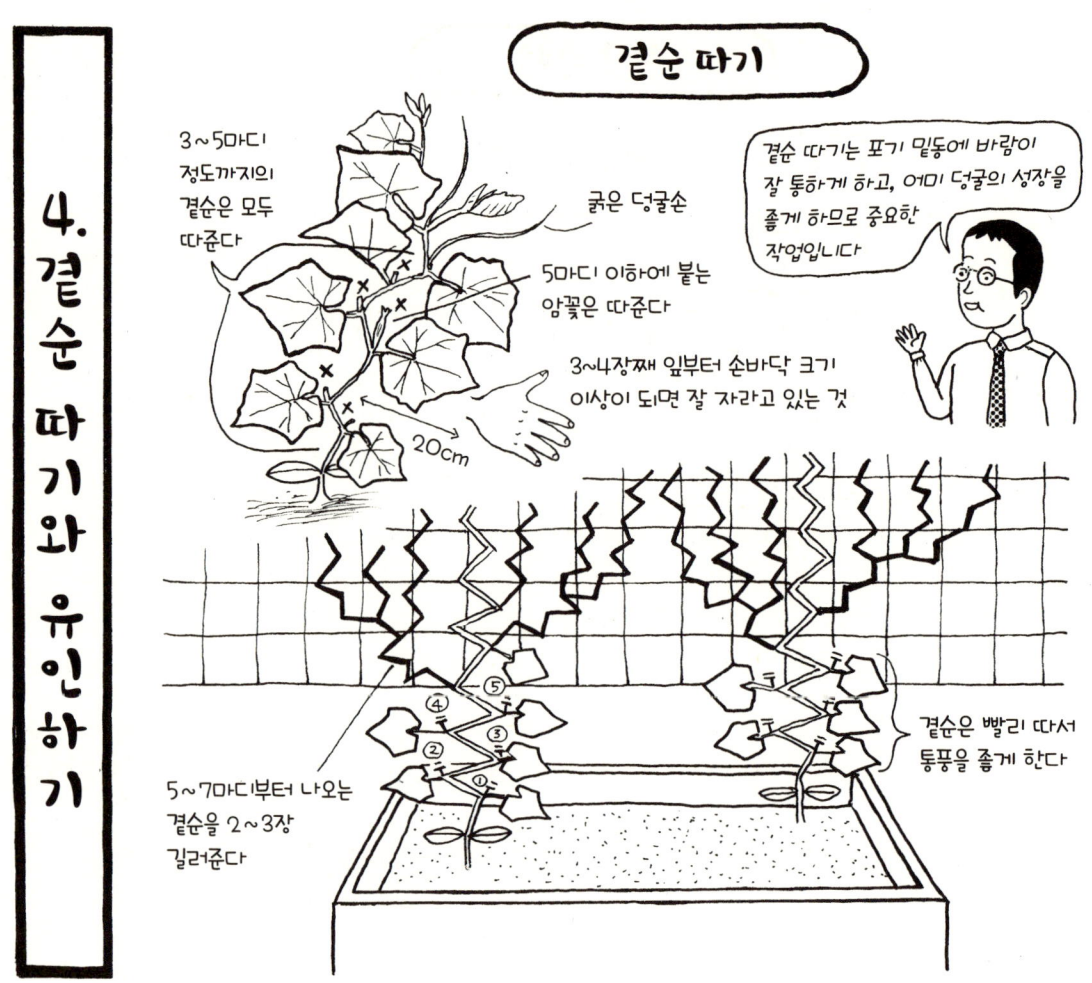

🌱 3~5마디까지의 곁순 따기

오이는 잎이 크고 무성해져야 잘 크고 있는 것입니다. 3~4장째 잎이 손바닥보다 크게 되는 것이 목표입니다. 건강한 오이는 1, 2마디부터 곁순이 나오는데, 너무 아래 부분부터 곁순이 자라면 어미 덩굴의 성장이나 포기 밑동의 통풍이 나빠집니다. 3~5마디까지의 곁순은 빨리 따서 어미 덩굴이 뻗어나가도록 도와줍시다. 5마디 이하의 암꽃도 어미 덩굴에게 부담이 되지 않도록 따줍니다.

어미 덩굴은 지지대 앞부분까지 뻗지 않게 하고, 아들 덩굴도 2~3마디에서 따줍니다. 하지만 녹색 커튼을 만들 때는 어미 덩굴의 5마디 이상은 그대로 뻗게 해줍니다. 특히 5~7마디부터 자라는 아들 덩굴을 그대로 뻗게 놔두면 전체가 줄기와 잎으로 뒤덮입니다.

🌱 빈틈이 없도록 아들 덩굴 유인하기

아주심기 후 잠시 동안은 오이가 곧게 자라므로 망에 유인할 필요가 없습니다. 하지만 아주심기 후 일주일에서 열흘 정도 지나면 늘어지기 시작하므로 유인해줍니다.

어미 덩굴의 앞부분을 바로 세워 8자 모양으로 느슨하게 테이프로 묶어줍니다. 이때는 덩굴이 곧바로 자랄 정도로 세력이 강해지는 시기입니다. 비

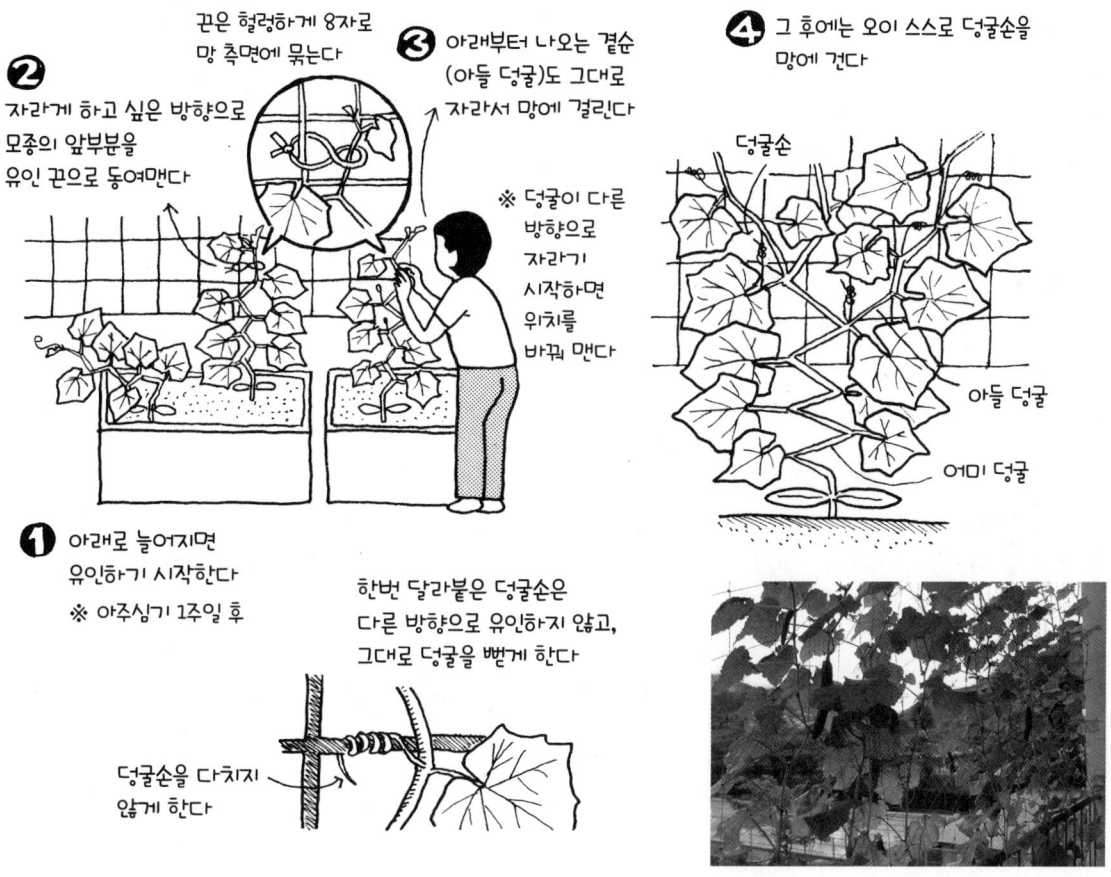

스듬하게 자라는 줄기는 약해진 것입니다.

커튼에 빈틈이 없도록 아들 덩굴도 유인해야 합니다. 처음에 덩굴을 잘 배치해놓는 것이 중요합니다. 배치가 끝난 다음에는 덩굴손이 망을 감으면서 뻗어 나가기 때문에 이때 새로 유인하려면 포기가 상하기 쉽습니다. 그러므로 바로 앞의 덩굴을 뻗고 싶은 방향으로 잘 유인해둬야 합니다.

테이프는 종이나 마 소재 같은 것이 처리가 편하기는 하지만(회수하지 않아도 썩게 놔둘 수 있습니다) 벌레가 싫어하는 은색의 유인 끈과 셀로판테이프라도 괜찮습니다. 확실히 회수하면 문제없습니다.

아들 덩굴이 생각한 것처럼 뻗지 않고 틈이 생길 것 같으면 어미 덩굴의 앞부분을 따 곁순 몇 개가 빠져나올 때 새로 유인하면 좋습니다. 또 덩굴이 엉켜 통풍이 잘 안 된다면 흰가룻병 등이 생기기 쉬우므로 솎아줍니다.

망의 윗부분까지 덩굴이 넘어가도 그대로 놔둡니다. 덩굴이 잡을 곳이 없으면 자연스럽게 아래로 늘어지면서 세력이 약해집니다.

5. 물 주기·덧거름과 건강 진단

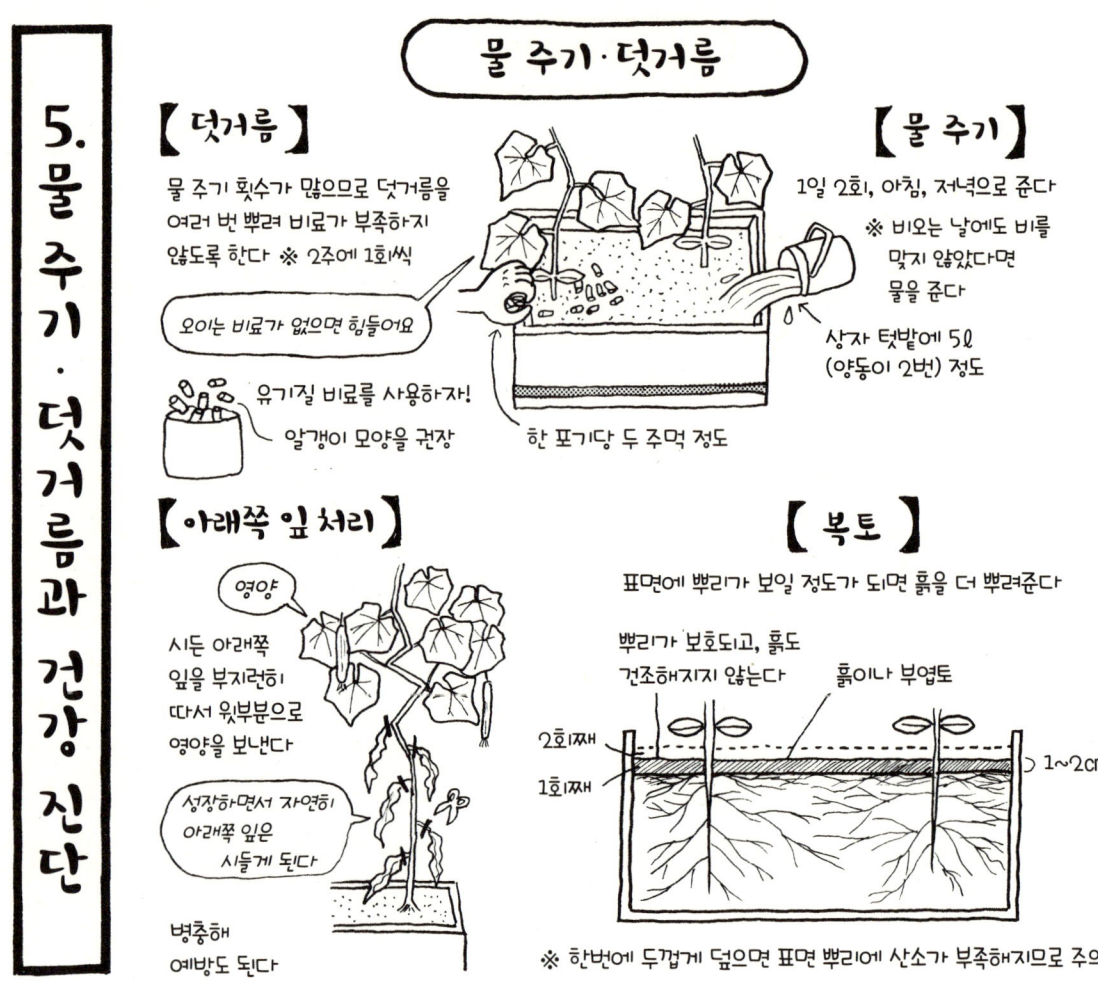

🌱 오이는 물과 비료를 풍부하게

오이는 물을 좋아해 다 컸을 때 한 포기당 하루 2ℓ의 물을 흡수합니다. 또한 비료도 왕성하게 흡수하며 생육속도도 무척 빠릅니다. 그래서 오이를 키울 때는 물과 비료를 부족하지 않게 하는 것이 중요합니다.

상자 텃밭은 한 포기당 흙의 양이 적고 비료와 물도 한정되어 있어 정기적인 물 주기와 덧거름이 더욱 필요합니다.

물은 매일 아침, 저녁에 5ℓ씩 듬뿍 줍니다. 병을 예방하기 위해 비를 맞지 않는 장소에서 기르는 대신 흐리거나 비가 오는 날에도 물을 줍니다.

맑은 날이 계속 된다면 흙이 건조해 회색빛이 되거나 오이의 잎 부분이 시들해져 늘어지기 전에 아침, 저녁으로 물을 줍시다.

덧거름은 아주심기 2주 후에, 알갱이 모양의 유기질 비료를 한 포기에 두 주먹 정도, 포기 주위나 상자 텃밭 모퉁이에 뿌려줍니다.

또 뿌리가 흙 표면에 그물망처럼 뻗는다면 부엽토나 흙을 1회에 2㎝ 정도 더 덮어줍니다. 표면의 뿌리가 건조해지는 것을 막을 수 있습니다.

🌱 잘 자라는지 보려면 끝 부분을 관찰하자

오이가 잘 자라는지 알고 싶다면 덩굴의 끝 부

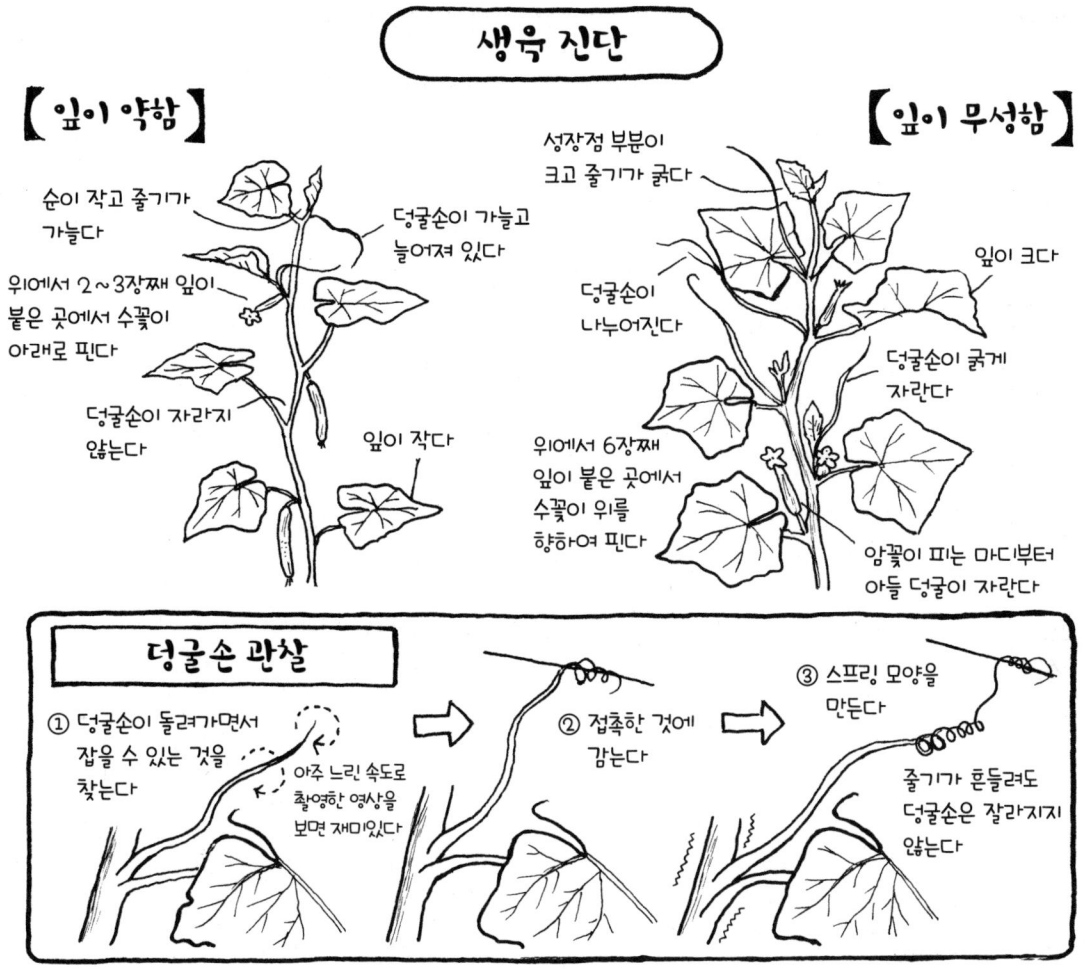

오이

분을 관찰하면 됩니다. 자라는 힘이 강하다면 줄기가 굵고, 잎이 크고 두꺼우며, 잎자루(잎몸을 줄기나 가지에 붙게 하는 꼭지 부분. 잎을 햇빛 방향으로 향하게 한다)가 45도 이상으로 서 있습니다. 암꽃이 피었던 잎겨드랑이(식물의 가지나 줄기에 잎이 붙은 부분의 위쪽)에서 곁순이 잘 자라고, 암꽃은 앞쪽의 잎부터 6장째 아래의 잎겨드랑이 눈에서 위쪽 방향으로 개화합니다.

반면 자라는 힘이 약해지면 줄기가 가늘고, 잎이 작고 곁순이 적게 생깁니다. 모종의 키도 작고, 암꽃은 앞쪽의 잎 2~3장째 정도의 위치에서 아래 방향으로 피어납니다.

제일 쉽게 알아보는 방법은 덩굴손을 보는 것입니다. 잎이 세력이 강하면 각 겨드랑이 눈에서 굵고 긴 덩굴손이 곧게 서서 자라고, 양 갈래로 갈라진 것도 보입니다. 세력이 약하면 덩굴손도 적게 생기고, 가늘어져서 늘어진 모양이 됩니다.

오이는 열매가 차례대로 달립니다. 수확기가 되면 열매가 아주 많아져서 작물의 부담도 높아집니다. 수확 최적기에 앞서 덧거름 주기, 물 주기, 복토 등에 신경 씁시다. 잎이 빈약해지면 흰가룻병, 노균병 등에 걸리기 쉽습니다.

6. 병충해 예방과 수확

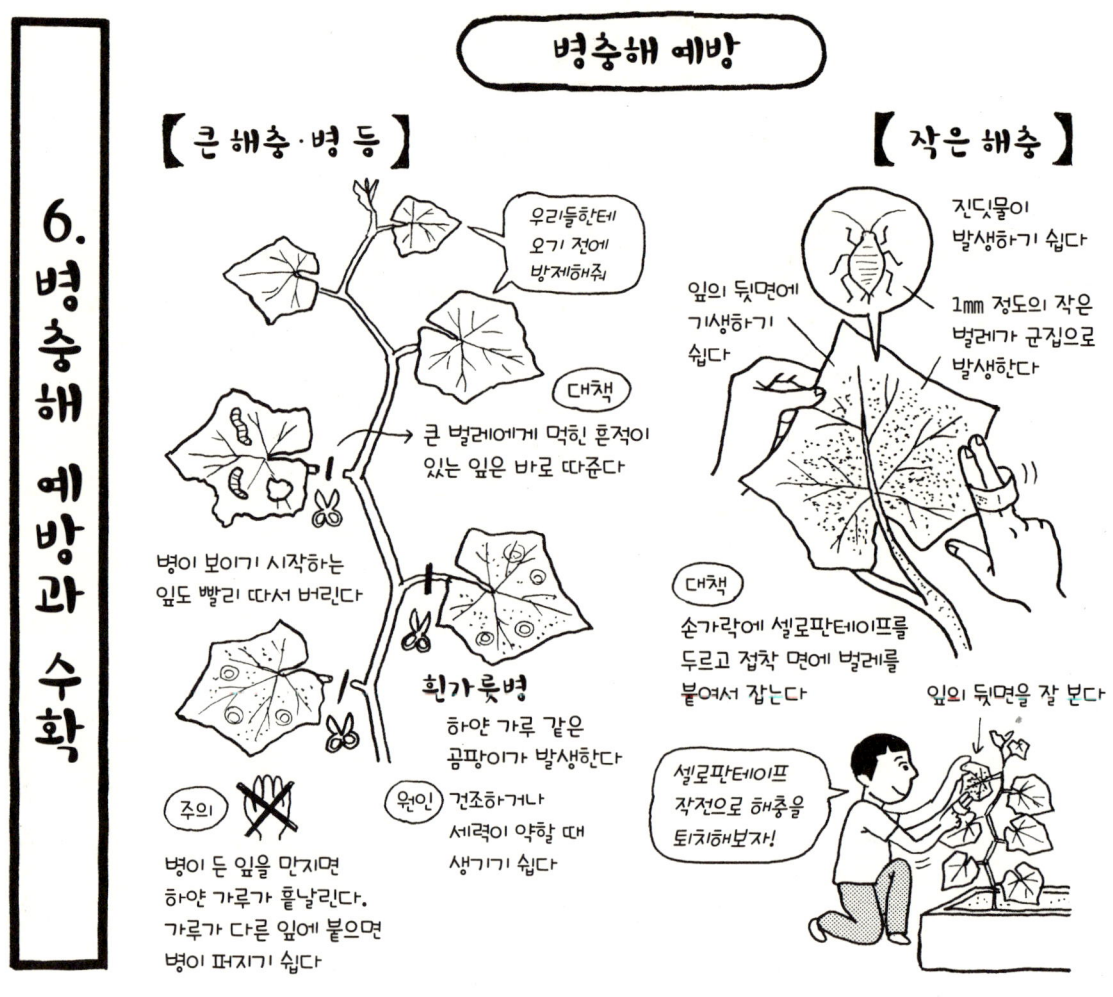

🌱 진딧물에는 셀로판테이프 작전!

오이에 가장 많이 생기는 해충은 진딧물입니다. 잎에 바늘을 찔러 영양분을 흡수하고, 그 흔적으로 작은 점이 무수히 남습니다.

진딧물은 아직 어리고 건강한 잎의 뒷면에 무리지어 있습니다. 특히 아주심기 바로 직후, 제대로 자라지 못하는 어린 잎이 생긴다면 작물의 성장에도 큰 영향을 미칩니다.

더욱이 침을 찌른 곳에는 바이러스가 전염됩니다. 그렇게 되면 줄기와 잎이 쭈글쭈글해지고 회복이 불가능해집니다.

개미는 진딧물이 내놓은 단맛의 즙을 구하러 오기 때문에 개미가 꼬이면 진딧물이 있다는 증거입니다. 재빨리 발견해서 그림과 같이 셀로판테이프로 잡아줍시다.

🌱 병으로 약해진 잎은 따주기

잎의 한쪽 면이 밀가루를 뿌린 것처럼 하얗게 되면 흰가룻병이 발생한 것입니다. 통풍이 나쁘거나 맑은 날이 계속되고, 건조할 때 잘 발생합니다. 모종을 빽빽하게 심는 것은 피하고, 덩굴이 엉키면 솎아내어 통풍이 잘 되게 합시다.

그밖에도 흐리거나 비가 계속 내려 습도가 높아지면 잎에 노란색의 둥근 점이 생기는 탄저병이 발

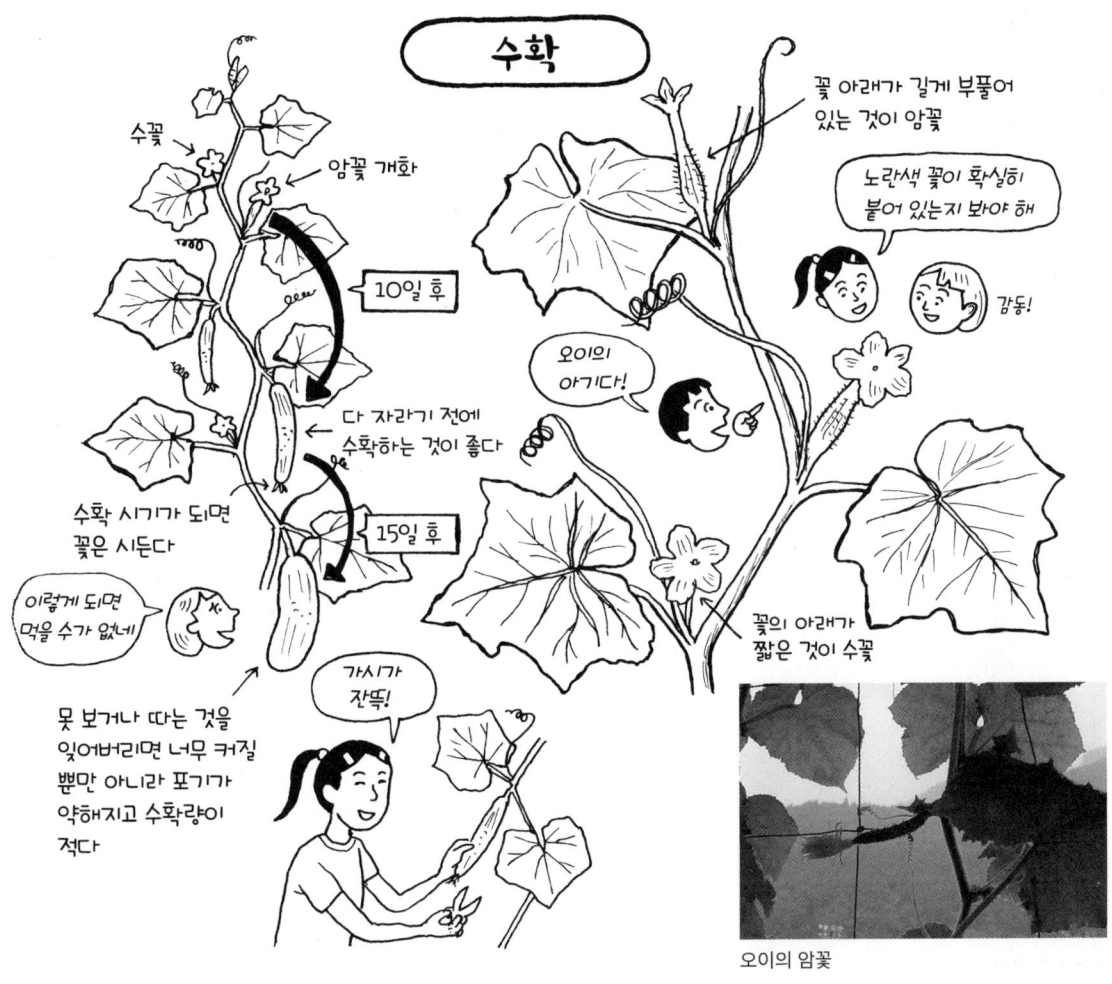

오이의 암꽃

생합니다. 이런 병들은 잎이 빈약할 때 아래의 약한 잎부터 생기기 쉽습니다.

잎이 무성해지도록 노력하면서 병이 발견된 잎은 가위로 잘라버립시다. 윗부분까지 전염되는 것을 확실히 막아줘야 합니다.

🌱 열매를 빨리 수확해 포기에 부담 줄여주기

오이는 암꽃이 개화하면서부터 2~3일 안에 크기가 현저히 커집니다. 하룻밤에 7cm 정도 자랄 때도 있습니다. 열흘이 지나면 15cm 정도가 돼 수확하기에 적당합니다.

이 시기를 놓치면 열매가 점점 커지면서 포기가 약해지기 쉽습니다. 이때부터는 매일 꾸준히 수확해주는 것이 좋습니다.

선물로 한꺼번에 많이 수확했을 경우에는 신문지에 잘 싼 다음, 비닐 주머니에 넣어 냉장고 등 서늘한 장소에 보관합니다. 피클로 만들어서 보관하는 방법도 있습니다.

7. 굽은 오이의 정체는?

단면을 보자

【잎이 무성함】
어느 쪽도 맛있다
- 씨 있음
- 씨 없음

윤이 나고 신선하다 (유백색이 되지 않는다)
구멍이 나 있지 않음

【잎이 빈약함】
- 씨 없음(끝이 가늘어지는 열매)
- 씨 있음(끝이 굵어지는 열매)

단면 단면

【휘어지는 열매】
- 일조 부족
- 양분과 수분 부족
- 뿌리의 활력 저하

씨가 적은 쪽으로 휘어진다
단면

개화할 때부터 휘어져 있는 씨방

커지는 중에 잎자루, 옆가지, 지지대 등에 접촉

🌱 잎의 세력이 약해지면 변형 과실이 많이 나온다

앞부분이 가늘거나 굽어진 오이, 끝부분이 굵어지는 오이는 왜 만들어지는 것일까요? 이 오이들을 세로로 잘라봅시다.

곧은 오이를 잘라보면 씨가 고르게 들었거나 거의 없는 것도 있습니다. 오이는 토마토와 달리 수정하지 않아도 과실이 비대해지는 '단위결실'이라는 성질이 있습니다. 이 때문에 잎이 무성해지면 씨가 없어도 곧고 맛있는 오이가 됩니다.

그런데 잎의 세력이 약해지면 씨가 생기지 않고, 영양분이 없는, 끝 부분이 가는 오이가 됩니다. 또는 앞부분에만 씨가 있고 끝부분이 굵은 오이가 되어버립니다.

오이에게 열매는 씨를 만들어 자손을 남기기 위한 것입니다. 수정이 되면 자연스럽게 씨가 호르몬을 내보내 영양분을 끌어당깁니다.

또 굽어진 오이를 세로로 잘라보면 굽어진 쪽은 씨가 적다는 것을 알 수 있습니다. 처음부터 굽어서 자라 한쪽 면에는 씨가 잘 만들어지지 않았습니다.

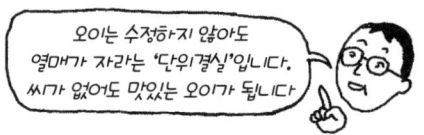

오이는 수정하지 않아도 열매가 자라는 '단위결실'입니다. 씨가 없어도 맛있는 오이가 됩니다

쉬는 시간
아이들의 흥미를 불러일으키는 이야기

진딧물 한 마리가 한 달 사이에 만 마리로!

오이의 적은 진딧물입니다. 진딧물은 놀랍도록 번식력이 강합니다. 조건만 맞으면 한 마리가 한 달 사이에 만 마리로 늘어날 수 있습니다. 그 이유는 따뜻한 봄이 되면 암컷은 교미하지 않고도 암컷 유충을 계속 낳을 수 있기 때문입니다. 서늘한 가을밤이 돼서야 추운 겨울을 넘기기 위해 수컷과 교미도 하고 알을 낳습니다.

돋보기로 진딧물을 보면 날개가 있는 진딧물과 없는 것이 있습니다. 먹이가 충분해 이동하지 않아도 되면 날개가 없는 알을 낳고, 이동하고 싶을 때는 날개가 있는 것을 낳는 등 변화를 종잡을 수 없습니다.

또 앞부분의 부드러운 잎에 침을 꽂아 집단으로 액을 흡수하므로 잎이 안쪽으로 말리는 것을 볼 수 있습니다. 진딧물은 흡수한 당과 아미노산 액체를 배설하기 때문에 잎이 시들고, 여기에 그을음 형태의 곰팡이균이 번식합니다. 개미는 이 즙을 너무 좋아해서 개미가 줄기를 타고 올라간다면 반드시 진딧물이 있다고 보면 됩니다.

진딧물에는 셀로판테이프로 떼어내기 작전을 써봅시다. 손가락에 셀로판테이프를 감고 접착면에 벌레를 붙여 잡습니다. 또 은색의 반짝거리는 것을 싫어하므로 알루미늄 호일을 상자 텃밭 위에 깔아두면 좋습니다. 거꾸로 노란 것을 좋아하므로 테이프나 망 등은 노란색을 사용하지 않도록 합니다.

등에 일곱 개의 점이 있는 칠성무당벌레가 진딧물을 좋아합니다. 하루에 스무 마리 정도 먹어치운다고 알려져 있습니다. 작물에서 칠성무당벌레를 봤다면 고맙게 생각하고 소중하게 대해줍시다.

수확 후에도 씨를 크게 만드는 오이

오이는 토마토와 달리 씨가 충분히 익기 전 초록색일 때 수확합니다. 익으면 노랗게 됩니다. (피망도 다 익기 전 녹색 열매를 수확합니다. 놔두면 익어서 빨개집니다.) 충분히 노랗게 되고 나면 오이씨를 채취합니다.

수확한 오이를 직사광선이 닿지 않는 서늘한 곳에 놔두면 어떻게 될까요? 외부에서 영양분을 받지 않아도 오이 속에 있는 양분으로 씨가 여물어갑니다. 점점 노랗게 되면서 씨가 있는 끝부분이 부풀어 오릅니다. 이런 현상은 자손을 남기려는 오이의 생존 본능입니다. 씨를 채취할 때는 이와 같이 숙성된 오이를 사용합니다.

무서운 미국미역취의 비밀 무기

노란색 꽃가루 병의 원인이 되기도 하는 미국미역취는 북미가 원산지인 식물입니다. 가을 들녘을 보면 억새를 대신해 미국미역취가 한창 우거져 있습니다. 미국미역취가 다른 식물을 없애버리는 비밀 무기는 무엇일까요?

그 이유는 노란색의 작은 꽃이 수없이 많은 종자를 뿌릴 뿐 아니라 뿌리에서까지 주위 식물들의 성장을 억제하는 물질(cis-DME)을 배출하기 때문입니다. 이와 같은 현상을 '아레로파시(타감작용)'라고 합니다. 쑥이나 아스파라거스, 석산 등도 마찬가지입니다. 이런 종류의 식물들에게도 약점이 있습니다. 오랜 시간이 지나면 아레로파시 물질이 많이 쌓여서 스스로의 성장도 억제하는 것입니다. 최근에는 미국미역취들도 이같은 작용으로 키가 작은 것들이 많아졌습니다. 그러면서 사라져가던 억새밭도 점차 회복되고 있습니다.

오이

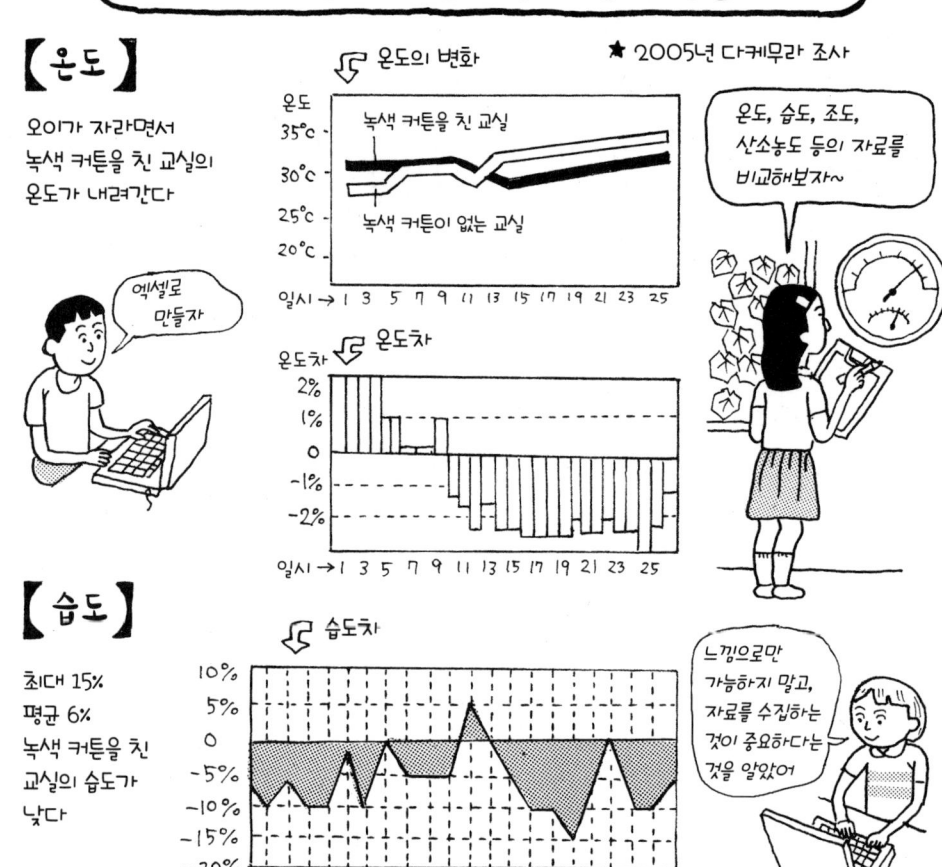

🌱 온도, 습도, 조도를 정기적으로 측정하기

녹색 커튼으로 교실 환경이 어떻게 변했는지, 온도, 습도, 조도, 산소농도의 4가지 자료를 모아봅시다.

① 환경이 비슷한 교실을 2개 설정

녹색 커튼 교실과 층이 같고, 창문이 있는 장소나 크기도 같으며, 가능한 사람들의 출입이 적은 교실을 고릅니다.

② 교실의 같은 위치(중앙 부근)에서 측정

③ 온도나 습도는 이틀에 한 번씩 측정

아직 잎이 망 전체를 덮지 않았을 때부터 이틀에 한 번씩 측정하고, 그 변화를 조사해봅니다.

④ 온도는 하루에 3회 측정해 평균 내기

10시, 11시, 14시 정도에 측정하고 평균을 내서 그날 온도를 기록합시다. 날씨도 같이 적어둡니다.

⑤ 기간은 6월 중순부터 8월 하순까지 약 두 달 동안

녹색 커튼을 만들기 시작한 6월 중순부터 오이가 시들기 시작하는 8월 하순까지 연속해서 정기적으로 측정합니다.

🌱 온도만 아니라 습도와 조도에도 효과적

7월 상순까지는 온도 차이가 거의 없지만, 녹색 커튼이 완성되면서 확실히 차이가 생깁니다.

습도는 그날의 날씨에 따라 불규칙하지만, 전체

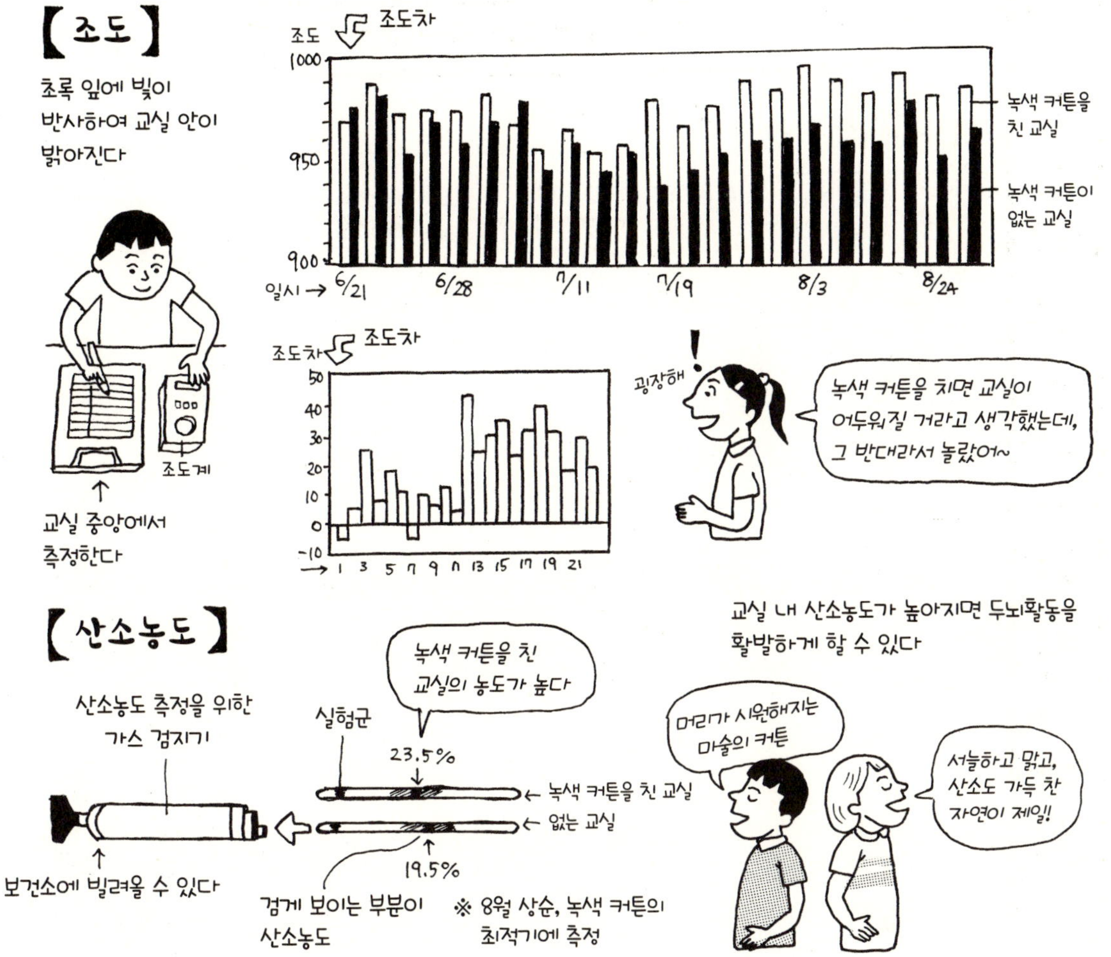

【조도】
초록 잎에 빛이 반사하여 교실 안이 밝아진다
조도
조도차
1000
950
900
일시 → 6/21 6/28 7/11 7/19 8/3 8/24
녹색 커튼을 친 교실
녹색 커튼이 없는 교실
조도계
교실 중앙에서 측정한다
조도차
50 40 30 20 10 0 -10
1 3 5 7 9 11 13 15 17 19 21
굉장해
녹색 커튼을 치면 교실이 어두워질 거라고 생각했는데, 그 반대라서 놀랐어~
【산소농도】
교실 내 산소농도가 높아지면 두뇌활동을 활발하게 할 수 있다
녹색 커튼을 친 교실의 농도가 높다
산소농도 측정을 위한 가스 검지기
실험군
23.5%
← 녹색 커튼을 친 교실
← 없는 교실
19.5%
보건소에 빌려올 수 있다
검게 보이는 부분이 산소농도
※ 8월 상순, 녹색 커튼의 최적기에 측정
머리가 시원해지는 마술의 커튼
서늘하고 맑고, 산소도 가득 찬 자연이 제일!

적으로 커튼이 있는 교실이 낮습니다. 잎에서 수분이 나오는 데도 말입니다.

조도는 녹색 커튼이 있으면 어두울 거라고 생각하기 쉽지만, 커튼이 완성되어 갈수록 밝아집니다. 초록의 잎이 부드러운 빛을 발산해 교실 안으로 보내줍니다.

또 오이가 방출한 풍부한 산소량 때문에 아이들의 두뇌 활동에도 좋습니다.

최근 지구온난화에 대한 대책으로 식물에서 에탄올을 만들고, 가솔린과 섞은 바이오에탄올(사탕수수, 밀, 옥수수, 감자, 보리 등 주로 녹말 작물을 발효시켜 차량 등의 연료 첨가제로 사용하는 바이오 연료)이 주목받고 있습니다. 식물은 대기 중의 CO_2를 흡수하고 산소를 배출하기 때문에, 바이오에탄올이 탈 때 CO_2를 배출해도 대기 중 CO_2 농도는 증가하지 않습니다. 오이는 줄기와 잎이 많아서 바이오에탄올 생산 연구에 적극 활용되고 있습니다.

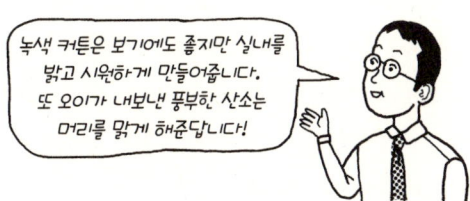

녹색 커튼은 보기에도 좋지만 실내를 밝고 시원하게 만들어줍니다. 또 오이가 내보낸 풍부한 산소는 머리를 맑게 해준답니다!

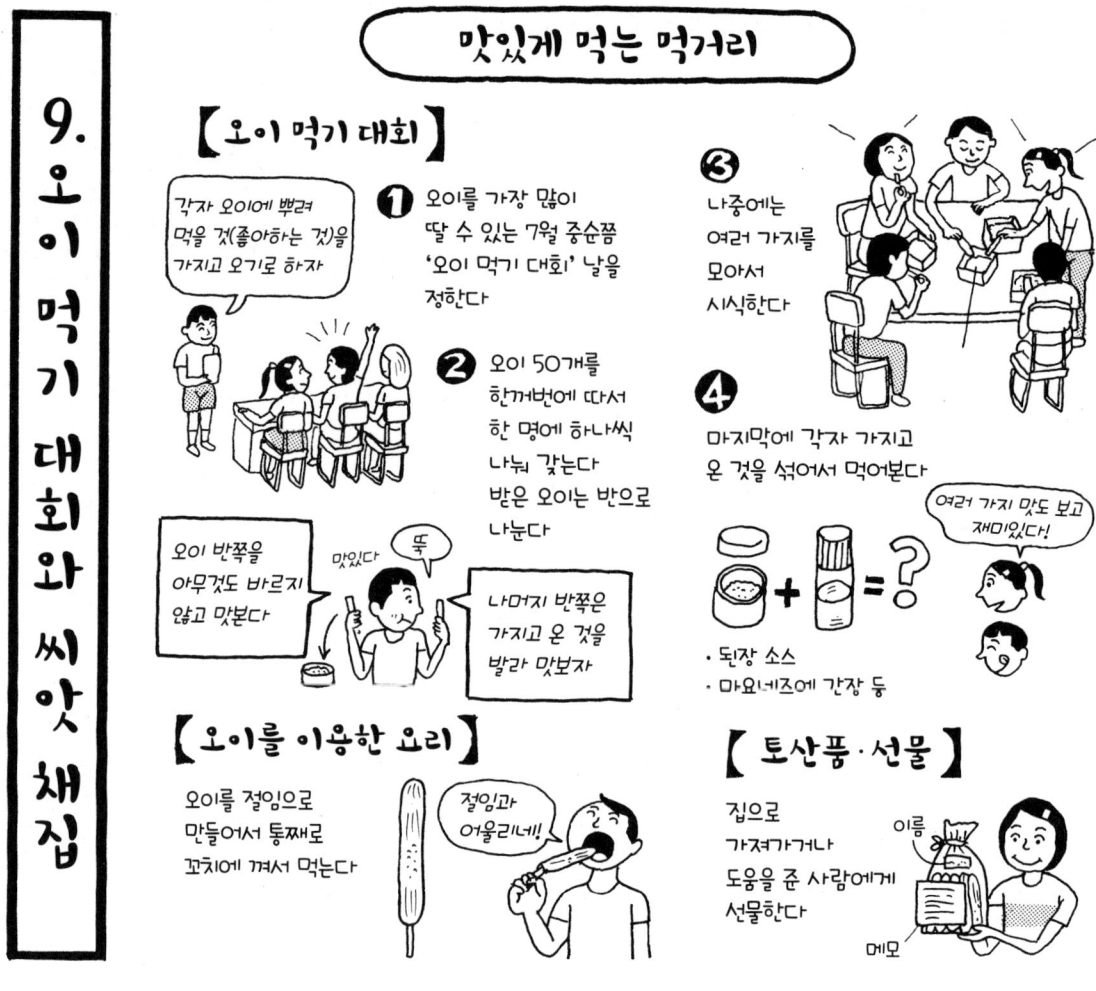

9. 오이 먹기 대회와 씨앗 채집

🌱 갓 딴 오이는 맛있어!

수확하면서 바로 오이를 먹어봅시다. 내 손으로, 무농약으로 기른 오이만큼 안전하고 믿을 수 있는 먹거리는 많지 않습니다.

갓 딴 오이는 가시가 있다는 것이나, 상처가 난 자리에서 물이 나오고 그 자리에 다른 한쪽을 붙여도 떨어지지 않는다는 것 등 새로운 사실을 발견할 수 있습니다.

아이들은 오이를 잘랐을 때 '뚝' 하는 소리나 하얗고 반짝반짝한 오이 속에 놀라기도 합니다. 또 싱싱하고 아삭한 맛에 감동할 겁니다. 슈퍼에서 파는 오이와는 아주 다른 맛입니다.

오이는 한번에 많이 수확할 수 있습니다. 정성 들여 길렀다는 점과 무농약으로 재배했다는 점 등을 메모에 적어 주위 사람들에게 선물해봅시다. 감사의 편지를 받으면 수확의 기쁨이 두 배가 됩니다.

먹는 방법도 여러 가지로 생각해봅시다. 크기가 작은 것은 된장이나 고추장을 찍어먹고, 중간 크기는 샐러드나 절임에, 큰 것은 초무침이나 소금에 절여 먹습니다.

🌱 수확이 늦어진 열매에서 씨앗 채집하기

수확이 늦어져 황백색이 된 열매는 줄기와 잎이 시들 때까지 놔뒀다가 씨앗을 채집합니다. 수확 후

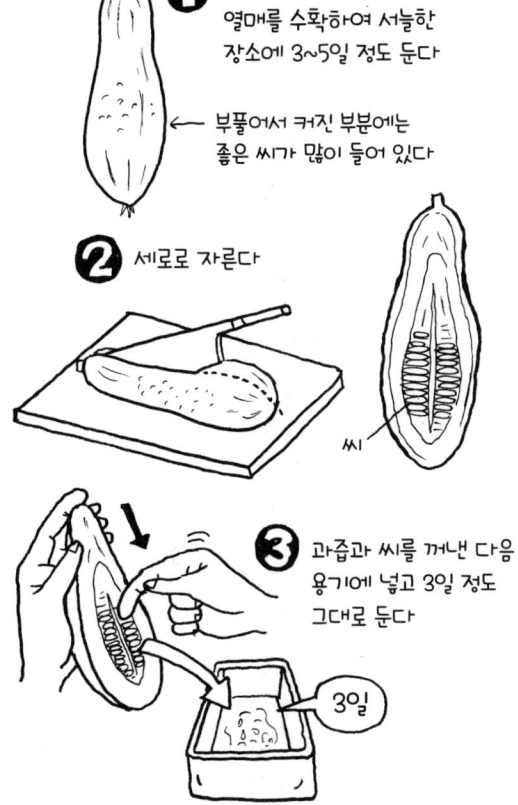
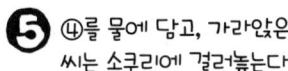

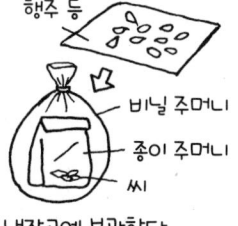
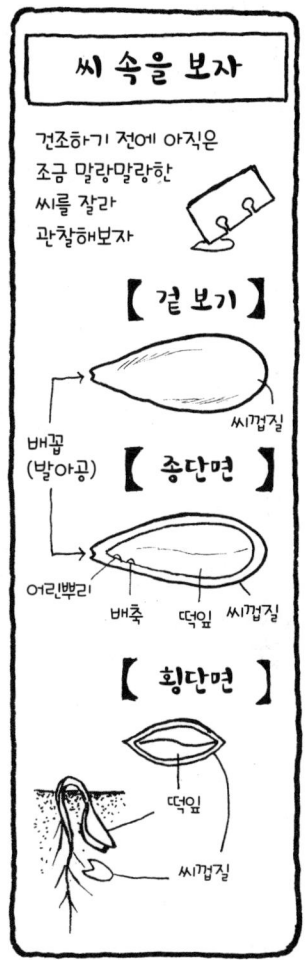

3~5일 정도 서늘한 장소에서 숙성시킨 다음 반으로 자릅니다.

　과즙과 같이 씨를 발라내고 다시 3일 정도 놔둡니다. 과즙이 젤리 상태가 되면 소쿠리에 담아 수돗물로 씻어내고, 씨만 골라 건조시킵니다. 다 마른 씨앗은 종이봉투에 담아 내년 봄까지 냉장고에 보관해둡니다.

　씨가 다 마르기 전에 반으로 잘라봅시다. 위의 그림 같이 돋보기로 자세히 보면 뾰쪽한 쪽의 반대쪽에 작고 어린뿌리가 있고, 2개의 떡잎이 접혀져 있는 것을 볼 수 있습니다. 오이는 시들어 죽어버린 것이 아니라 씨라는 새로운 생명이 되어서 내년 봄을 기다리고 있습니다.

　채집한 씨앗을 후배에게 선물로 주고 어떤 오이가 나오는지 관찰해보는 것도 재미있습니다. 현재 품종은 잡종 제1대여서 올해와 같은 품종의 오이가 나지는 않습니다.

1. 감자의 재배 계획과 품종 고르기

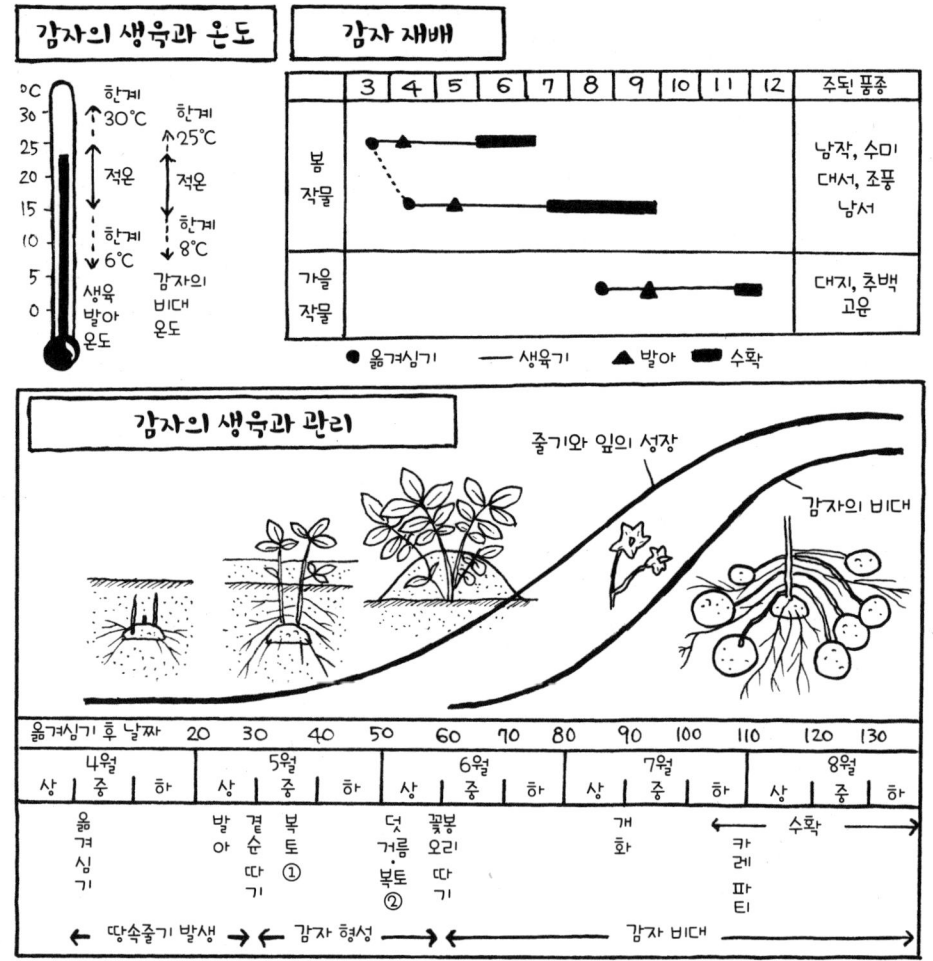

🌱 최대한 빨리 심어 여름방학 전에 수확하자

양지와 서늘한 기후를 좋아하는 감자의 원산지는 토마토와 같은 남미 안데스의 고산지대입니다. 상자 텃밭은 배수가 좋아 감자를 수확하기 적당하고, 또 재배가 간단해서 시간도 오래 걸리지 않습니다. 씨감자(씨앗으로 쓸 감자)를 옮겨 심으면 3~4개월 후에는 수확할 수 있습니다.

감자는 여름 더위에 약하기 때문에 되도록 옮겨심기를 빨리 하는 것이 좋습니다. 최대한 빨리 4월 중순쯤 심어서 여름방학 전에 수확해봅시다. 단 너무 빨리 심어서 싹이 난 후에 서리를 맞게 하면 안 됩니다. 옮겨심기부터 발아까지 3~4주 정도 걸리니 늦서리가 오는 날짜를 잘 계산해서 옮겨심기를 시작합니다.

또 대지, 추백, 고운 등 따뜻한 지역의 가을 감자는 여름방학이 끝난 후 옮겨 심으면 11월 말쯤 수확할 수 있습니다. 오이를 재배한 상자 텃밭에 가을 감자를 심으면 딱 좋습니다. 같은 가지과를 연달아 재배하는 것은 좋지 않으므로 토마토 등의 작물은 피합시다.

🌱 감자 요리는 모두가 좋아해!

감자는 칼로리가 낮고, 철분 등 미네랄과 비타민 C가 많이 포함되어 있습니다. 수확 후에 열게 될 감

자 파티에서는 카레, 고기 감자조림, 감자 샐러드, 크로켓, 포테이토칩, 감자 버터 등을 만들어봅시다. 감자 요리는 대부분의 아이들이 좋아합니다.

감자의 주요 품종에는 내부가 하얀 '남작'과 담황색의 '메이퀸'이 있습니다. 남작은 하얗고 녹말이 많아 삶으면 가루가 생깁니다. 고기 감자조림, 크로켓, 포테이토칩에 적당합니다. 메이퀸은 긴 달걀 모양으로 단맛이 나고, 잘 뭉개지지 않아 스튜, 샐러드, 카레를 만들면 좋습니다.

요즘은 자색 등이 나는 '컬러 감자'도 인기가 많습니다.

🌱 감자는 줄기가 비대해진 것

씨감자를 심으면 움푹 팬 곳에서 싹이 자랍니다. 나중에는 싹의 끝 부분에서도 뿌리가 많이 자라납니다. 땅속줄기의 끝 부분에 싹이 나면 20일쯤 후에는 녹말이 보태지며 비대해집니다. 그렇게 감자는 3~4개월 만에 수확할 수 있습니다.

줄기가 비대해진 감자는 땅 위로 나오기 쉽습니다. 흙을 더 덮어줍니다(복토). 또 꽃이 필 때는 땅 위의 줄기와 잎이 자라는 것을 멈출 정도로 생육이 좋습니다. 지나치게 비료가 많아지면 줄기와 잎이 우거져 맛없는 감자가 되기 쉬우니 주의합시다.

2. 씨감자 옮겨심기

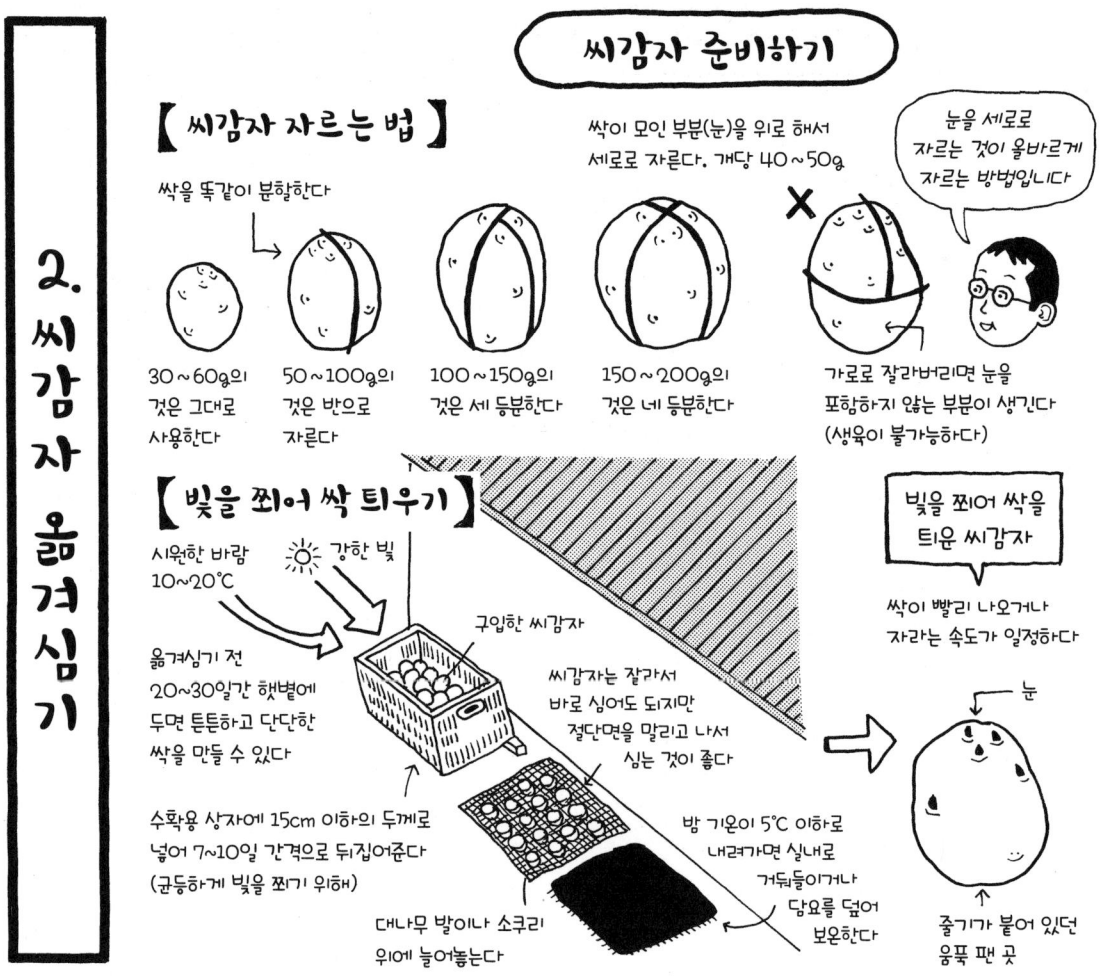

🌱 씨감자는 세로로 잘라서 심기

시장이나 슈퍼에서 파는 식용 감자도 싹이 나지만, 더는 자라지 않거나 바이러스 병에 걸렸을 수 있습니다. 그렇기 때문에 재배용은 반드시 씨감자를 구입합니다.

보통 상자 텃밭 한 개에 씨감자 한 개면 충분합니다. 구입 후 옮겨심기까지 여유가 있다면 감자를 밖에다 펼쳐놓고 충분히 햇볕을 쬐어줍니다. 감자 눈에서 단단한 검보라색의 싹이 나오는 것을 볼 수 있습니다.

씨감자의 크기는 30~40g이 표준입니다. 위 그림과 같이 크기를 보면서, 이등분 또는 서너 등분으로 자릅니다. 땅속줄기가 붙어 있는 아래(움푹 팬 곳) 쪽보다 윗부분 끝 쪽에 강하고 튼튼한 싹이 많이 붙어 있습니다. 싹을 똑같이 자르기 위해서는 세로로 분할합시다. 자르고 난 다음에는 절단면을 하루, 이틀 정도 잘 말리면 썩는 것을 방지할 수 있습니다.

🌱 흙 덮을 공간을 염두에 두고 옮겨심기

퇴비를 더 섞은 흙을 사용하면 비료를 따로 줄 필요가 없습니다. 재배에 사용했던 흙도 괜찮지만, 감자는 연작을 싫어하는 작물이기 때문에 전년도에 감자나 토마토 등 가지과 채소에 썼던 것은 피합니다.

포기 사이 간격은 20㎝ 이상 띄워줍니다. 가로세로 약 40×50㎝ 크기의 상자 텃밭에는 두세 포기 이상 심지 않습니다. 욕심내서 많이 심으면 알이 작아집니다.

감자는 씨감자보다 위쪽에서 생기기 때문에 처음에는 15㎝ 정도 흙을 넣고 깊이 5㎝로 심어줍니다. 싹이 난 후에는 두 번 정도 더 흙을 덮어줍니다.

처음부터 한번에 20㎝(위 그림의 점선 B)까지 흙을 덮는 방법도 있지만, 발아하는 데 시간이 오래 걸리고 병이 생기기 쉽습니다. 흙을 여러 번 덮어주는 방법을 추천합니다.

🌱 절단면을 위로 할까? 아래로 할까?

절단면을 위로 하면 싹이 굽어서 자라나기 때문에 발아는 늦지만, 땅속줄기가 자라는 공간이 넓어져 수확량이 많아집니다. 반면 아래로 심은 것도 빨리 발아돼 잘 썩지 않고, 병에도 잘 안 걸립니다. 어느 쪽이 더 나을지는 각자 시험해봅시다.

옮겨심기 후에는 양지에 두고 물을 듬뿍 줍니다. 보습과 보온을 위해 신문지나 부직포, 또는 구멍을 뚫은 비닐을 덮어놓으면 싹이 금방 납니다. 빨리 싹이 날수록 비대 기간이 길어져 알이 굵은 감자를 기대할 수 있습니다.

3. 곁순 따기와 퇴비·복토

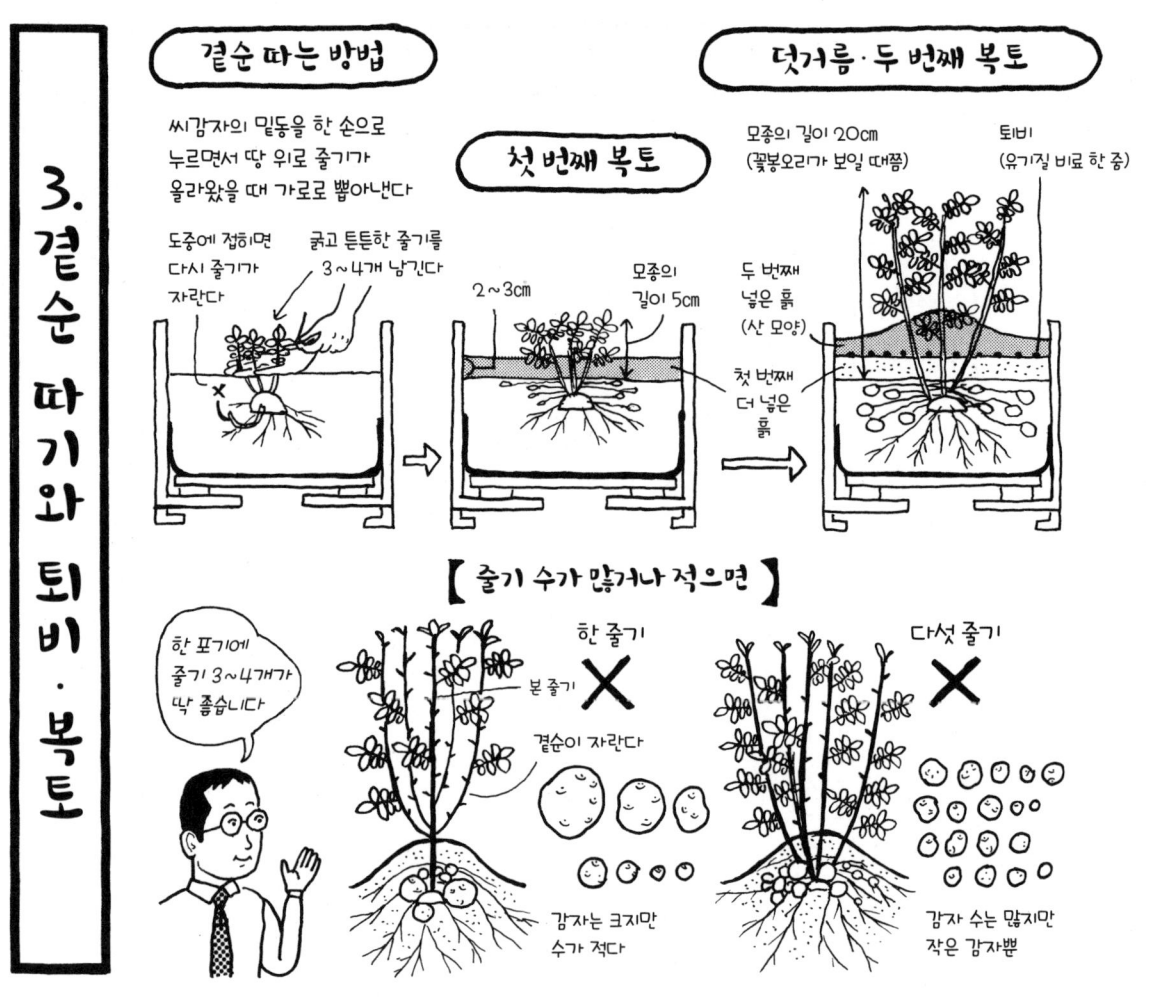

🌱 한 포기에 서너 뿌리만 남기고 곁순 따기

한 개의 씨감자에서 몇 개의 싹을 자라게 하면 좋을까요? 그림과 같이 한 줄기라도 결국 곁순이 나와 몇 줄기가 됩니다. 땅속줄기에서만 감자가 나오기 때문에 감자 수가 적어지면서 큰 감자가 생깁니다. 싹의 수가 많으면 많을수록 땅속줄기의 수가 많아져 작은 감자가 많이 생깁니다.

발아 후 모종 길이가 5cm 이상이 되면 씨감자가 들리지 않도록 포기 밑동을 손으로 눌러 여분의 줄기를 솎아냅니다. 이것을 감자의 '곁순 따기'라고 합니다.

하나의 상자 텃밭에 몇 개를 옮겨 심는지도 중요합니다. 두 포기일 경우, 줄기 수는 한 포기당 서너 뿌리 정도가 적당합니다.

🌱 곁순을 딴 후 첫 번째 흙 더 넣어주기

곁순을 딴 후에는 같은 흙을 3~4cm 정도 더 넣어줍니다. 약간 싹이 묻혀도 자라는 데는 상관없습니다. 땅속에서는 이미 감자가 비대해지기 시작했기 때문에 빨리 흙을 넣어주는 것이 좋습니다.

물 주기는 하루 한 번이 기본이지만, 과습 상태가 계속되면 썩거나 병이 발생하기 쉬우므로 흙 표면이 하얗게 건조해질 때까지 기다렸다가 물을 주도록 합니다.

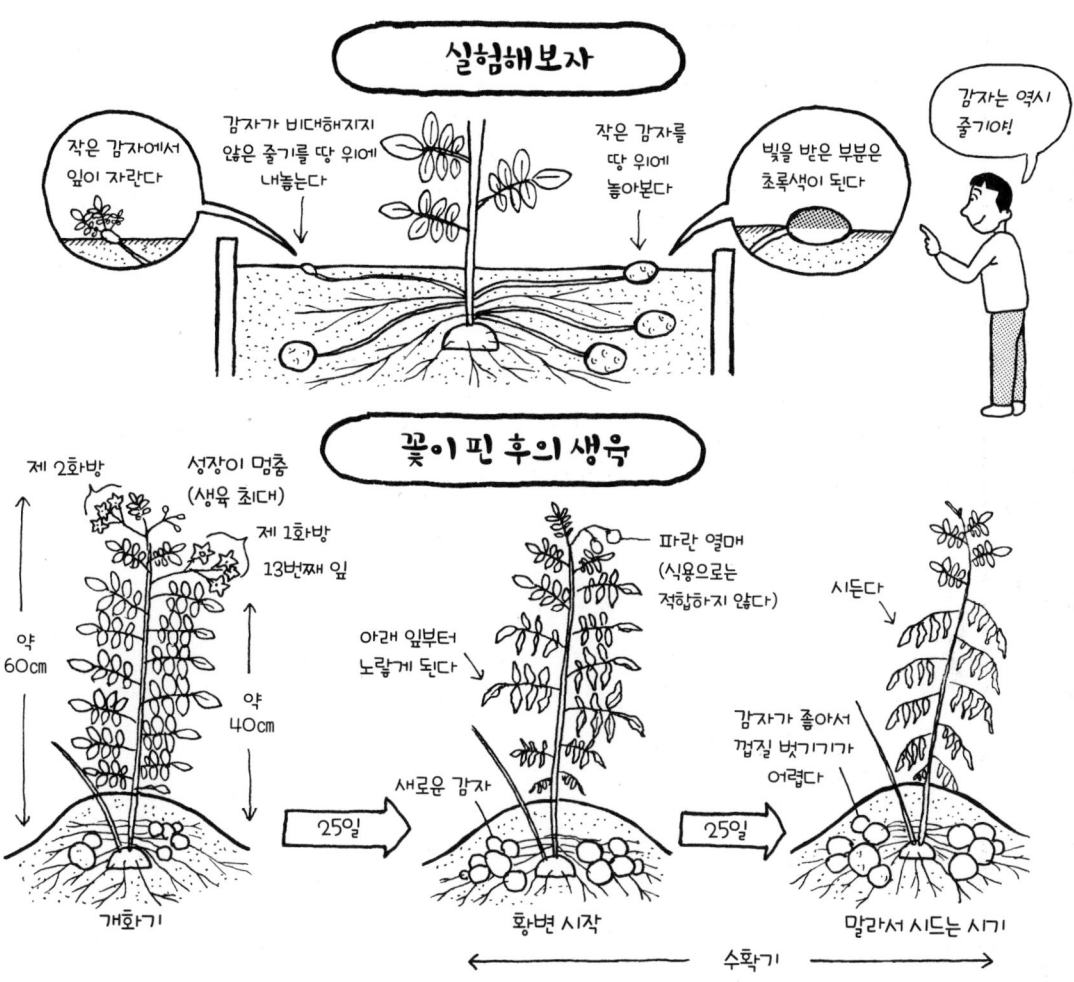

🌱 발아 후 30일 전후에 두 번째 흙 넣어주기

싹이 난 후 20~30일 정도, 모종의 길이가 20㎝가 되고 꽃봉오리가 보이기 시작할 때 유기질 비료 한 줌을 전체에 뿌리고, 그림과 같이 흙을 10㎝ 전후로 해서 포기 밑동에 산 모양으로 덮어줍니다. 산 모양으로 하지 않으면 밑동이 습해져 병이 발생하기 쉽습니다.

감자가 빛에 노출되면, 비대해지지 않을 뿐 아니라 초록색으로 변하고, 그 부분에 솔라닌이라는 독소가 생겨버립니다. 또 위의 그림과 같이 아직 비대해지지 않은 땅속줄기의 끝을 땅 위에 내놓았을 때 어떻게 되는지도 시험해봅시다.

🌱 꽃이 핀 후에는 줄기의 성장이 멈추는 것이 좋다

가지과의 감자는 가지와 같이 연보라나 백색의 꽃을 피웁니다. 메이퀸 등의 품종은 토마토 같은 작은 열매를 맺기도 합니다. (열매에는 독이 있으므로 먹지 않습니다.)

꽃은 감자의 비대에는 별로 영향을 미치지 않는 것 같습니다. 꽃이 피기 시작할 때부터 줄기는 자라기를 멈추고, 개화 후 25일 정도부터 아래 잎부터 황색으로 변하기 시작합니다. 비료가 너무 많아 계속 줄기가 자라면 감자에 가는 녹말이 부족해집니다. 아래쪽 잎이 황변하기 시작하면 수확을 시작합시다.

4. 맛 겨루기 대회와 감자 파티

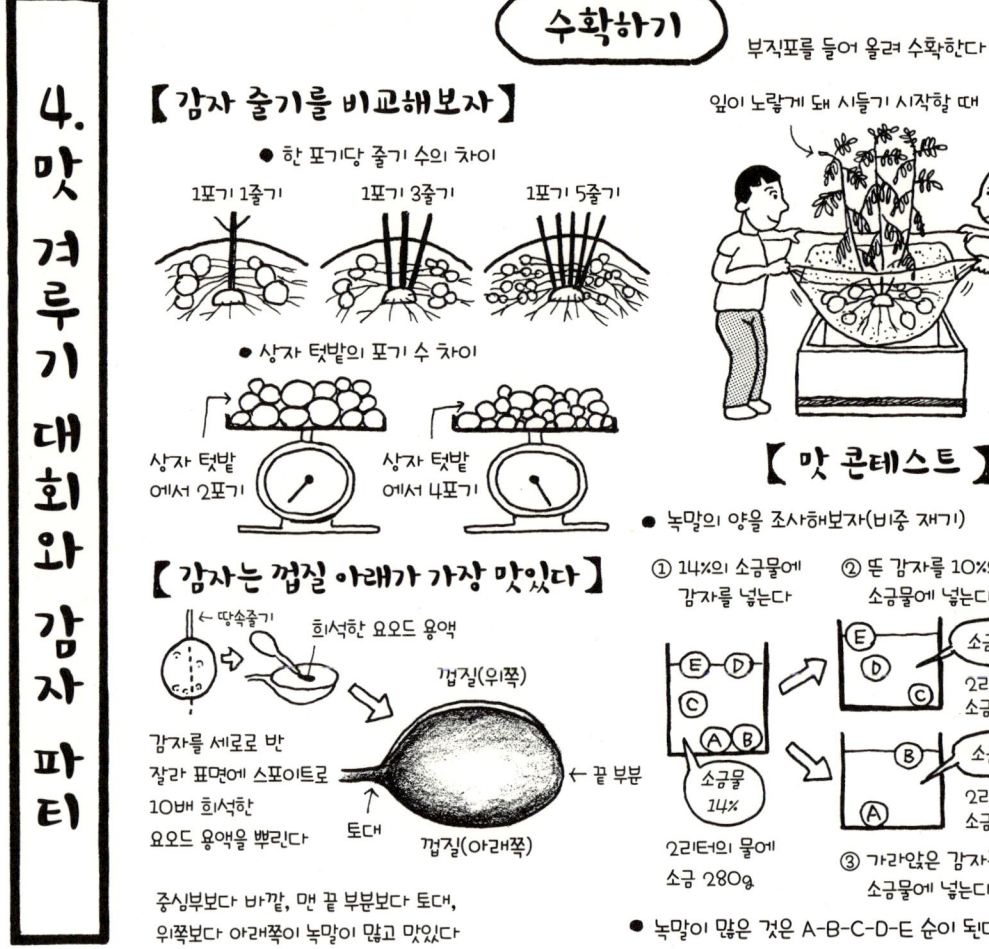

🌱 여름방학 중 고온 대책

늦게 심어서 여름방학 후에나 수확할 경우에는 장마가 끝난 후의 고온 대책이 필요합니다.

학교 건물의 북쪽이나 큰 나무 밑 등 반나절 정도는 음지인 장소로 이동하거나, 하얀 커튼이나 모기장(얇고 풀기가 센 것)을 걸쳐서 차양을 만들어봅시다. 그밖에 늦여름의 더위를 피해 감자를 서늘하게 해줄 방법을 생각해봅시다.

여름의 물 주기는 반드시 해질녘이나 이른 아침에 합니다. 낮에 주면 땅의 온도가 높아져 감자가 썩어버립니다.

🌱 잎이 노랗게 되기 시작하면 수확할 때

잎이 노랗게 되기 시작하고 2주 정도 지나면 감자가 딱딱해지면서 수확하기 적당한 시기가 됩니다. 잎이 누렇게 변하면 물 주기를 멈추고 건조하게 둡니다. 두 명이서 상자 텃밭에 깔아두었던 부직포를 들어올리면 간단하게 수확할 수 있습니다.

감자는 여름의 직사광선을 맞으면 금방 부패하기 때문에 수확한 후에는 바로 초록색으로 변하지 않게 골판지 상자 등에 넣습니다. 직사광선이 닿지 않고 통풍이 잘 되는 선선한 곳에 보관합시다.

감자떡 만드는 법

재료(20인분) : 감자 3kg(약 20개), 녹말 300g, 소금 약간

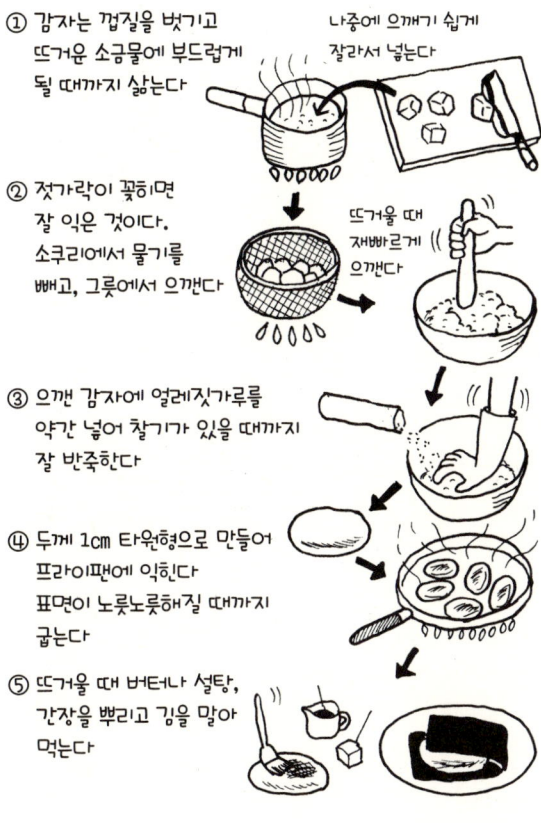

① 감자는 껍질을 벗기고 뜨거운 소금물에 부드럽게 될 때까지 삶는다
   - 나중에 으깨기 쉽게 잘라서 넣는다

② 젓가락이 꽂히면 잘 익은 것이다. 소쿠리에서 물기를 빼고, 그릇에서 으깬다
   - 뜨거울 때 재빠르게 으깬다

③ 으깬 감자에 얼레짓가루를 약간 넣어 찰기가 있을 때까지 잘 반죽한다

④ 두께 1cm 타원형으로 만들어 프라이팬에 익힌다 표면이 노릇노릇해질 때까지 굽는다

⑤ 뜨거울 때 버터나 설탕, 간장을 뿌리고 김을 말아 먹는다

포테이토칩 만드는 법

재료(20인분) : 감자 2kg(약 13개), 소금 약간

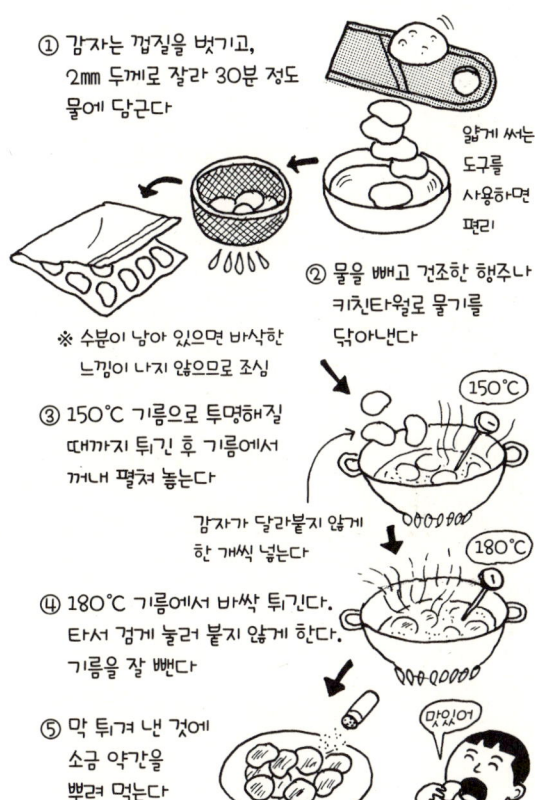

① 감자는 껍질을 벗기고, 2mm 두께로 잘라 30분 정도 물에 담근다
   - 얇게 써는 도구를 사용하면 편리

② 물을 빼고 건조한 행주나 키친타월로 물기를 닦아낸다
   - ※ 수분이 남아 있으면 바삭한 느낌이 나지 않으므로 조심

③ 150℃ 기름으로 투명해질 때까지 튀긴 후 기름에서 꺼내 펼쳐 놓는다
   - 감자가 달라붙지 않게 한 개씩 넣는다

④ 180℃ 기름에서 바싹 튀긴다. 타서 검게 눌러 붙지 않게 한다. 기름을 잘 뺀다

⑤ 막 튀겨 낸 것에 소금 약간을 뿌려 먹는다
   - 맛있어

🌱 맛 겨루기 대회를 열어보자!

녹말이 많을수록 비중이 무겁고 맛있습니다. 소금물에 감자를 넣는 방법으로 '비중 겨루기 대회'를 열어봅시다. 그림과 같이 농도가 다른 소금물을 준비해, 어느 농도까지 가라앉는지 겨뤄봅니다.

또 감자를 세로로 잘라 녹말이 어느 부분에 많은지 조사해봅니다. 요오드 용액을 10배 희석해 절단면에 뿌리고, 5분 후 물에 씻어 비교해보면, 바깥쪽의 보랏빛이 진하게 나타납니다. 녹말이 많고 맛있는 부분입니다. 이때 감자 껍질을 두껍게 벗기지 않도록 조심합시다.

🌱 카레라이스 만들기

아이들이 가장 좋아하는 감자 요리는 카레라이스입니다. 토마토도 감자와 같은 시기에 수확하기 때문에 토마토를 넣은 카레라이스를 추천합니다. 토마토, 감자, 양파와 카레 가루만 있으면 간단하게 만들어 먹을 수 있습니다. 또 감자 샐러드나 크로켓도 좋습니다. 셋 다 어려운 요리는 아니어서 아이들도 쉽게 따라할 수 있습니다.

감자떡은 뜨거울 때 잘 으깨서 얼레짓가루(얼레지의 땅속줄기로 만든 흰빛의 녹말)를 넣으면 찰기가 더해집니다. 아이들도 재미있어 합니다.

1. 고구마 재배 계획과 품종 선정

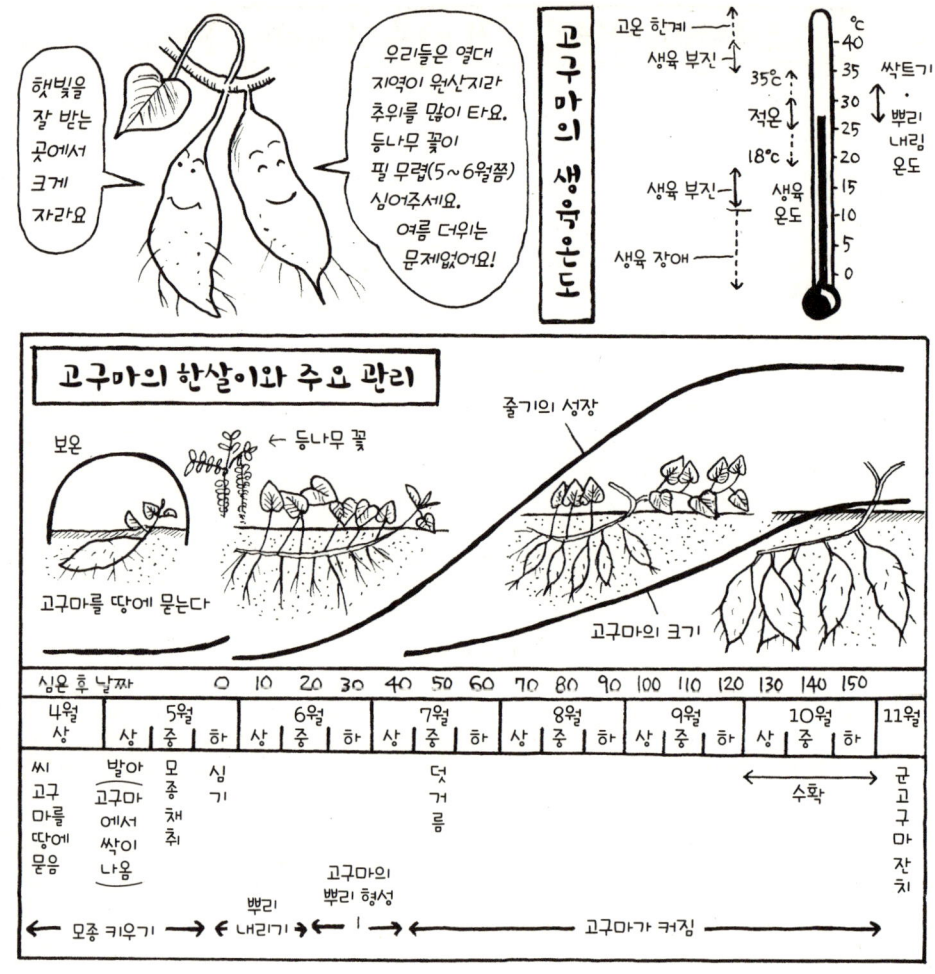

🌱 5~6월 꺾꽂이하기

고구마의 원산지는 열대, 아열대 중남미의 저지대입니다. 그래서 추위에는 약하지만, 더위나 건조함에는 강해 첫서리가 내릴 때까지 왕성하게 자랍니다.

고구마는 꽃이 거의 피지 않고, 씨가 없어서 씨고구마에서 뻗어 나온 덩굴을 꽂아 기릅니다(꺾꽂이). 감자처럼 씨 고구마를 직접 기르는 것도 가능하지만, 좋은 고구마가 되지는 않습니다.

추위에는 약해서 평균기온 15℃ 이상이 되지 않으면 덩굴을 꽂아도 뿌리가 나오지 않습니다. 등나무 꽃이나 모란이 피는 5월 하순부터 6월 상순에 덩굴을 꺾꽂이합니다.

고구마는 가을에 재배를 시작합니다. 늦가을이 되면 군고구마 잔치를 열어봅시다. 고구마는 열을 가하면 녹말이 당으로 변해 단맛이 나게 됩니다.

🌱 씨 고구마 파종해보기

모종을 기를 때는 두께가 20㎝ 이상의 스티로폼 상자 텃밭에 2개 정도가 적당합니다. 40명 정도가 기르려면 예비 모종을 포함해 50개 정도를 구입합니다.

또 혼자서 모종을 기르는 것도 어렵지 않습니다. 꺾꽂이 예정일 약 50일 전, 즉 4월 초순에 식용 고

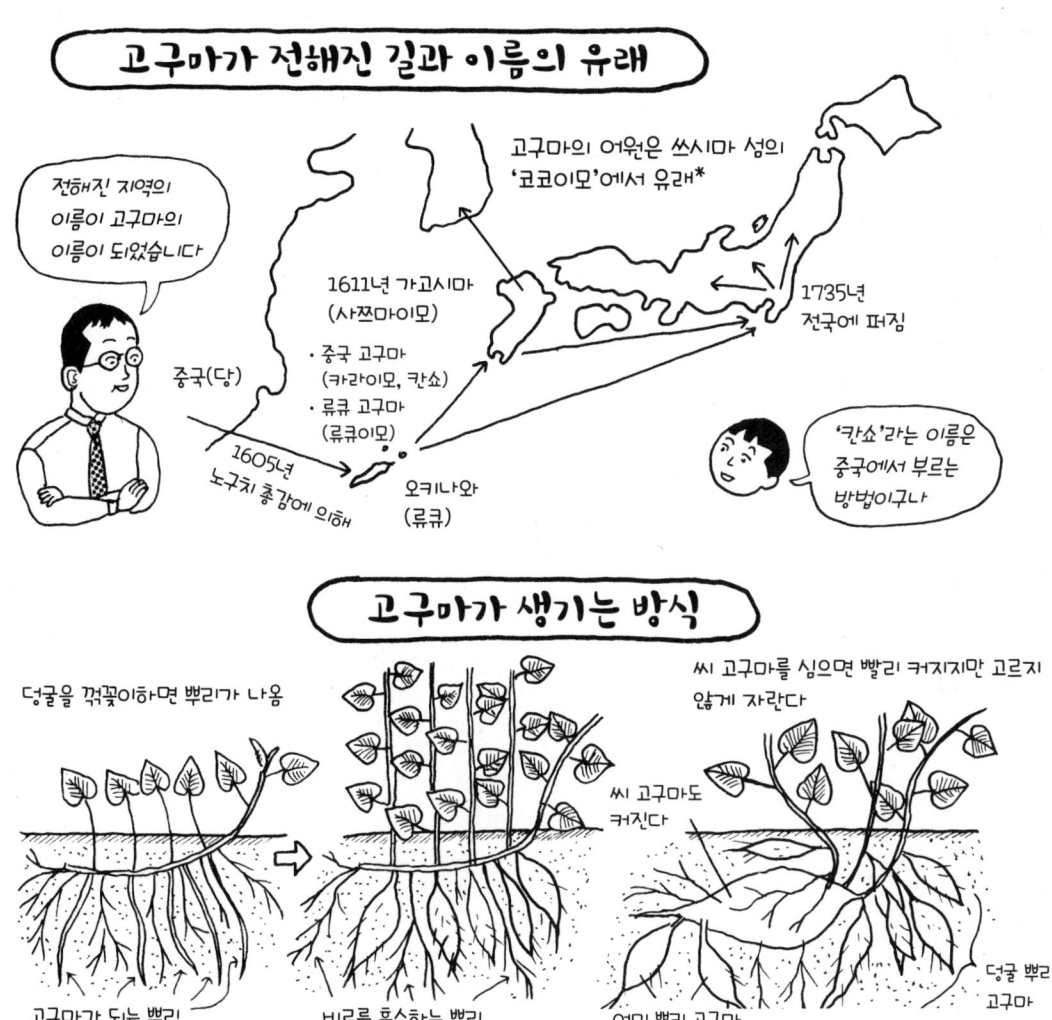

구마를 구입해 페트병이나 상자 텃밭에 심어 창가에 두고 보온합시다. 덩굴이 늘어져 잎이 열 장 이상 되면 잘라서 모종으로 합니다.

꺾꽂이를 해보면 잎이 붙은 뿌리에서 고구마가 될 뿌리(덩이뿌리)와 양·수분을 흡수할 뿌리가 동시에 자라는 것을 볼 수 있습니다. 고구마는 뿌리가 커진 것이라 줄기가 비대해지는 감자처럼 흙을 더 덮을 필요가 없습니다.

🌱 품종도 먹는 방법도 다양한 건강 채소

고구마는 에도시대 초기에 중국에서 오키나와에 전해졌습니다. 우리나라에 고구마가 처음 들어온 것은 조선시대 영조 때로, 일본 쓰시마 섬에서 들여와 구황작물로 전역에 퍼지게 되었습니다. 고구마의 어원은 쓰시마 섬의 '코코이모'에서 유래한 것이라고 합니다. 남방에서 들어왔기 때문에 '남저'라고도 합니다.

고구마는 품종이 다양합니다. 신율미, 증미, 연미 등은 맛이 좋고, 신자미(자색), 신황미(주황색) 등의 품종은 가공용으로 쓰입니다.*

2. 모종 기르기와 옮겨심기

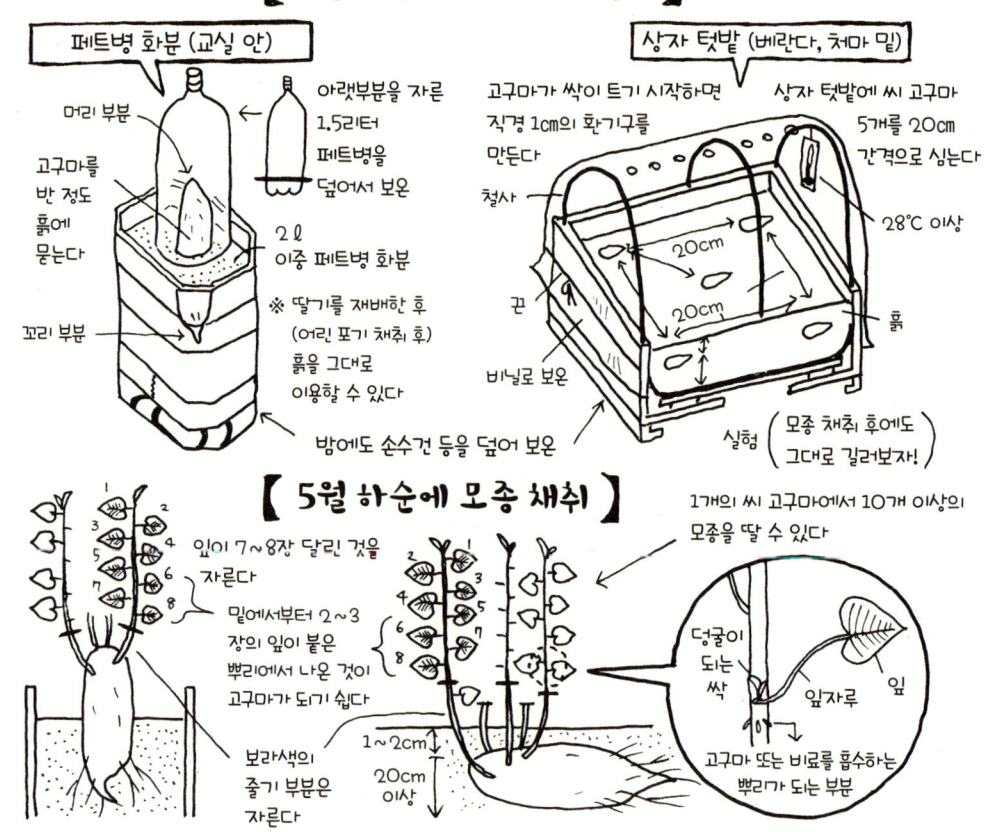

🌱 상자 텃밭에서 씨 고구마 싹 틔우기

씨 고구마는 아주 작은 것도 괜찮습니다. 병에 걸리지 않은 건강한 고구마로 고릅니다. 하나에서 10개 이상 싹을 틔울 수 있기 때문에 3개만 있어도 충분합니다. 싹은 뿌리가 나온 오목한 곳, 특히 머리 부분의 눈에서부터 나옵니다.

30℃가 발아에 알맞은 온도이며 최소한 28℃ 이상이어야 합니다. 4월 초순은 아직 춥기 때문에 씨 고구마를 심기 전 며칠 동안은 담요 등에 말아 따뜻한 곳에 놓아두면 좋습니다. 싹이 1mm 정도 나온 다음 심어줍니다.

씨 고구마를 심을 때는 20cm 정도 간격으로 머리 부분을 나란히 수평으로 놓습니다. 흙은 고구마 표면을 덮을 정도로 넣습니다.

창가에 두고 40℃ 이상의 뜨거운 물을 붓고, 비닐하우스를 치거나 담요를 덮어 보온합니다. 적당한 온도를 유지한다면 7~10일이 지나고 싹이 납니다.

싹이 튼 후에는 웃자라지 않도록 비닐하우스에 구멍을 내 천천히 온도를 내립니다. 밤이라도 15℃ 이상 유지하도록 합시다.

싹이 나고 뿌리를 내려 물을 흡수하기 시작하면 흙이 건조하지 않도록 30℃ 정도 되는 따뜻한 물을 줍니다.

모종 심기

※ 모종을 화원에서 구입하면 이 단계부터가 시작이다

【 심는 방법(꺾꽂이) 】

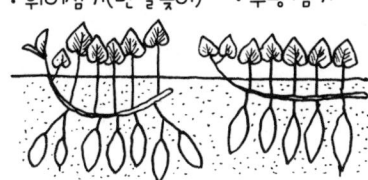

【 좋은 모종·나쁜 모종 】

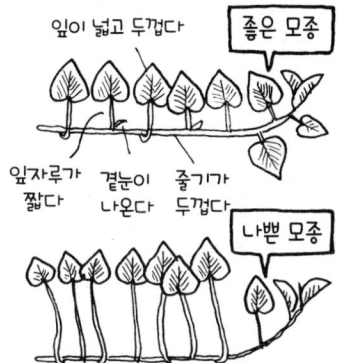

【 수평 심기의 순서 】

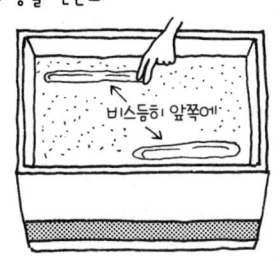
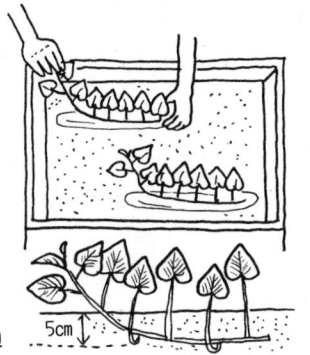

🌱 잎 10장 이상의 넝쿨을 6~8장 붙여서 채취

모종은 잎이 10장 이상, 약 20~30㎝ 성장한 넝쿨에서 잎이 차례로 6~8장 정도 붙어 있게 채취합니다. 채취 후 일주일 이내에 꺾꽂이하는 것이 좋으므로 날짜는 예정일부터 거꾸로 세어 정합니다. 줄기가 보라색으로 된 부분은 딱딱해져 뿌리나 곁순이 뻗기 어려우므로 녹색 부분(윗부분)을 자릅니다. 채취 후에는 직사광선을 쬐지 말고, 건물 북쪽이나 선반 아래 등 약간 서늘한 곳에 둡니다. 뚜껑을 덮지 않고, 물도 주지 않습니다. 습기가 많으면 싹이 썩거나 고구마가 되는 뿌리가 상하므로 조심합시다. 시들어도 걱정할 필요 없습니다.

🌱 뿌리가 나오는 것을 돕기 위해 촉촉하게

비료가 많으면 덩굴만 무성하고, 고구마가 크게 자라지 않습니다. 그래서 오래된 흙을 사용해도 괜찮습니다.

고구마가 되는 뿌리는 잎이 붙은 뿌리에서만 나오므로 3~4마디만 땅속에 묻히도록 하고 잎은 밖으로 나오게 합니다. 너무 깊이 심으면 고구마 알이 작아지니까 수평 심기나 휘어심기를 권장합니다.

심은 후에는 물을 주어 건조하지 않도록 하고, 신문지나 비닐로 덮어줍니다. 보온, 보습 효과를 높여 이식한 후 빠르게 뿌리내릴 수 있습니다.

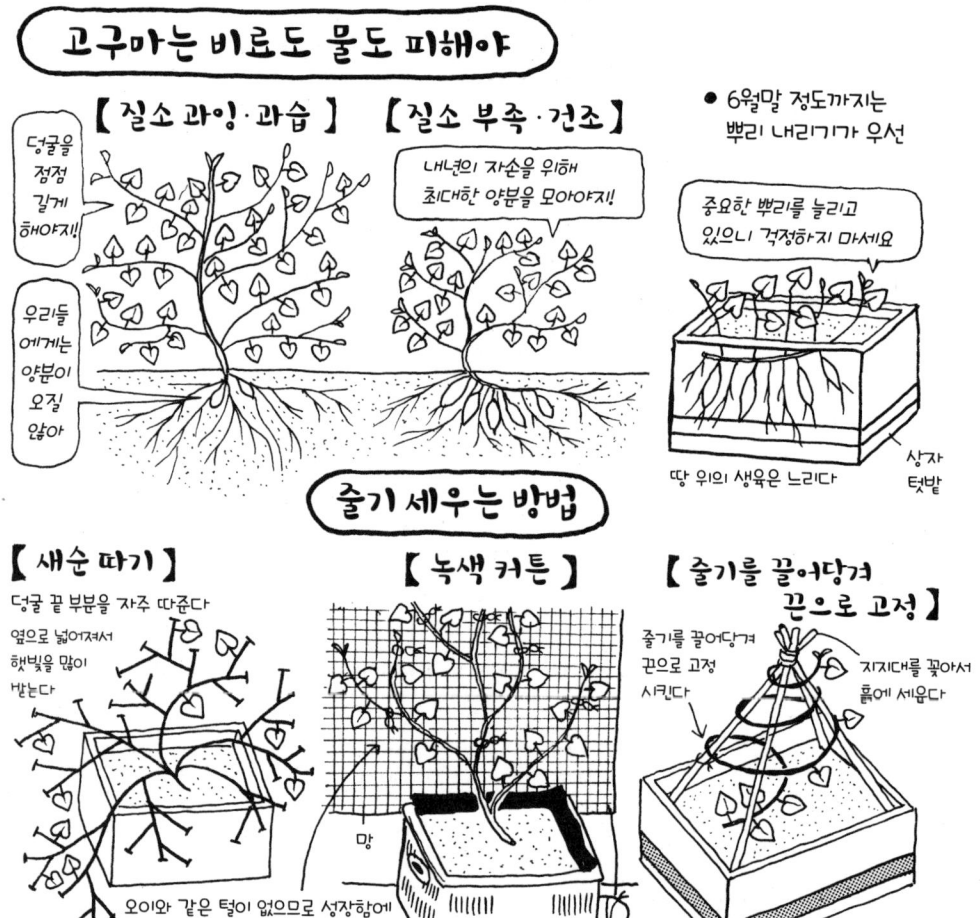

🌱 옮겨심기 후 한 달은 뿌리 내리기가 우선

옮겨심기 후 '말라버린 게 아닐까?' 하고 걱정할 정도로 시듭니다. 시들었다고 해도 흙에 습기가 있다면 물을 줄 필요가 없습니다.

땅의 온도가 15℃ 이상 올라가면 4~6일 후 새로운 싹이 자라기 시작하지만 옮겨심기 후 한 달 정도는 줄기가 거의 자라지 않습니다. 이 기간 동안에는 고구마가 되는 뿌리와 양·수분을 흡수하는 뿌리가 먼저 자라는 시기라 그렇습니다. 이때는 뿌리 환경을 좋게 하는 것이 중요합니다.

뿌리가 자라는 적당한 온도는 25℃ 전후이므로 비닐 주머니로 덮어 땅의 온도를 높이고, 과습을 피하기 위해 장마 등 큰비를 맞지 않게 합니다. 비료가 더 필요하지는 않지만, 7~8월에 잎의 색이 바랜다면 유기질 비료를 소량(한 줌 정도) 줍니다. 병충해 걱정도 거의 없습니다.

🌱 7월부터는 건조하게

7월에 들어서면 덩굴이 힘차게 잘 자라고 고구마도 커지기 시작합니다. 공간이 있으면 뻗어가게 하지만, 그렇지 않을 경우에는 그림과 같이 지지대를 세우거나 오이처럼 녹색 커튼을 만들면 좋습니다. 고구마는 스스로 휘어 감는 힘이 없으므로 끈으로 고정합니다. 세워 놓으면 햇빛을 잘 받아 고구마

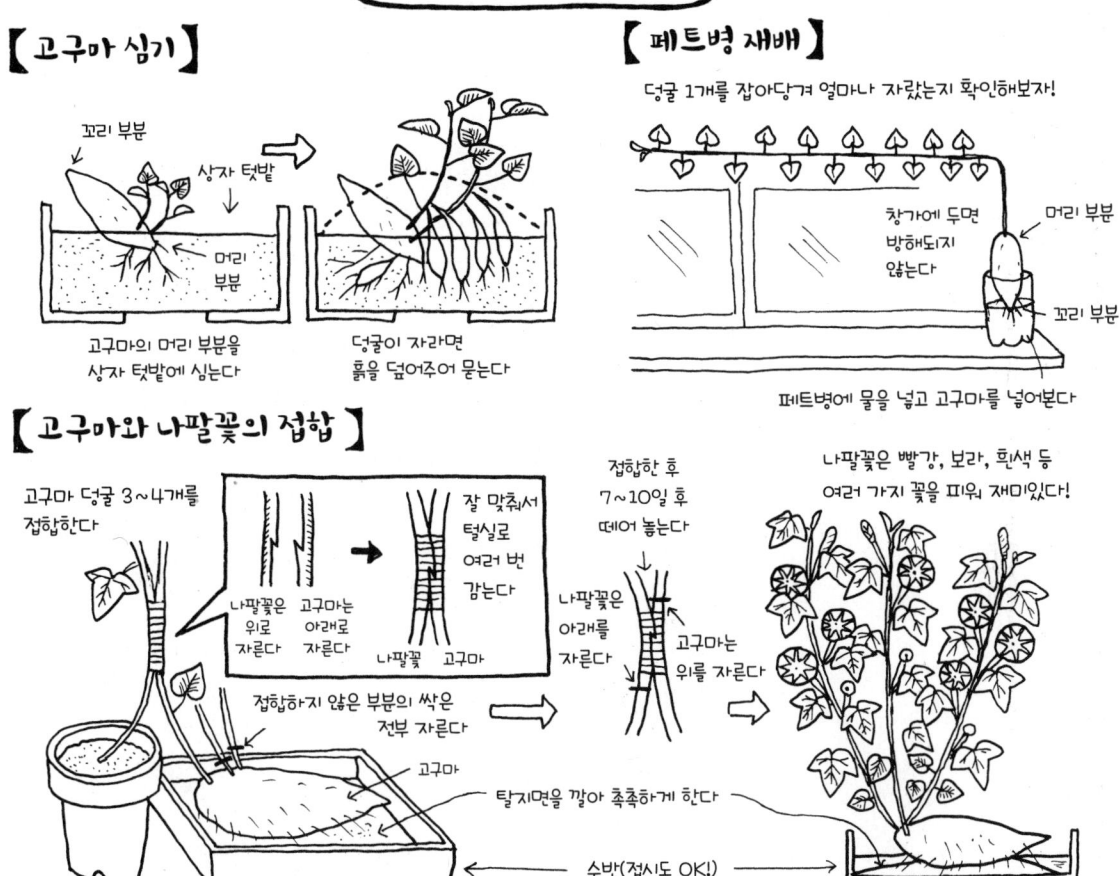

의 크기도 커집니다. 또 덩굴이 어느 정도 자랐을 때 앞부분을 부지런히 따주면 좁은 장소에서도 기를 수 있습니다.

장마가 끝나면 기온이 올라가므로 비닐 덮개를 제거합니다. 수분 흡수도 왕성해지는데, 고구마는 원래 습기에 약한 작물이므로 낮에 시들시들해도 기다렸다가 저녁이나 아침에 물을 줍니다. 고구마는 습도가 높으면 산소 부족으로 알이 작아지니 주의합시다. 7월부터는 건조하게 관리합니다.

🌱 고구마와 나팔꽃 접붙이기 도전

5월쯤 고구마의 싹이 나온 머리 부분을 땅에 꽂아둡니다. 싹이 나오면 흙을 덮어주고 덩굴의 밑 부분을 묻어둡니다.

또 모종 채취를 한 후 씨 고구마 하나에 2개 정도의 덩굴을 길러서 땅에 묻어둡니다. 그러면 씨 고구마의 양분으로 덩굴이 잘 성장하고, 씨 고구마의 뿌리도 고구마가 되어 빨리 수확할 수 있습니다.

고구마는 나팔꽃과 같은 메꽃과입니다. 같은 과끼리는 '접붙이기'를 할 수 있습니다. 화분에서 기른 나팔꽃 덩굴을 그림처럼 붙여줍니다. 7~10일 후에 자르면 나팔꽃의 덩굴이 자라 늦게까지 여러 가지 색의 꽃을 피웁니다.

4. 수확과 군고구마 잔치

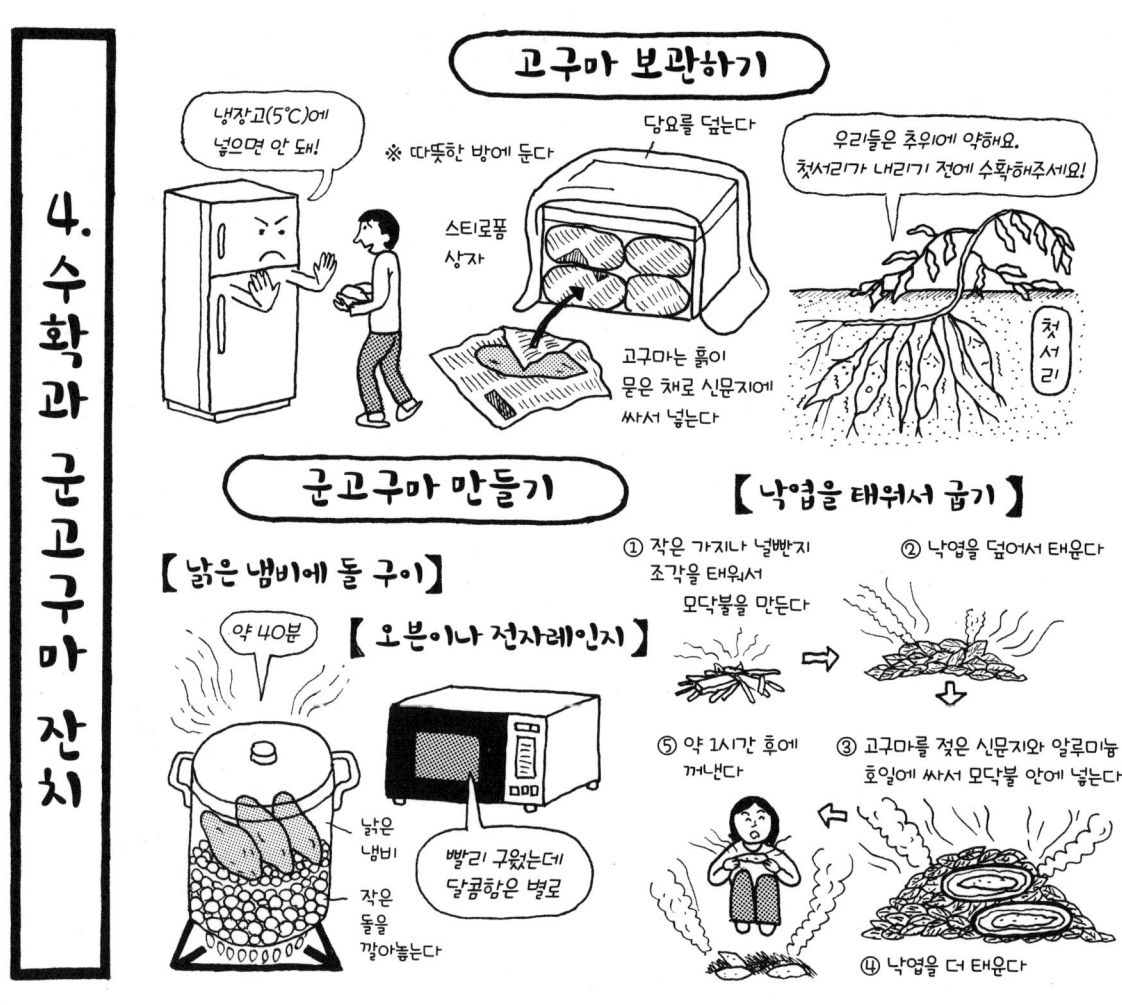

🌱 첫서리가 내리기 전에 수확하기

열대 지방이 고향인 고구마는 10월 하순 첫서리가 내릴 즈음, 잎이 누렇거나 붉은색으로 변하면서 시들어버립니다.

수확은 9월 이후라면 언제라도 괜찮지만 잎의 색이 변할 때가 수확 적기입니다. 그때 확실히 고구마도 더 달아집니다. 덩굴의 밑동을 자르고, 부직포에 흙을 털어내기만 하면 간단하게 수확을 끝낼 수 있습니다.

캐낸 고구마는 신문지로 싸서 스트로폼 상자에 넣어둡니다. 고구마는 10℃ 이하의 저온일 경우 썩어버리므로 절대로 냉장고에 넣어서는 안 됩니다.

🌱 군고구마 당도 대회를 열어보자

수확 후에는 기다리고 기다리던 군고구마 잔치입니다. 먼저 작은 가지 등으로 불을 피워 숯을 만들고, 그 위에 낙엽을 덮어서 태웁니다. 불이 잦아들면 깨끗이 씻은 고구마를 젖은 신문지와 알루미늄 호일에 싸서 불 속에 묻듯이 넣고 낙엽을 덮어둡니다. 1시간 정도 천천히 푹 익도록 구워줍니다.

모닥불을 피우기 어렵다면 껍질째로 오븐에서 구우면 됩니다. 같은 고구마라도 낙엽에 구운 고구마가 더 달콤합니다. 실제로 굽기 전 고구마를 문질러 당도를 재봅니다. 나중에 낙엽에 구운 고구마와 오븐에서 구운 것을 비교해봅시다.

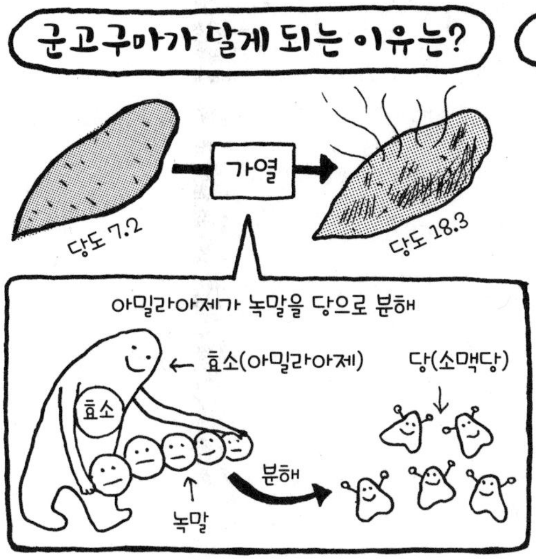

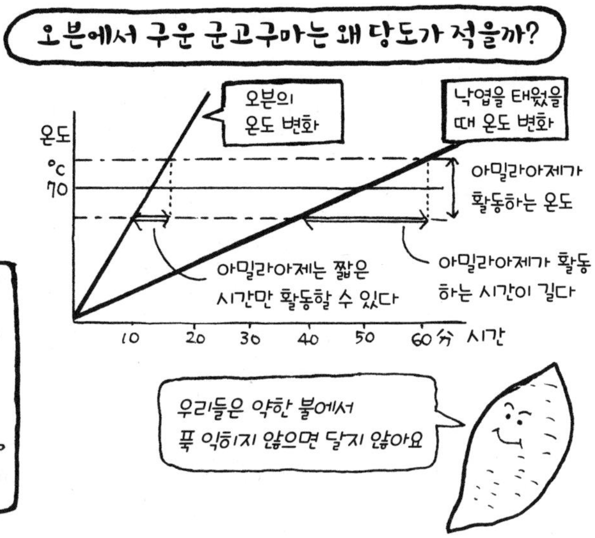

군고구마가 달게 되는 이유는?

당도 7.2 → 가열 → 당도 18.3

아밀라아제가 녹말을 당으로 분해
효소 (아밀라아제)
당 (소맥당)
녹말
분해

오븐에서 구운 군고구마는 왜 당도가 적을까?

오븐의 온도 변화
낙엽을 태웠을 때 온도 변화
아밀라아제가 활동하는 온도
아밀라아제는 짧은 시간만 활동할 수 있다
아밀라아제가 활동하는 시간이 길다

온도 ℃ 70
10 20 30 40 50 60分 시간

우리들은 약한 불에서 푹 익히지 않으면 달지 않아요

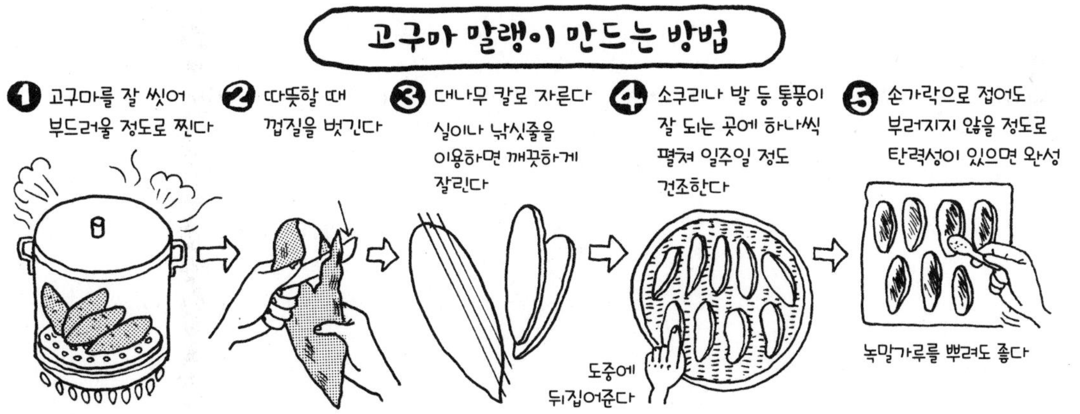

고구마 말랭이 만드는 방법

❶ 고구마를 잘 씻어 부드러울 정도로 찐다
❷ 따뜻할 때 껍질을 벗긴다
❸ 대나무 칼로 자른다 / 실이나 낚시줄을 이용하면 깨끗하게 잘린다
❹ 소쿠리나 발 등 통풍이 잘 되는 곳에 하나씩 펼쳐 일주일 정도 건조한다 / 도중에 뒤집어준다
❺ 손가락으로 접어도 부러지지 않을 정도로 탄력성이 있으면 완성 / 녹말가루를 뿌려도 좋다

구우면 달콤하게 되는 이유는 녹말이 소맥당(당의 종류)이 되기 때문입니다. 녹말에 70℃ 정도 열을 가하면 아밀라아제라는 효소가 활동하면서 녹말을 당으로 분해합니다. 효소가 활동하는 온도가 70℃ 전후이므로 급속히 구우면 아밀라아제가 충분히 활동할 수 없습니다. 오븐에서 짧은 시간에 구우면 달콤함이 덜한 이유입니다.

🌱 겨울 간식은 고구마 말랭이

춥고 건조한 바람이 부는 12월부터 2월에 만들면 좋습니다. 따뜻할 때는 곰팡이가 생겨 먹을 수 없게 됩니다.

씻은 고구마를 찜기에 넣고 젓가락이 통과할 정도로 찝니다. 그 다음은 화상에 주의하면서 주걱 등으로 껍질을 벗기고, 두께 1cm 정도로 얇게 저며서 대나무 채반이나 발 위에 놓습니다. 가끔씩 뒤집어주면서 일주일 정도 건조시키면 완성됩니다.

달고 맛있는 고구마를 먹고 싶다면 어떤 조리법이 가장 좋을까요?

오크라

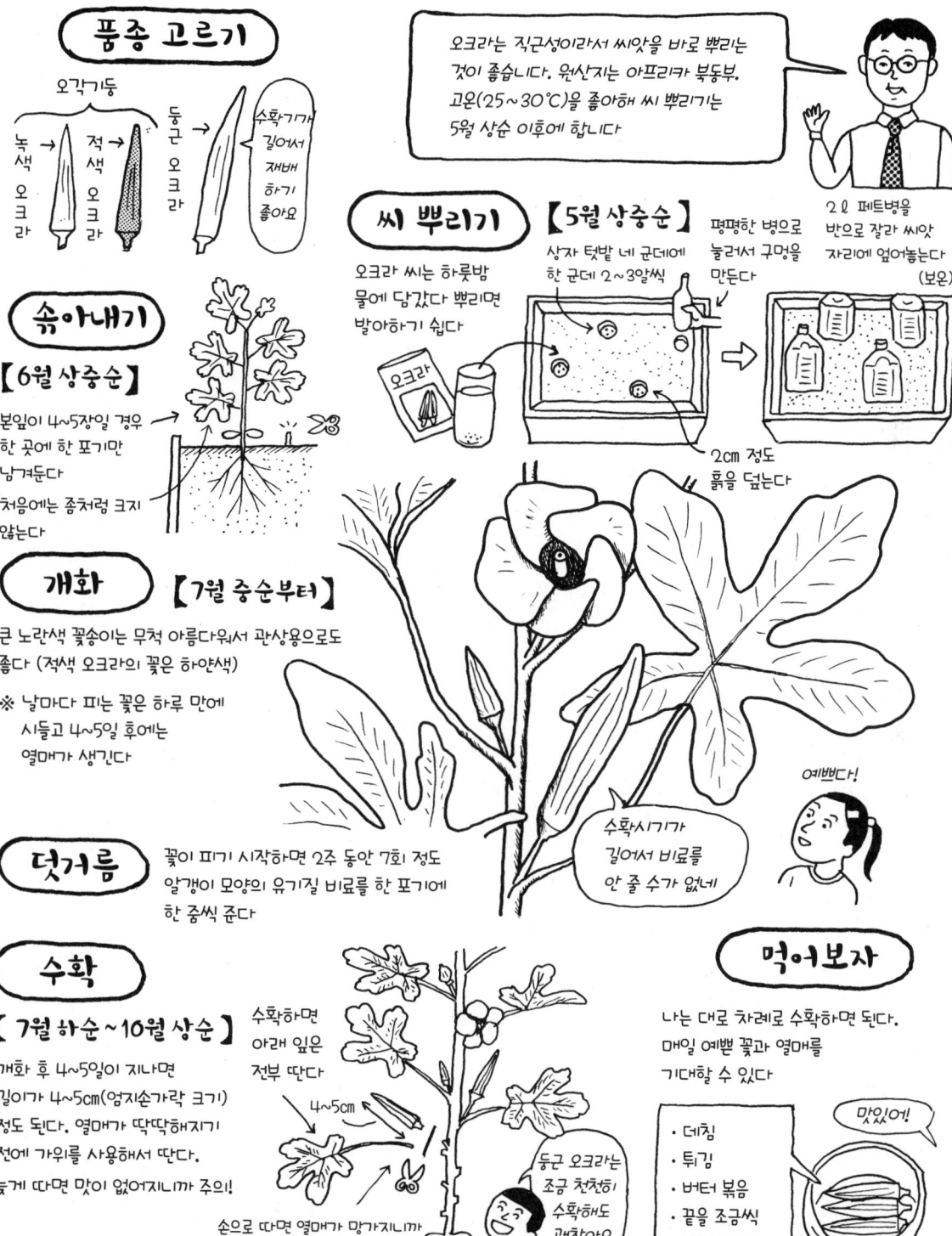

오크라는 직근성이라서 씨앗을 바로 뿌리는 것이 좋습니다. 원산지는 아프리카 북동부. 고온(25~30℃)을 좋아해 씨 뿌리기는 5월 상순 이후에 합니다

품종 고르기

오각기둥
- 녹색 오크라 → 적색 오크라
- 둥근 오크라 → 수확기가 길어서 재배하기 좋아요

씨 뿌리기 【5월 상중순】

오크라 씨는 하룻밤 물에 담갔다 뿌리면 발아하기 쉽다

상자 텃밭 네 군데에 한 군데 2~3알씩

평평한 병으로 눌러서 구멍을 만든다

2ℓ 페트병을 반으로 잘라 씨앗 자리에 엎어놓는다 (보온)

2cm 정도 흙을 덮는다

솎아내기 【6월 상중순】

본잎이 4~5장일 경우 한 곳에 한 포기만 남겨둔다
처음에는 좀처럼 크지 않는다

개화 【7월 중순부터】

큰 노란색 꽃송이는 무척 아름다워서 관상용으로도 좋다 (적색 오크라의 꽃은 하얀색)

※ 날마다 피는 꽃은 하루 만에 시들고 4~5일 후에는 열매가 생긴다

덧거름

꽃이 피기 시작하면 2주 동안 7회 정도 알갱이 모양의 유기질 비료를 한 포기에 한 줌씩 준다

수확시기가 길어서 비료를 안 줄 수가 없네

수확 【7월 하순~10월 상순】

개화 후 4~5일이 지나면 길이가 4~5cm(엄지손가락 크기) 정도 된다. 열매가 딱딱해지기 전에 가위를 사용해서 딴다.
늦게 따면 맛이 없어지니까 주의!

수확하면 아래 잎은 전부 딴다

4~5cm

둥근 오크라는 조금 천천히 수확해도 괜찮아요

손으로 따면 열매가 망가지니까 반드시 가위로 자른다

먹어보자

나는 대로 차례로 수확하면 된다. 매일 예쁜 꽃과 열매를 기대할 수 있다

- 데침
- 튀김
- 버터 볶음
- 끝을 조금씩 잘라 무친다

맛있어!

땅콩

땅콩은 5월 상중순에 두 알 정도 씨를 뿌려놓고 물만 주면 됩니다.
어떤 꽃이 피고 땅속에서는 어떻게 열매가 생기는지 관찰해봅시다

씨 뿌리기 【5월 상중순】

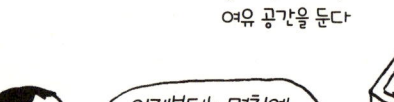

- 상자 텃밭에 1~2개를 뿌린다
- 씨는 작년에 수확한 것도 OK
- 꽃이 떨어지도록 주변에 여유 공간을 둔다
- 처음 기르는 경우에는 시장에서 씨 구입
- 1봉지 20~30알
- 깊이 7~8mm

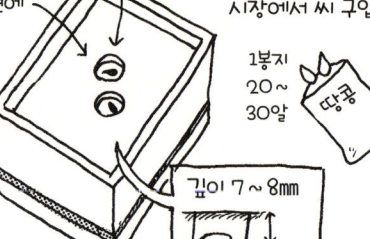
씨를 반으로 잘라보자!
- 떡잎 / 떡잎
- 어린뿌리 / 어린눈

땅콩의 싹은 이상해?
갑자기 본잎
떡잎은 땅속에

이제부터는 며칠에 한 번씩 물을 주기만 하면 됩니다.

개화·결실 【개화 6월 말부터】

꽃이 진 자리에서 가늘고 막대 같은 것(씨방자루)이 자란다. 길게 자라 땅에 묻히면서 열매를 맺는다

씨방자루

오렌지색의 작은 꽃

● 실험
500㎖ 페트병의 윗부분을 자르고, 1ℓ짜리 우유갑에 넣는다
(안을 어둡게 하기 위해)
씨방자루를 넣고 테이프를 붙인다

① 아무것도 넣지 않기
② 질석(버미큘라이트)을 넣는다
③ 물만 넣는다

과연 열매가 생길까?

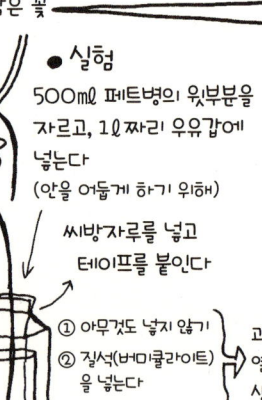
① 개화 - 여기에 씨방이(콩의 시작) 있다
② 꽃이 시들어 마른다
꽃은 도중에 떨어진다
③ 씨방자루가 자라기 시작
④ 씨방이 땅에 꽂힌다
⑤ 땅콩이 커지기 시작한다

수확 【10월 하순~11월】

잎과 줄기가 누렇게 말라버리면 포기만 남기고 뽑는다.
흙속에 땅콩 열매가 나타나 깜짝 놀랐다!

● 먹어보자!

※ 갓 딴 땅콩을 끓는 물에 40~50분, 소금을 넣고 삶는다. 달고 부드러워 맛있다

씻어서 삶는다
소금

※ 구워 먹고 싶으면 거꾸로 매달아서 7~10일간 말린다

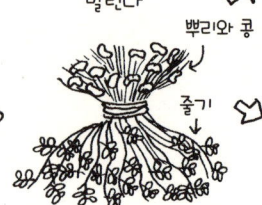
뿌리와 콩 / 줄기

일부는 건조시켜 내년에 쓸 씨로 거두어놓는다

불에 닿지 않게!

껍질을 깐 땅콩을 프라이팬에서 3~5분 볶는다

약한 불로 서서히

재배 학습 후 아이들의 마음에 남는 것은?

채소를 기르면서 가장 기뻤을 때

채소 기르면서 가장 놀랐을 때

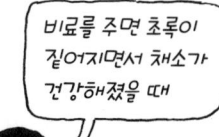

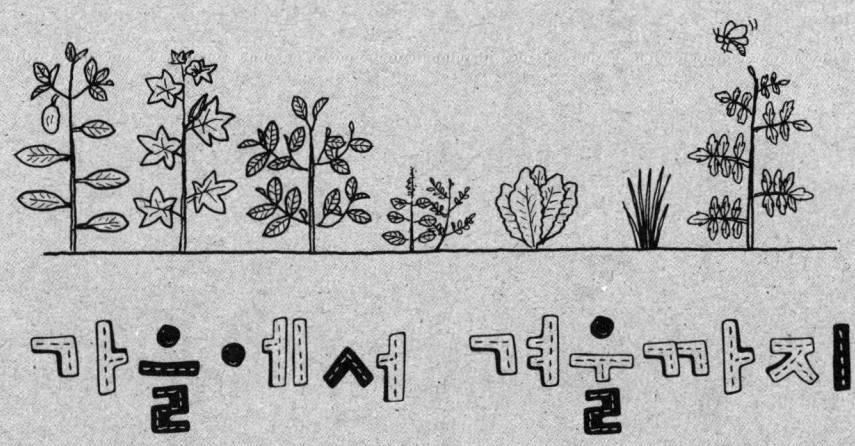

가을에서 겨울까지

생명을 느낀 이 순간

1. 딸기의 한살이와 재배 계획

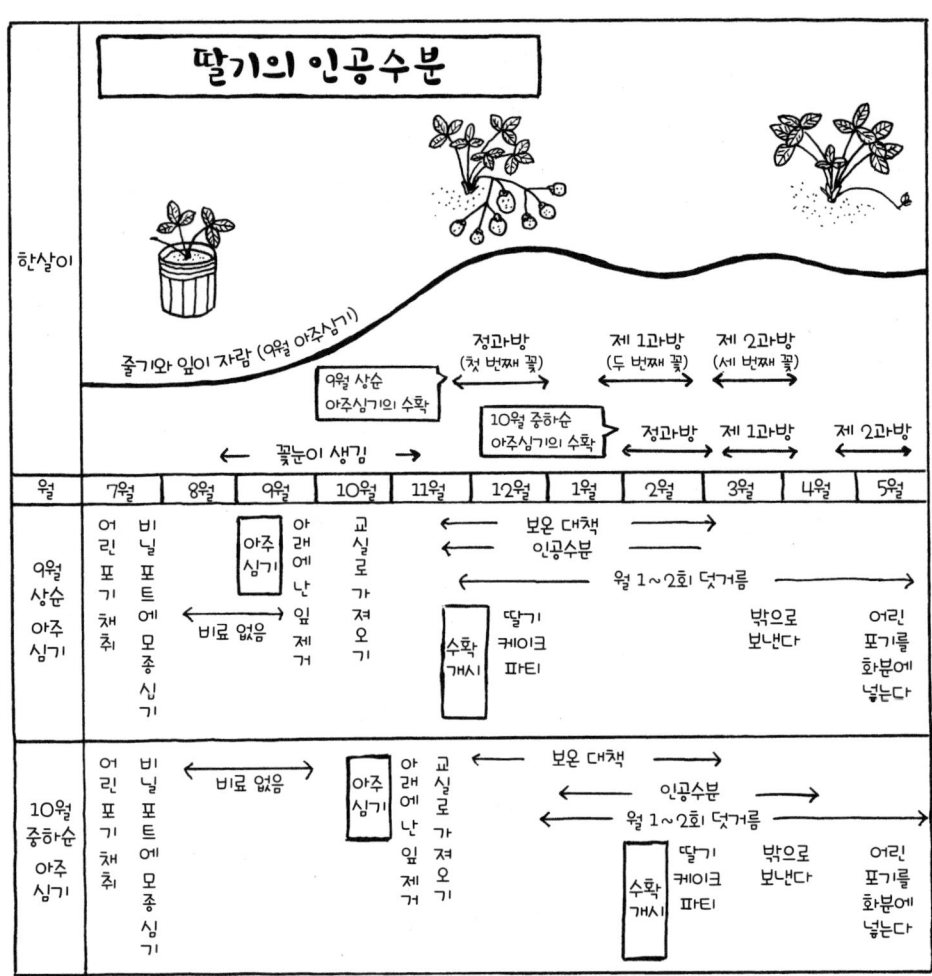

🌱 늦가을에서 이른 봄까지 교실에서 재배하기

딸기는 더위나 건조에는 약하지만, 추위나 병에는 강한 작물이라 가을에서 겨울까지 재배하기 좋습니다. 겨울에도 밤의 최저기온이 5℃ 이상이라면 교실에서 기르는 것이 가능합니다. 장소도 많이 차지하지 않습니다. 교실에서 반 년 동안 매일같이 돌보기 때문에 아이들도 강한 애착을 보이는 작물입니다.

딸기는 다년생(여러해살이)으로 보통은 수확 후기는줄기의 어린 포기를 모종으로 해서 재배합니다. 이미 재배했던 포기에서 새로운 포기를 얻어 기르는 방법입니다.

🌱 인공적으로 봄 환경 만들기 작전

딸기는 해가 짧은(12시간 이하의 일조) 9월부터 10~17℃의 저온에서 꽃눈이 싹을 틔웁니다. 겨울 추위를 만나면 생육을 멈추고 쉬었다가(휴면) 봄이 되면 꽃을 피웁니다. 품종에 따라 다르지만, 추위에 일정 기간 놔두면 보온을 해주거나 열을 가해도 좀처럼 깨어나지 않습니다.

농가에서는 딸기의 이런 특성을 이용해 조기 수확을 하고 있습니다. 이른 가을에 냉장고에 넣는 등 저온을 경험한 후 밤에 불을 밝혀 일조량을 늘려주면 봄이 온 줄 알고 겨울인데도 꽃을 피웁니다. 교실 재배라면 조기 수확을 따라 해볼 수 있습니다.

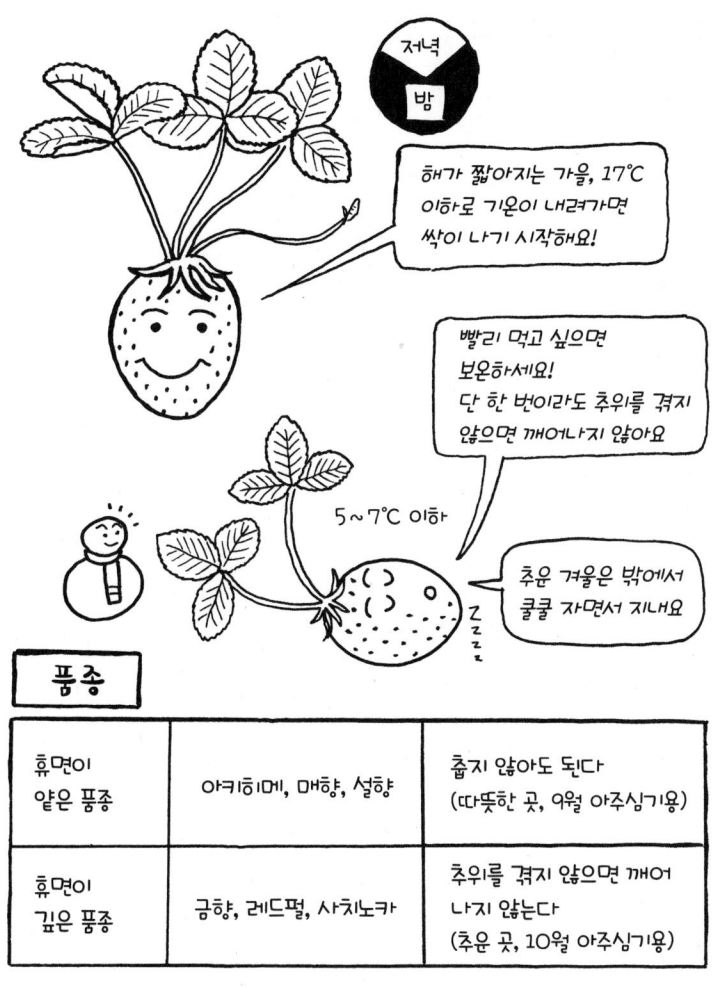
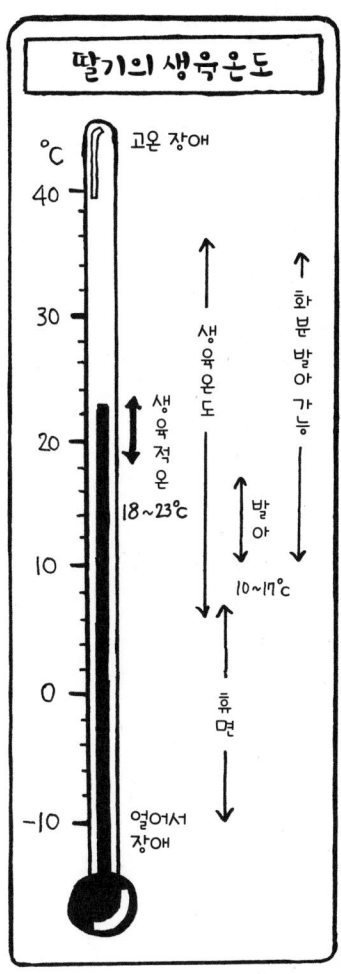

품종		
휴면이 얕은 품종	아키히메, 매향, 설향	춥지 않아도 된다 (따뜻한 곳, 9월 아주심기용)
휴면이 깊은 품종	금향, 레드펄, 사치노카	추위를 겪지 않으면 깨어나지 않는다 (추운 곳, 10월 아주심기용)

🌱 9월 초순에 심어 올해 안에 수확하자

딸기의 품종은 추위를 겪지 않아도 휴면에서 깨어나는 조생 품종(매향, 설향 등)을 권장합니다.

9월 초순에 심어 낮에는 바깥에서 해를 잘 보게 하고, 기온이 5~10℃ 이하가 되는 밤에는 교실에 들여놓습니다. 크리스마스 즈음에는 빨갛게 익어 수확할 수 있습니다.

추운 지역에서는 휴면이 깊은 품종을 10월 중하순에 심고, 처음부터 실내에서 키워 2월 중하순에 수확하는 것을 권장합니다.

🌱 이중 페트병 화분 재배

딸기의 뿌리는 섬세하고 천근성(뿌리가 대체로 땅 표면 가까이에 분포하는 성질)으로 건조함에 약하고 물을 좋아합니다. 조금만 물 주기를 게을리하면 뿌리가 상해 회복하기 어렵습니다. 저는 간단하게 만들 수 있는 이중 페트병 화분을 권장합니다. 이중 바닥으로 되어 있어 항상 물을 보충할 수 있습니다.

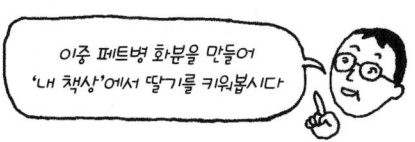

2. 이중 페트병 화분 만들기

페트병 화분 만들기

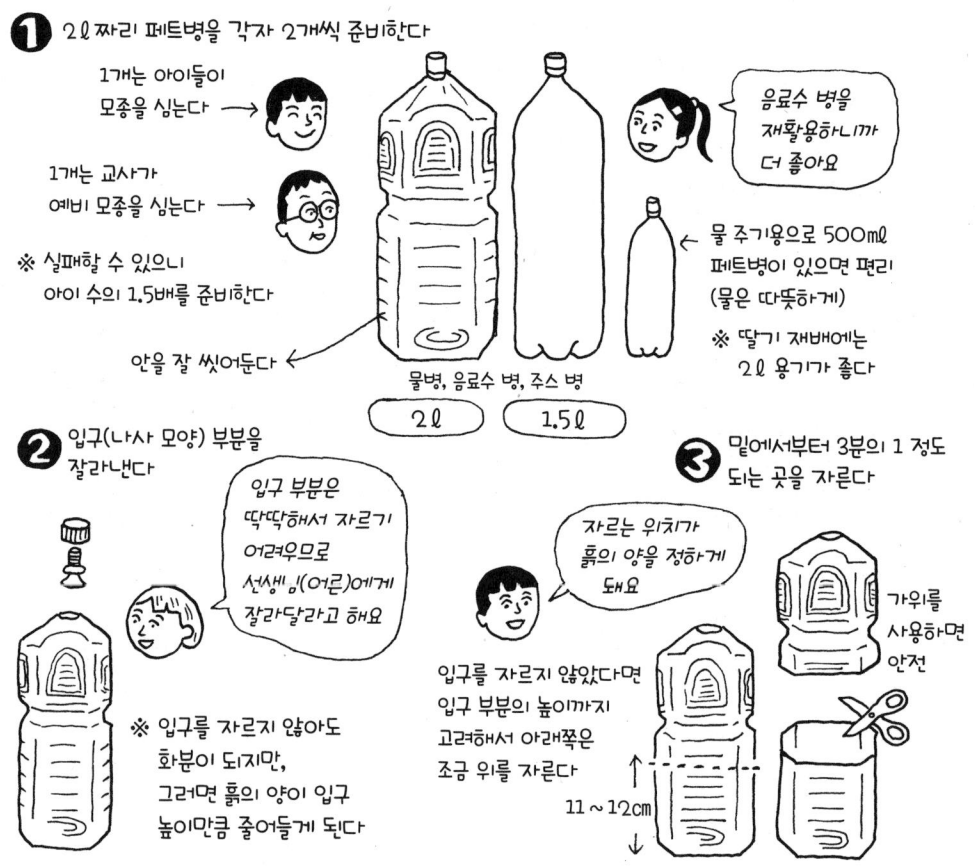

🌱 물 주기는 저면급수로 2~3일 한 번이면 OK

2ℓ 페트병을 2개로 잘라 윗부분을 거꾸로 하여 아랫부분의 페트병에 꽂아 넣습니다. 부직포를 넣으면 물을 흡수하기 때문에 물 주기는 2~3일에 한 번씩만 합니다. 또 작은 페트병에 물을 담아 창가에 놓아두고 따뜻하게 해서 줍니다.

10분 정도면 충분히 만들 수 있습니다. 2시간 연속되는 수업이라면 꾸미기도 할 수 있고, 각자의 페트병 화분을 발표하는 시간도 가져봅시다. 아이들에게 미리 알려주면 재료를 준비할 수 있습니다.

🌱 '내 딸기'로 아이들의 흥미 이끌어내기

이중 페트병 화분은 햇볕이 잘 드는 교실 창가에 놓아둡니다. 쉬는 시간에 친구들과 딸기의 성장을 비교하거나 물을 줄 수 있어 편합니다. 아이들 스스로 할 수 있도록 합니다. 자기 책상으로 옮겨 정기적인 관찰이나 돌보는 것도 무리 없이 할 수 있습니다. 관찰 노트에 꽃송이의 성장, 열매의 커짐, 숙성되는 과정을 적어봅시다. '내 딸기'라는 애착이 강해지면 월요일에 빨리 등교하는 아이도 있고, 학교에 오기 싫어하던 아이도 등교하게 됩니다.

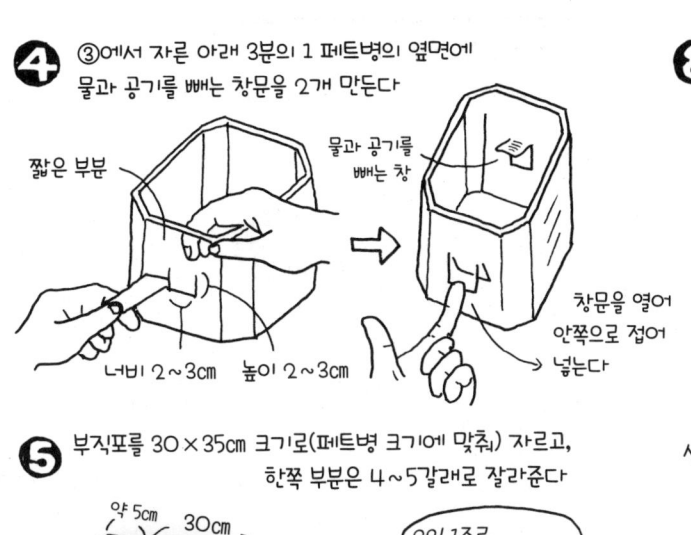
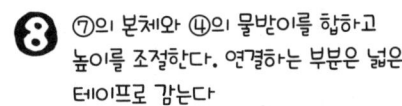
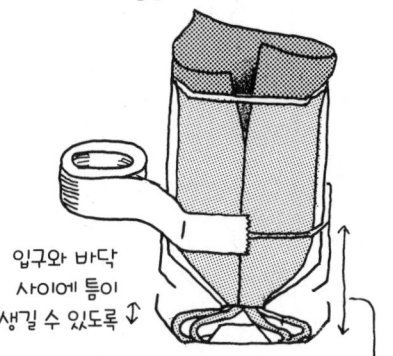

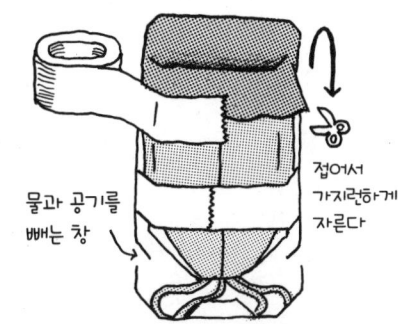

페트병 화분 장식하기

【 그림 그리기 】

【 붙이고 두르고 】

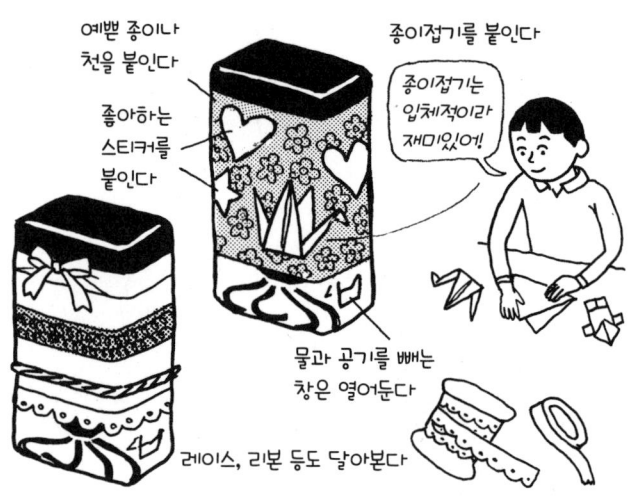

【 지점토로 장식 】

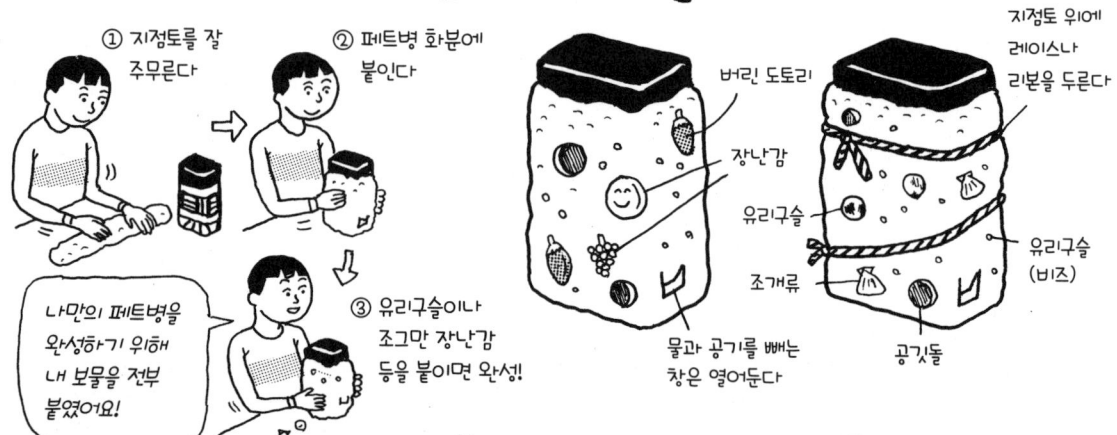

【 유리구슬을 물 받침에 넣기 】

3. 모종 선택과 아주심기

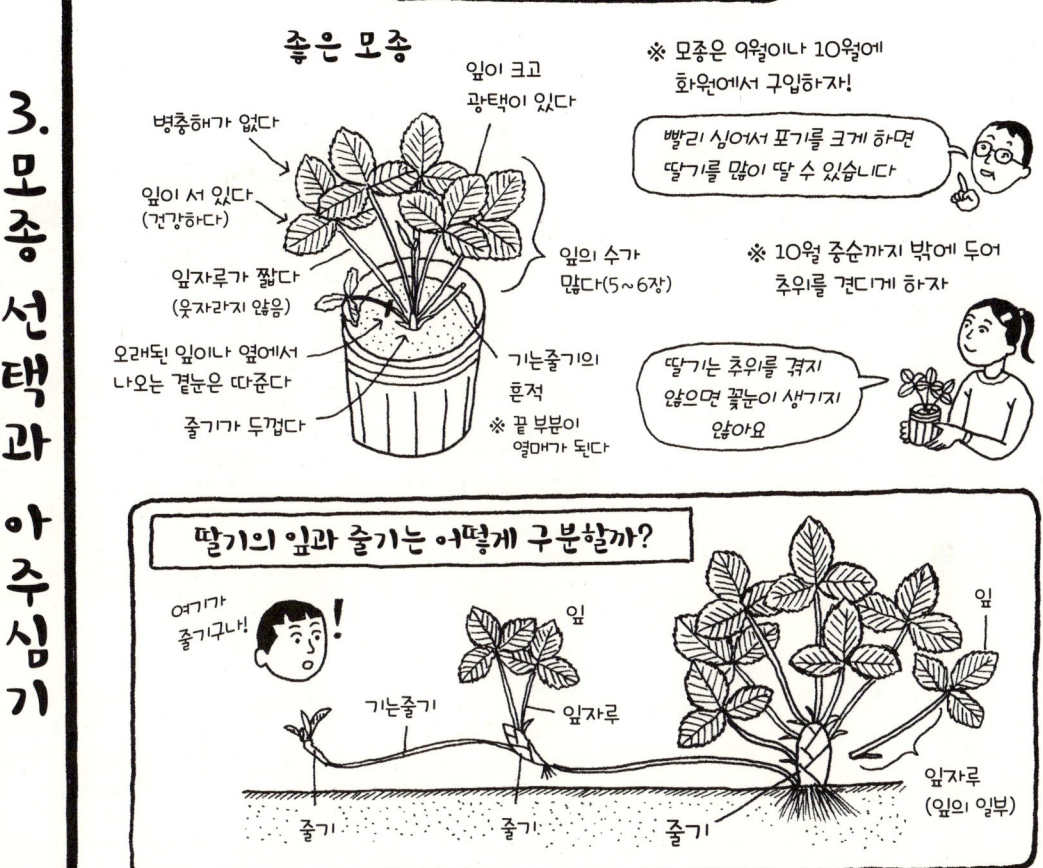

🌱 모종을 사서 튼튼한 포기로 키우기

심은 해에 수확하려면 9월 초순쯤 모종을 사서 페트병 화분에 심습니다.

5~6장의 잎이 붙어 있고, 밑동이 굵고, 잎이 밝은 녹색으로 광택이 있으며, 병충해가 없는 좋은 모종을 골라봅시다. 밑동이 굵은 모종은 좋은 영양분을 많이 가지고 있습니다.

반대로 잎이 길게 자라 늘어지고, 잎 색이 짙은 녹색을 띠면 비료(질소)가 너무 많아 웃자란 모종입니다. 꽃눈이 튼튼하지 않을 수 있으니 이런 모종은 피합니다.

딸기는 생육온도(18~23℃)를 유지해줘도 개화에서 수확까지 30~50일은 걸립니다. 겨울방학 전에 수확하려면 11월 중순에는 꽃이 피어야 합니다. 이를 위해 빨리 아주심기를 하고, 처음에는 밖에서 기르는 것이 핵심입니다.

햇빛을 잘 받으면 충분히 새 뿌리를 뻗어 영양이 풍부한 굵은 줄기가 생기고, 튼실한 꽃눈을 만들 수 있습니다.

10월 중순에 심을 경우에는 조금 비싸더라도 냉장 처리된 모종을 추천합니다. 냉장고에 넣어 미리 추위를 경험한 모종입니다. 이런 모종을 아주심기하면 봄이 왔다고 생각하고 금방 활동을 시작합니다.

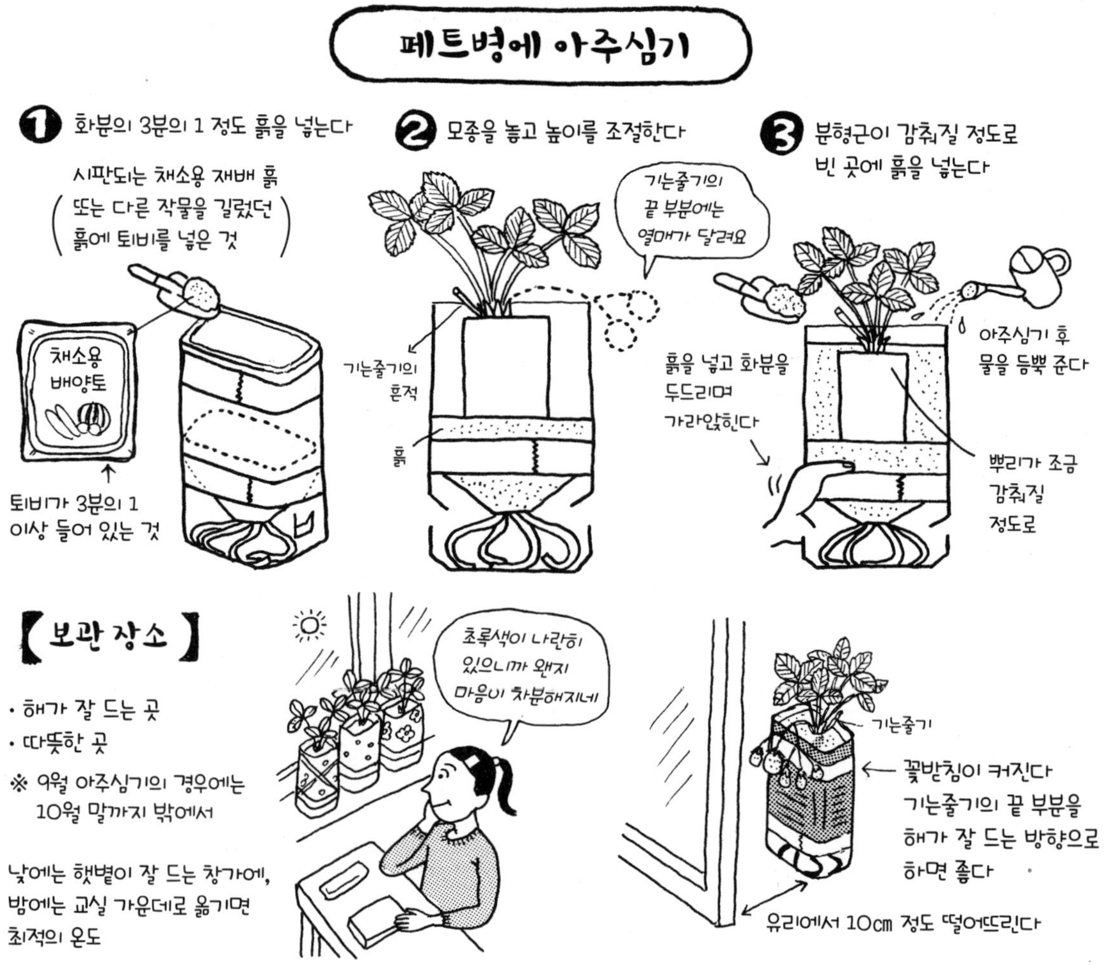

페트병에 아주심기

① 화분의 3분의 1 정도 흙을 넣는다
- 시판되는 채소용 재배 흙 또는 다른 작물을 길렀던 흙에 퇴비를 넣은 것
- 퇴비가 3분의 1 이상 들어 있는 것

② 모종을 놓고 높이를 조절한다
- 기는줄기의 끝 부분에는 열매가 달려요
- 기는줄기의 흔적
- 흙

③ 분형근이 감춰질 정도로 빈 곳에 흙을 넣는다
- 흙을 넣고 화분을 두드리며 가라앉힌다
- 아주심기 후 물을 듬뿍 준다
- 뿌리가 조금 감춰질 정도로

【 보관 장소 】

- 해가 잘 드는 곳
- 따뜻한 곳

※ 9월 아주심기의 경우에는 10월 말까지 밖에서

낮에는 햇볕이 잘 드는 창가에, 밤에는 교실 가운데로 옮기면 최적의 온도

"초록색이 나란히 있으니까 왠지 마음이 차분해지네"

- 기는줄기
- 꽃받침이 커진다
- 기는줄기의 끝 부분을 해가 잘 드는 방향으로 하면 좋다
- 유리에서 10cm 정도 떨어뜨린다

🌱 건조하지 않게 조금 깊게 심기

스티로폼 상자 텃밭에 아주심기는 교실 안에서도 금방 할 수 있습니다.

딸기의 뿌리는 비교적 가늘고 약합니다. 특히 건조함에 약해서 뿌리와 아랫부분의 줄기는 흙에 반 정도 덮일 정도로 심습니다. 그러면 줄기 부분에서도 새로운 뿌리가 뻗어 나옵니다. 잎이 붙은 뿌리까지 흙을 덮어버리면 너무 깊게 심은 것입니다.

꽃송이는 기는줄기의 끝 부분에서 길게 나옵니다. 이 부분이 햇빛을 잘 받도록 방향을 잘 봐서 심습니다.

🌱 최저기온이 5~10℃가 되기 전에는 바깥에서

아주심기 후에는 햇빛을 잘 받을 수 있도록 바깥에 둡니다. 10~17℃의 저온에 일정 기간 두면 튼튼한 꽃눈을 만들 수 있습니다. 이 시기에는 비료를 주지 않습니다. 질소 비료가 많으면 꽃눈이 생기기 어렵습니다. 덧거름은 꽃눈이 길게 뻗기 시작할 때 실내에서 넣어줘도 충분합니다.

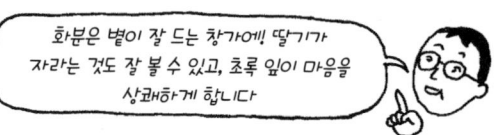

화분은 볕이 잘 드는 창가에 딸기가 자라는 것도 잘 볼 수 있고, 초록 잎이 마음을 상쾌하게 합니다

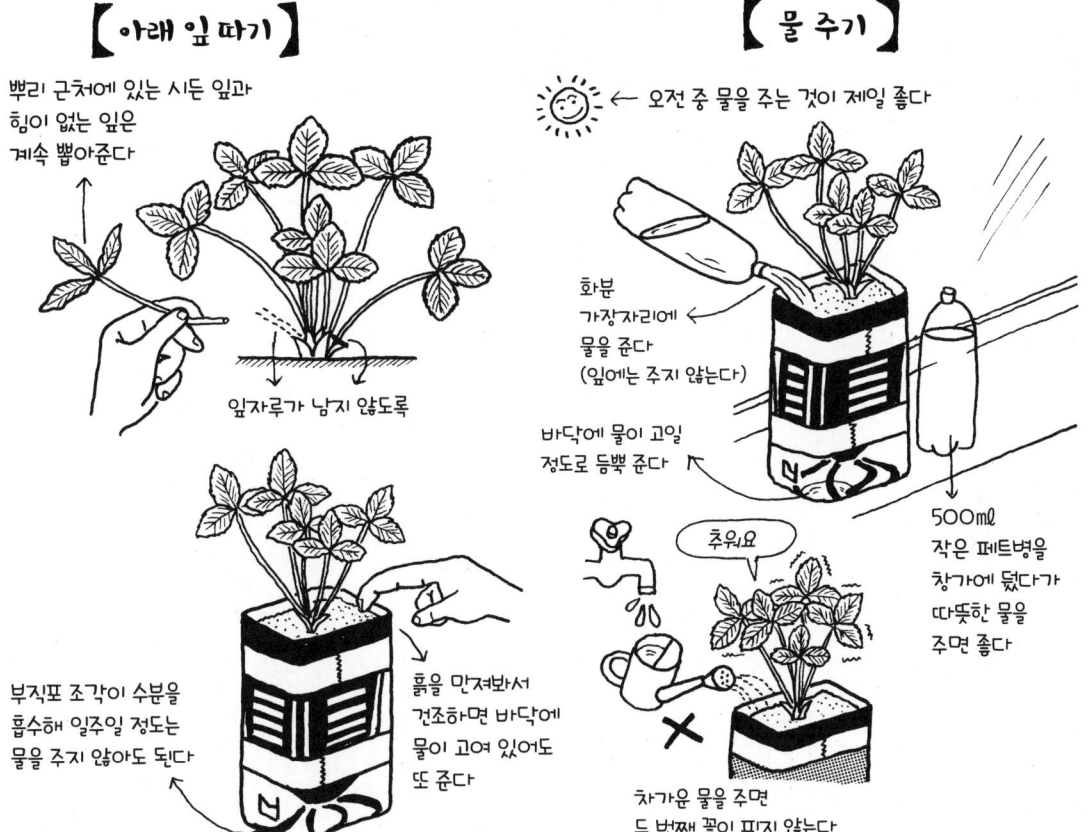

🌱 아래쪽 약한 잎은 제거하고 건조하지 않도록

물 주기는 2~3일에 한 번씩 합니다. 화분 밑에 물이 있는지, 흙이나 잎의 상태가 어떤지 잘 관찰하면서 줍니다. 습기가 많은 상태가 계속되면 뿌리가 썩을 수 있습니다.

겨울에는 일조시간도 적고, 온도도 낮습니다. 물을 흡수하는 양도 적어지니 너무 많이 주지 않도록 주의합시다. 단 꽃이 피기 시작하면 활발하게 물을 흡수하기 때문에 방심은 금물.

갈색이 돼버린 아랫부분의 잎은 빨리 제거해줍니다. 뿌리 부분을 엄지손가락으로 꾹 누르면서 잘라냅니다. 무리하게 따서 포기를 상하게 하면 안 됩니다. 아랫부분의 잎을 따주지 않으면 병이 생기거나 상할 수 있습니다.

🌱 밤사이 온도는 8℃ 이상으로

야간의 최저온도가 5~10℃가 되면 교실에 들여놓습니다. 딸기가 추위에 강하다고는 하지만, 생육온도는 18~23℃입니다. 한밤중의 온도가 5℃ 이하가 되면 휴면상태에 들어갑니다.

낮에는 창가에서 10㎝ 정도 띄워놓습니다. 유리 바로 옆은 바깥과 온도가 같거나 더 낮을 수 있습니다. 창가에 최고최저온도계를 걸어두고 매일 온도를 기록해봅시다.

4. 도전해보자! 인공으로 봄 만들기 작전

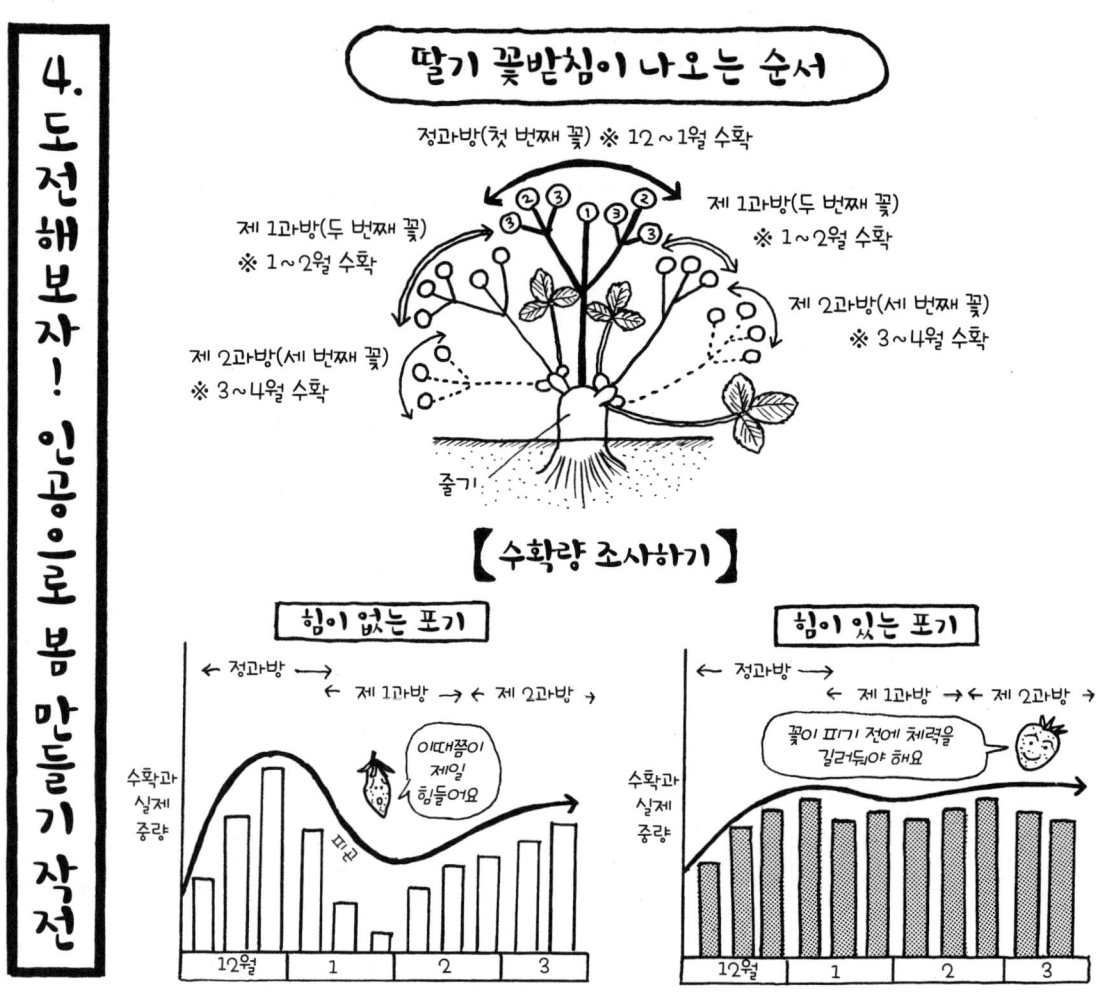

🌱 딸기는 3월까지 3번 승부

그림처럼 딸기는 짧은 줄기의 끝 부분에서 제일 먼저 꽃이 핍니다. 9월 상순 아주심기의 경우 11월쯤부터 가지가 갈라집니다. 10개 정도의 꽃봉오리가 먼저 꽃을 피우고 뻗어나갑니다. 그 다음 가운데 가지의 꽃부터 차례로 펴서 12월부터 1월에 수확할 수 있습니다. 그동안 두 번째 꽃송이가 자라면서 1~2월에 수확하고, 마지막으로 세 번째도 2월에는 꽃을 피워 3~4월에는 수확하게 됩니다.

이 세 번의 시기가 겹치지 않도록 꽃이 일정하게 피는 것이 딸기 재배의 핵심입니다. 뿌리 뻗기가 약한 포기가 있거나, 처음 정과방이 많이 만들어지면 두 번째 꽃송이가 달리기는 해도 꽃이 피지 않을 수 있습니다. 맨 처음 핀 꽃송이가 커지기 시작할 때가 고비입니다. 잘 관찰하면서 덧거름과 물 주기에 주의하고, 제일 먼저 피는 꽃은 솎아줘서 포기에 부담을 덜어줍시다.

정과방, 두 번째 피는 꽃송이, 세 번째 피는 꽃송이, 각각의 수확 개수, 무게 등을 조사해보면 재배하기 어려운 시기를 알 수 있습니다.

🌱 2월부터 인공 봄 작전을 펼쳐보자

딸기는 밖에서 키울 경우 겨울 동안은 휴면하고, 따뜻해지는 3월쯤 깨어서 개화하며, 4월 말경까지

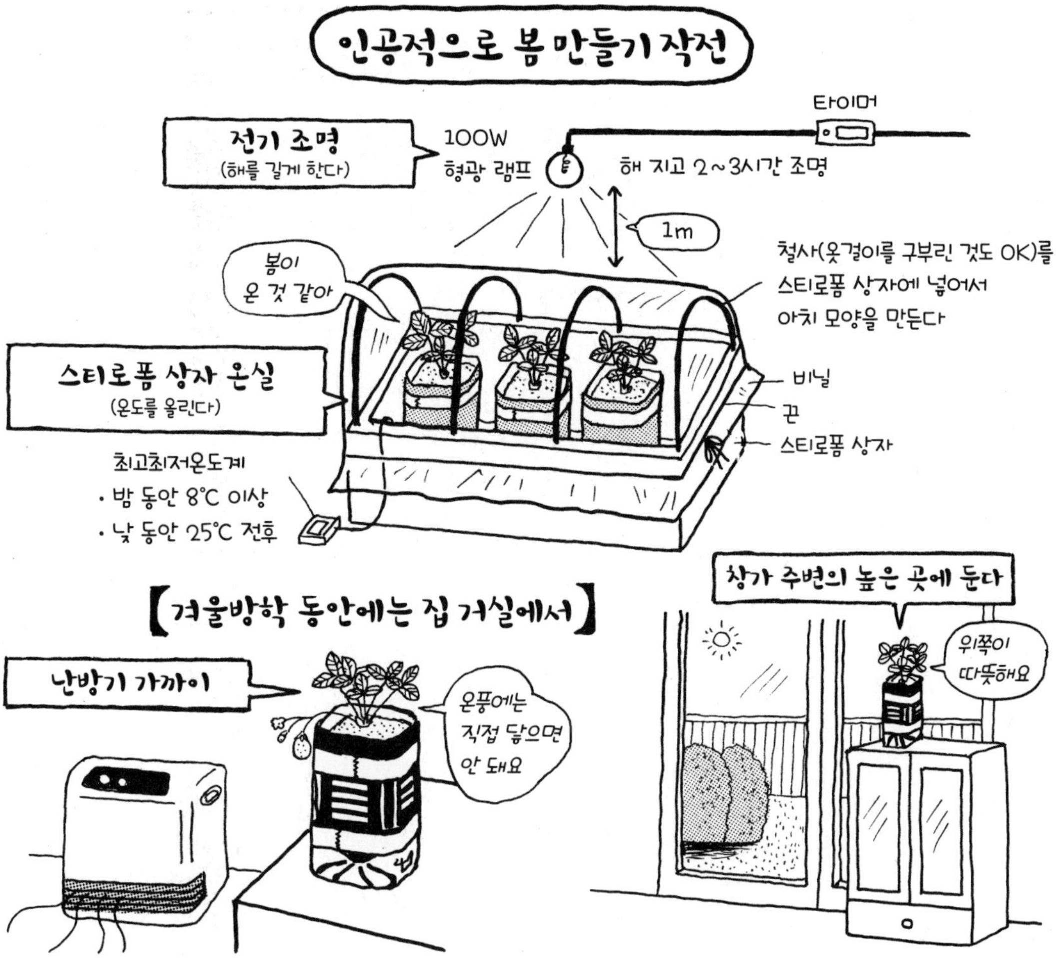

인공적으로 봄 만들기 작전

전기 조명 (해를 길게 한다) — 100W 형광 램프, 타이머, 해 지고 2~3시간 조명, 1m

철사(옷걸이를 구부린 것도 OK)를 스티로폼 상자에 넣어서 아치 모양을 만든다
- 비닐
- 끈
- 스티로폼 상자

스티로폼 상자 온실 (온도를 올린다)

최고최저온도계
- 밤 동안 8℃ 이상
- 낮 동안 25℃ 전후

"봄이 온 것 같아"

【겨울방학 동안에는 집 거실에서】

난방기 가까이 — 온풍에는 직접 닿으면 안 돼요

창가 주변의 높은 곳에 둔다 — 위쪽이 따뜻해요

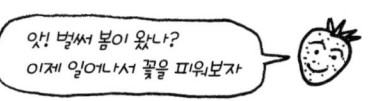

수확합니다. 교실에 들여놓으면 그만큼 보온이 되므로 빨리 수확할 수 있습니다. 좀 더 봄과 가까운 환경을 만들어 조기 수확할 수 있도록 작전을 짜봅시다. 겨울이라도 봄과 같은 환경을 만들려면 온도를 올리고, 해를 길게 해야 합니다(일조량을 늘려줍니다).

이 작전은 아주심기 후 한 달이 지나고, 작물을 교실에 들여놓을 때 시작합니다. 그림처럼 페트병 화분을 스티로폼 상자에 넣고, 철사로 터널 모양의 지붕을 만들어 비닐로 덮어줍니다. 아래쪽은 테이프로 고정합니다.

온도는 하루 종일 25℃ 전후, 밤에는 8℃ 이상이 되게 합니다. 하루 중 30℃ 이상 고온이 되면 꽃가루에 문제가 생기므로 최고최저온도계를 확인합시다.

낮을 길게 하려면 어두워지고 나서 2~3시간 동안 전등을 켜줍니다. 또 겨울방학 동안에는 집으로 가져가서 난방이 된 거실 창가에 두고, 밤 9시 정도까지는 불을 켜둡니다. 교실에서 키운 딸기와 집에 가져간 딸기의 생육을 비교해봅시다.

"앗! 벌써 봄이 왔나? 이제 일어나서 꽃을 피워보자"

5. 인공수분과 덧거름

개화·인공수분

🌱 제대로 수분하지 않으면 어떻게 될까?

딸기의 씨는 어디 있나요? 오이나 토마토는 속에 있지만, 딸기는 겉에 점처럼 붙어 있습니다. 딸기 꽃을 세로로 잘라보면 '꽃턱'이라고 부르는 것의 주위에 작은 암술이 많이 있습니다. 이것이 하나하나 씨가 됩니다. 빨갛게 익은 열매는 이 꽃턱이 비대해진 것입니다.

딸기는 오이와 달리 확실하게 수정하지 않으면 열매가 달리지 않습니다. 수정하지 못한 부분은 비대해지지 않으므로 그림과 같이 기형 열매가 됩니다. 수분은 곤충이 해주지만, 겨울에는 특히 교실에는 오지 않습니다. (농가에서는 하우스에 벌을 풀어 수분 작업을 합니다.) 우리는 그림처럼 사람이 대신 수분을 해줍니다.

꽃 하나하나마다 붓으로 하는 인공수분 작업은 아이들이 가장 기뻐하는 활동입니다. 점심 때쯤 따뜻해지면 꽃잎(하얗고 귀여운 꽃이 핍니다)이 완전히 열린 꽃부터 순서대로 합니다. 한 번 해준 꽃이라도 또 해줘도 됩니다. 이 시기에는 붓을 책상 속에 넣어두고 쉬는 시간에 즐겁게 해봅시다.

🌱 첫 번째 꽃송이가 피면 덧거름을 시작하자

뿌리가 잘 뻗고, 꽃눈이 생겨야 하는 아주심기 후 2~3개월까지는 덧거름을 하지 않습니다. 처음부터

덧거름

덧거름을 해 잎을 왕성하게 기르면 열매가 열리기 어렵습니다.

덧거름은 꽃이 피기 시작하면 작은 알갱이 모양의 유기질 비료를 2주에 한 번씩 10알 정도 줍니다. 한 번에 많이 주면 뿌리가 상하기 쉽습니다. 생육을 관찰하면서 조금씩 뿌려줍니다.

온도가 적당한데도 잘 자라지 않을 경우에는 효과가 빠른 비료를 줍니다. 액상 비료는 반드시 규정 배율(1000배 이상)로 희석해서 뿌려줍니다. 규정 이상으로 진하게 되면 뿌리가 바로 말라버립니다.

또 이 시기부터는 흡수량이 많아지므로 물과 비료를 부지런히 줍니다. 남은 비료는 이중 페트병의 바닥에 고인 물에도 조금 뿌려줍니다. 이렇게 하면 비료를 낭비하지 않습니다. 단 맛있는 딸기를 만들기 위해서는 토마토와 마찬가지로 열매가 빨갛게 되기 시작하면 덧거름도 물 주기도 피하는 것이 요령입니다.

6. 수확과 딸기 케이크 파티

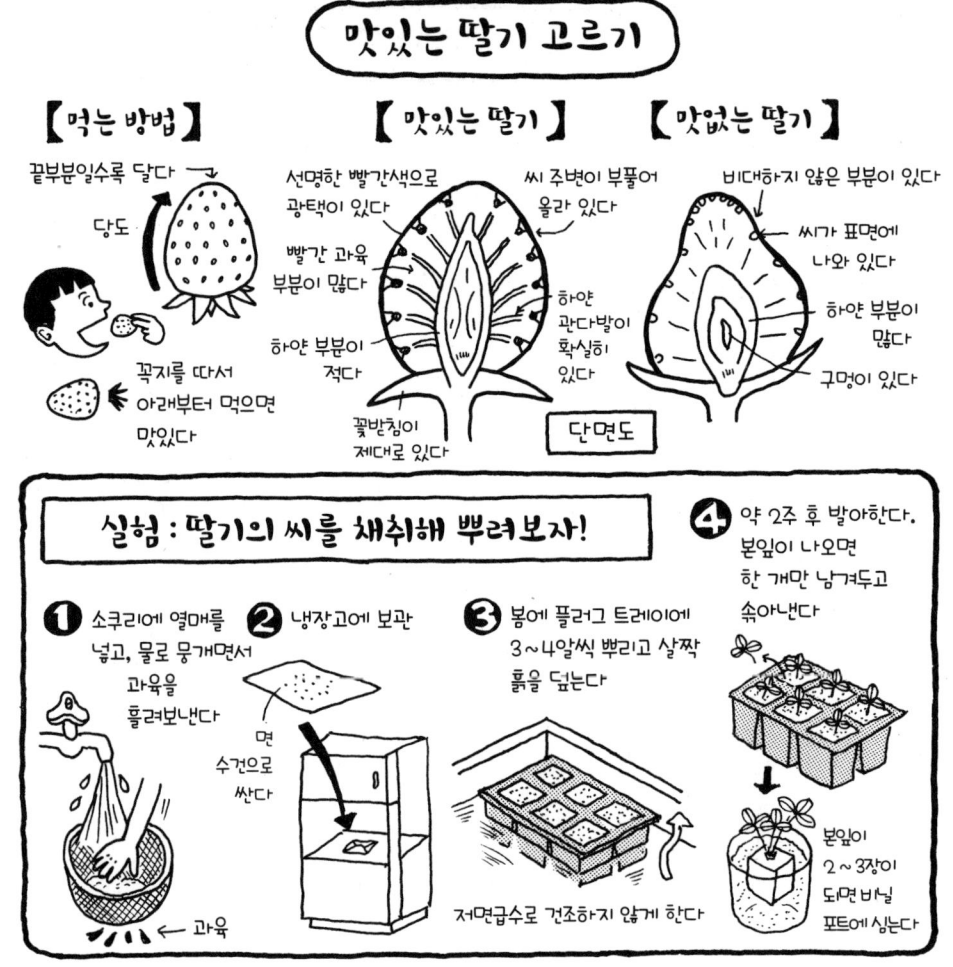

🌱 딸기의 당도 측정하기

맛있는 딸기는 꽃받침이 확실히 보이고, 과육에 묻힌 것처럼 보이는 씨가 많습니다. 방울토마토와 같이 당도계로 당도를 재봅시다.

딸기의 당도는 꼭지 부분으로 갈수록 낮아집니다. 그래서 꼭지를 떼고 꼭지부터 먹으면 맛있게 먹을 수 있습니다. 또 수정이 되지 않아 움푹 팬 부분과 수정이 된 비대해진 부분의 당도도 비교해봅시다.

🌱 씨앗 채집하기, 뿌리기

딸기를 씨부터 키워봅시다. 열매가 잘 익어서 씨가 검게 되면 열매를 잘라 가는 체에 담습니다. 물을 틀어놓고 손가락으로 뭉개면서 과육을 흘려보냅니다. 과육에는 발아 억제 물질이 포함되어 있어 씨만 남겨야 합니다. 채취한 씨앗은 물기가 없어지도록 가제에 싸서 냉장고에 보관합니다.

봄이 되면 플러그 트레이에 씨를 뿌려줍니다. 싹이 날 때 빛을 좋아하는 성질이 있으므로 흙은 아주 얇게 덮습니다. 흙이 건조해지지 않도록 저면급수 하면 2주 후에는 발아합니다. 처음에는 본잎 2~3장이 나오고, 잘 키우면 가을에 아주심기할 수 있습니다. 씨앗부터 기르면 원래의 품종과 다른 여러 가지 딸기가 나오는 것을 볼 수 있습니다.

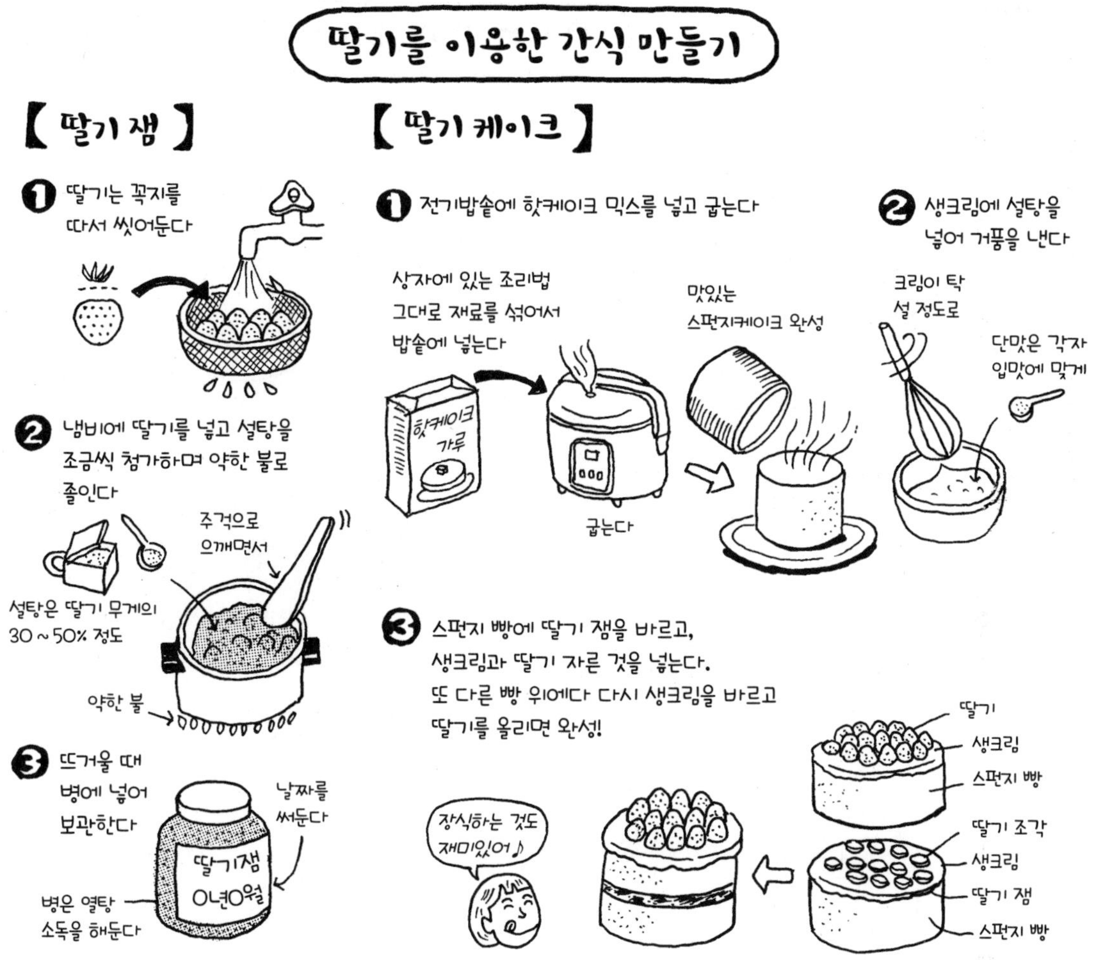

딸기를 이용한 간식 만들기

【 딸기 잼 】

❶ 딸기는 꼭지를 따서 씻어둔다

❷ 냄비에 딸기를 넣고 설탕을 조금씩 첨가하며 약한 불로 졸인다

주걱으로 으깨면서
설탕은 딸기 무게의 30~50% 정도
약한 불

❸ 뜨거울 때 병에 넣어 보관한다

날짜를 써둔다
병은 열탕 소독을 해둔다

【 딸기 케이크 】

❶ 전기밥솥에 핫케이크 믹스를 넣고 굽는다

상자에 있는 조리법 그대로 재료를 섞어서 밥솥에 넣는다
굽는다
맛있는 스펀지케이크 완성

❷ 생크림에 설탕을 넣어 거품을 낸다

크림이 탁 설 정도로
단맛은 각자 입맛에 맞게

❸ 스펀지 빵에 딸기 잼을 바르고, 생크림과 딸기 자른 것을 넣는다. 또 다른 빵 위에다 다시 생크림을 바르고 딸기를 올리면 완성!

장식하는 것도 재미있어♪

딸기
생크림
스펀지 빵

딸기 조각
생크림
딸기 잼
스펀지 빵

🌱 딸기 요리 발표 대회!

딸기가 빨갛게 익어가면 기다리고 기다리던 딸기 요리를 해볼 차례입니다. 다양한 딸기 요리를 발표하는 대회를 하면 한층 더 재미있습니다.

딸기 요리는 여러 가지가 있지만, 특히 딸기 케이크와 딸기 잼을 추천합니다. 딸기 케이크의 빵은 시중에 파는 핫케이크 믹스를 이용하면 간단하게 만들 수 있습니다.

케이크 장식은 딸기 이외에 어떤 것으로 할지 아이들에게 자유롭게 맡겨봅니다. 통조림 과일이나 바나나, 키위, 메론, 사과 등으로 할 수도 있고, 생크림, 여러 가지 색의 초콜릿, 비스킷, 젤리 등 다양한 토핑이 가능합니다.

잼도 그림과 같은 요령으로 쉽게 만들 수 있습니다. 계속 졸이다 보면 달콤한 딸기향이 교실에 가득 찰 겁니다. 그밖에 아이들에게 인기 있는 요리는 딸기 과자나 딸기 초코 꼬치(여러 개의 딸기를 꼬치에 꽂아 초콜릿을 입힌 것) 등이 있습니다. 인터넷으로 다양한 딸기 요리 레시피를 찾아봅시다.

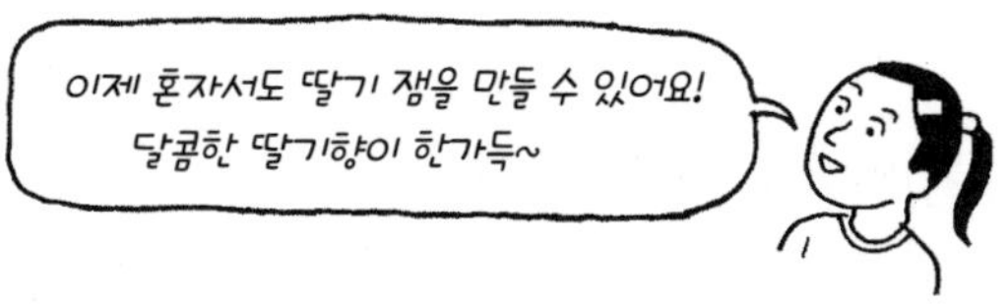

이제 혼자서도 딸기 잼을 만들 수 있어요! 달콤한 딸기향이 한가득~

7. 어린 포기 키우기와 채취

어린 포기 키우기

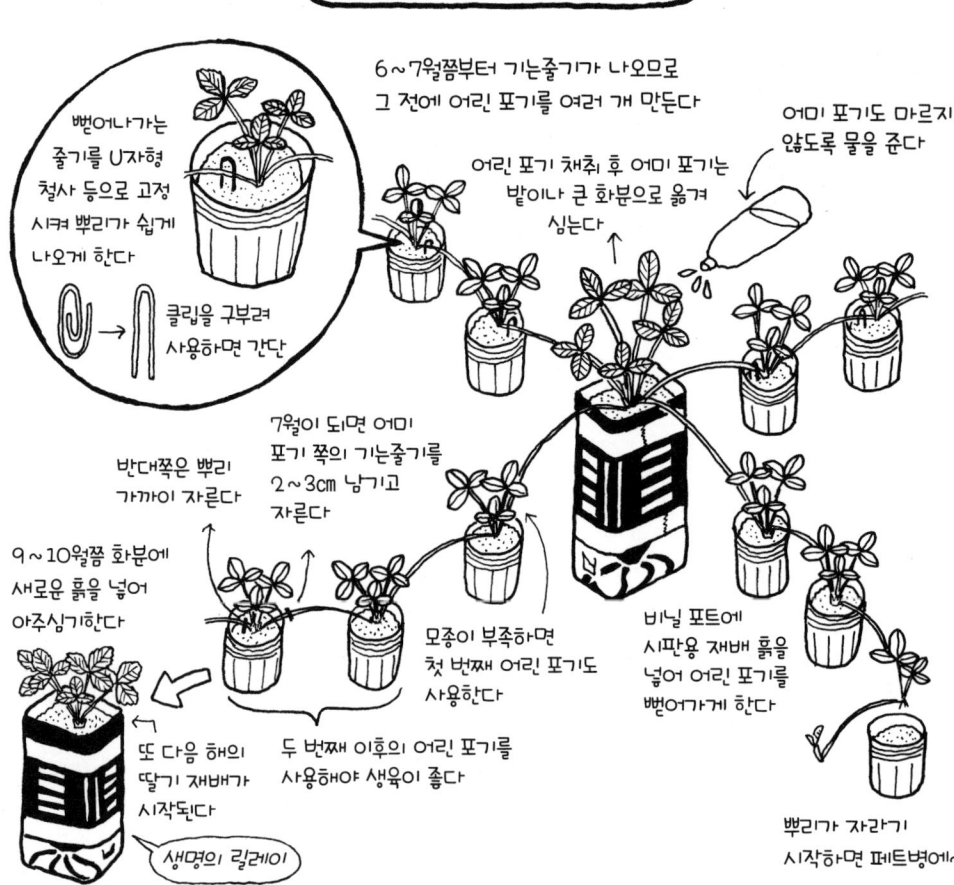

🌱 7월에 채취하고, 8월부터는 비료 주지 않기

딸기는 여러해살이(다년생)식물로 밑동 옆에서 기는줄기가 자랍니다. 줄기에 있는 마디부터 잎과 뿌리가 자라 아들 포기가 되고, 다시 어린 줄기에서 새 줄기가 나와 두 번째, 세 번째 손자 포기를 만들어갑니다.

수확이 끝나기 전에는 기는줄기를 따서 두지만, 수확 후에는 기는줄기를 뻗게 해서 모종이 되는 아들 포기가 되도록 합니다.

줄기가 자라 아들 포기의 잎이 몇 장 열리고, 뿌리가 조금 나오면 줄기를 자르지 말고 그림과 같이 심습니다.

첫 번째 포기보다 두 번째 이후의 아들 포기가 바이러스에도 강하고 튼튼한 모종이 됩니다.

페트병에 모종을 심은 후 10일 정도 지나면 그림과 같이 어미 쪽의 기는줄기를 2~3cm만 남기고 잘라버립니다. 어미 줄기와 분리한 모종은 물과 비료를 잘 주고, 햇빛이 잘 드는 곳에서 기릅니다.

모종에서 나온 기는줄기는 빨리 따줘서 8월 상순 이후에 꽃눈이 나올 수 있도록 합니다. 덧거름은 따로 하지 않고, 9~10월에 페트병 화분으로 아주심기합니다.

급식에서 남은 빵으로 퇴비를 만들자!

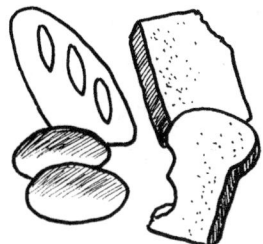

급식에서 아이들이 먹다 남긴 빵으로 간단하게 비료를 만들 수 있습니다

주의) 빵만으로 만들 것
채소 등 수분이 많은 것을 넣으면 실패하기 쉽습니다

준비할 것

- 뚜껑이 있어 밀폐가 가능한 스티로폼 상자나 양동이 등을 준비한다

  바닥에 구멍이 있다면 막는다

- '보카시'라는 친환경 자재

  쌀겨나 겉겨(곡식의 겉에서 맨 처음 벗긴 굵은 겨)에 미생물을 첨가해 발효시킨 것

  시장, 화원에서 구입

  EM 보카시

만드는 방법

보카시는 빵이 살짝 가려질 정도로 전체에 뿌리자

① 빵과 보카시를 용기에 가득 차게 겹겹이 넣는다

빵은 잘게 찢어 넣어보자

② 가득 차면 뚜껑을 닫아 해가 들지 않는 곳에 둔다

바람에 뚜껑이 날아가지 않도록 무거운 돌을 올려놓으면 좋다

날짜도 써둔다 4/5

보카시 빵 부스러기

이상한 냄새가 없어졌네

④ 빵이 없어졌다면 완성!

여름 3~4주간
겨울 5~6주간

갈색의 깨끗한 퇴비가 만들어졌다

빵을 부수면서 뒤섞어보자

③ 2~3일 후부터 3~4일에 한 번씩 뒤섞는다

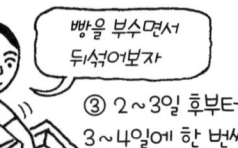

사용 방법

비료를 줄 때는 뿌리에서 떨어진 곳에

흙과 뒤섞지 않는다

빵 퇴비

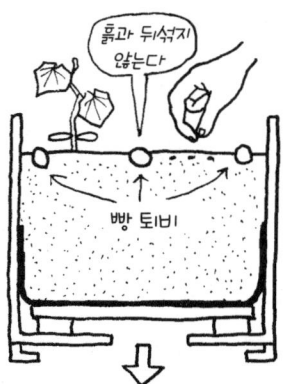

유기질 비료도 직접 만들 수 있구나!

쑥쑥!

딸기

1. 여러 가지 잎채소 재배 계획

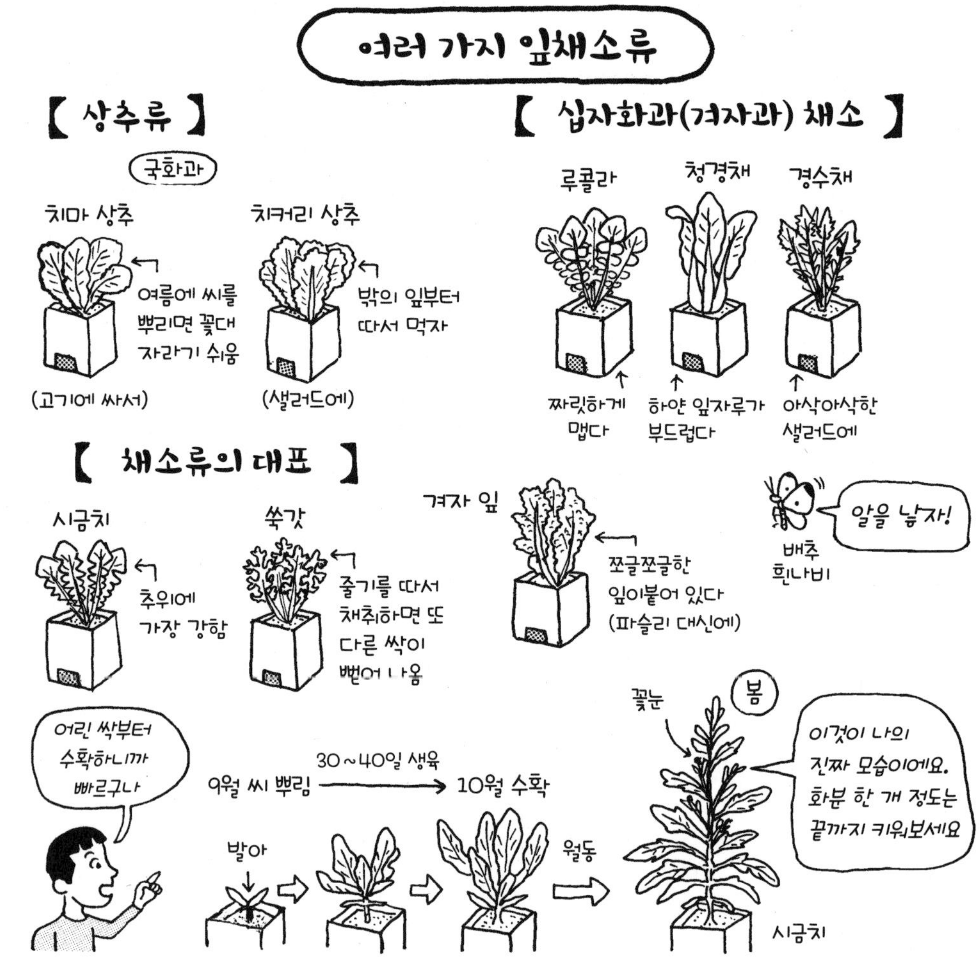

여러 가지 잎채소류

【 상추류 】 (국화과)
- 치마 상추 — 여름에 씨를 뿌리면 꽃대 자라기 쉬움 (고기에 싸서)
- 치커리 상추 — 밖의 잎부터 따서 먹자 (샐러드에)

【 십자화과(겨자과) 채소 】
- 루콜라 — 짜릿하게 맵다
- 청경채 — 하얀 잎자루가 부드럽다
- 경수채 — 아삭아삭한 샐러드에

【 채소류의 대표 】
- 시금치 — 추위에 가장 강함
- 쑥갓 — 줄기를 따서 채취하면 또 다른 싹이 뻗어 나옴
- 겨자 잎 — 쪼글쪼글한 잎이 붙어 있다 (파슬리 대신에)

배추 흰나비: 알을 낳자!

어린 싹부터 수확하니까 빠르구나

9월 씨 뿌림 → 30~40일 생육 → 10월 수확 → 월동 → (봄) 꽃눈 / 시금치

이것이 나의 진짜 모습이에요. 화분 한 개 정도는 끝까지 키워보세요

🌱 우유갑 화분으로 가을에서 봄까지 재배

시금치나 청경채, 경수채, 상추 등 잎을 먹는 채소는 씨 뿌리기(직파)부터 수확까지 30~60일 정도밖에 안 걸립니다.

추위나 더위에 강해 연중 재배할 수 있지만, 가을에서 초겨울까지가 병충해 발생도 적고, 꽃대신장의 걱정도 적어서 가장 기르기 쉬운 시기입니다.

또 우유갑 화분이라면 교실 창가에서 충분히 기를 수 있습니다. 반으로 자른 페트병을 덮어주면 간단한 온실이 됩니다. 그러면 2월에도 재배할 수 있습니다.

🌱 잎채소류는 재배 실험에 최적!

우유갑 화분에서 채소 기르기는 재배 실험에 가장 적합합니다. 재배일수가 길지 않고, 크기도 크지 않고, 씨도 저렴하기 때문입니다. 한 번 실패하더라도 몇 번이고 다시 할 수 있습니다. 또 양달과 응달, 물 주기 횟수도 적고, 화분당 포기 수도 적고 비료도 적게 듭니다. 흙 종류 등 화분마다 차이를 두고 생육을 관찰해봅시다.

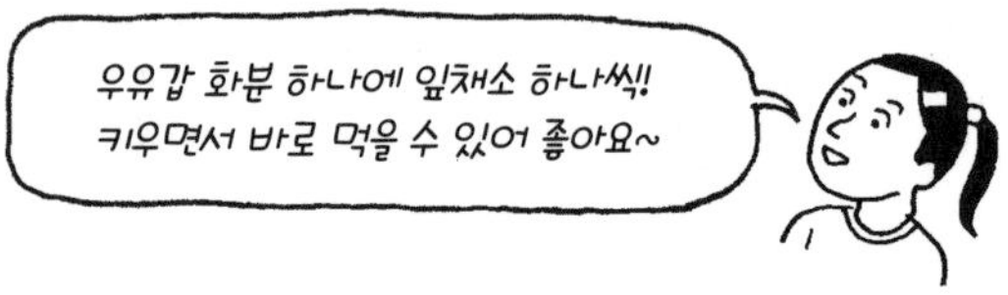

우유갑 화분 하나에 잎채소 하나씩! 키우면서 바로 먹을 수 있어 좋아요~

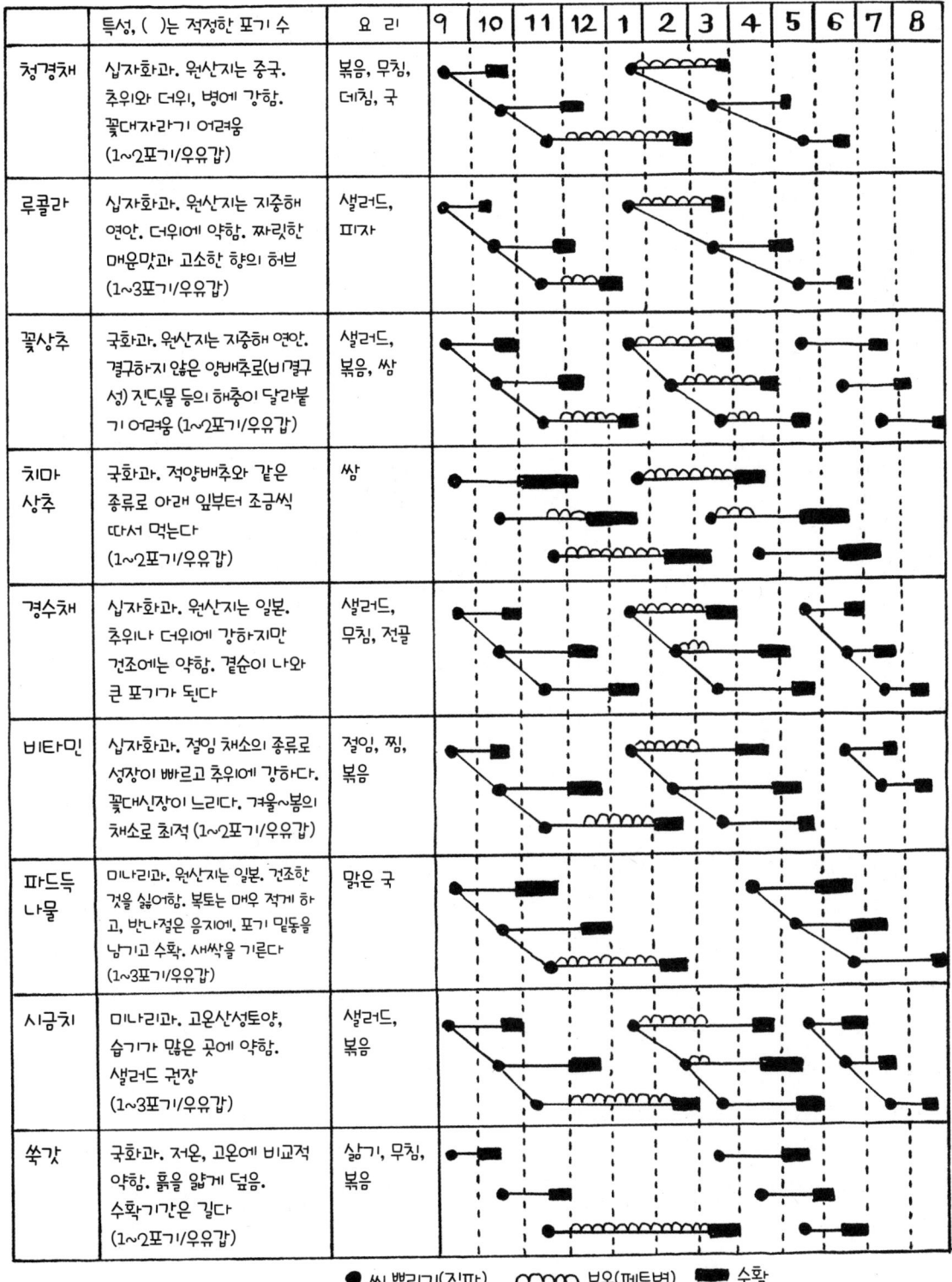

2. 우유갑 화분 만들기

우유갑 화분 만드는 방법

❶ 급식으로 나온 200㎖ 우유갑을 잘 씻어둔다

❷ 입구 부분을 펼친다

❸ 안쪽으로 접어 내린다

❹ 입구를 내린 상태

❺ 이중으로 되어 있지 않은 바닥 쪽을 폭 2.5㎝, 가로·세로 1.5㎝씩 가위로 자른다

크게 자르는 것이 포인트

종이가 이중으로 된 딱딱한 부분은 피해서

❻ 우유갑 입구를 위쪽으로 놓고, 13×13㎝로 자른 부직포 위에 흙을 담는다

❼ 흙을 더 넣고, 단단해지도록 눌러주면 완성!

부직포는 흙과 뿌리가 밖으로 나오는 것을 방지한다 (위까지 올라가지 않아도 OK)

바닥의 구멍에서 물을 흡수한다

🌱 바닥 양쪽에 배수구를 뚫고, 부직포 깔기

우유갑은 물이 새지 않아서 화분으로 좋습니다. 급식으로 나오는 200㎖ 우유갑을 이용해 잎채소용 화분을 만들어봅시다.

집에서 만들 때는 1ℓ 우유갑도 괜찮습니다. 입구 부분을 뜯어서 안쪽에 넣고, 바닥을 잘라 배수구를 만듭니다. 그 다음 부직포를 깔아놓습니다. 이렇게 하면 물 빠짐이나 통기가 좋아지고, 뿌리가 밖으로 나올 염려가 없습니다. 또 아래쪽에서 물도 잘 빨아들입니다.

한 사람이 한 개씩 만들어서 각자 다른 종류의 채소에 도전해봅시다.

🌱 우유갑 화분 온실 만들기

스티로폼 상자 뚜껑의 두꺼운 테두리를 너비 4㎝ 정도 남기고 칼로 자릅니다. 자른 뚜껑의 안쪽 부분을 상자의 바닥에 깔면 물을 빼줄 때 편리합니다. 비닐로 상자를 덮고, 그 위에 다시 뚜껑을 덮으면 스티로폼 상자 온실이 완성됩니다. 반찬통이나 식품 팩 등을 받침 접시로 활용해봅시다.

또 500㎖ 페트병을 반으로 잘라 우유갑 화분에 세워주면 페트병 온실이 됩니다. 보온이 될 뿐 아니라 밖에서도 비를 피할 수 있고 해충도 접근하지 않습니다.

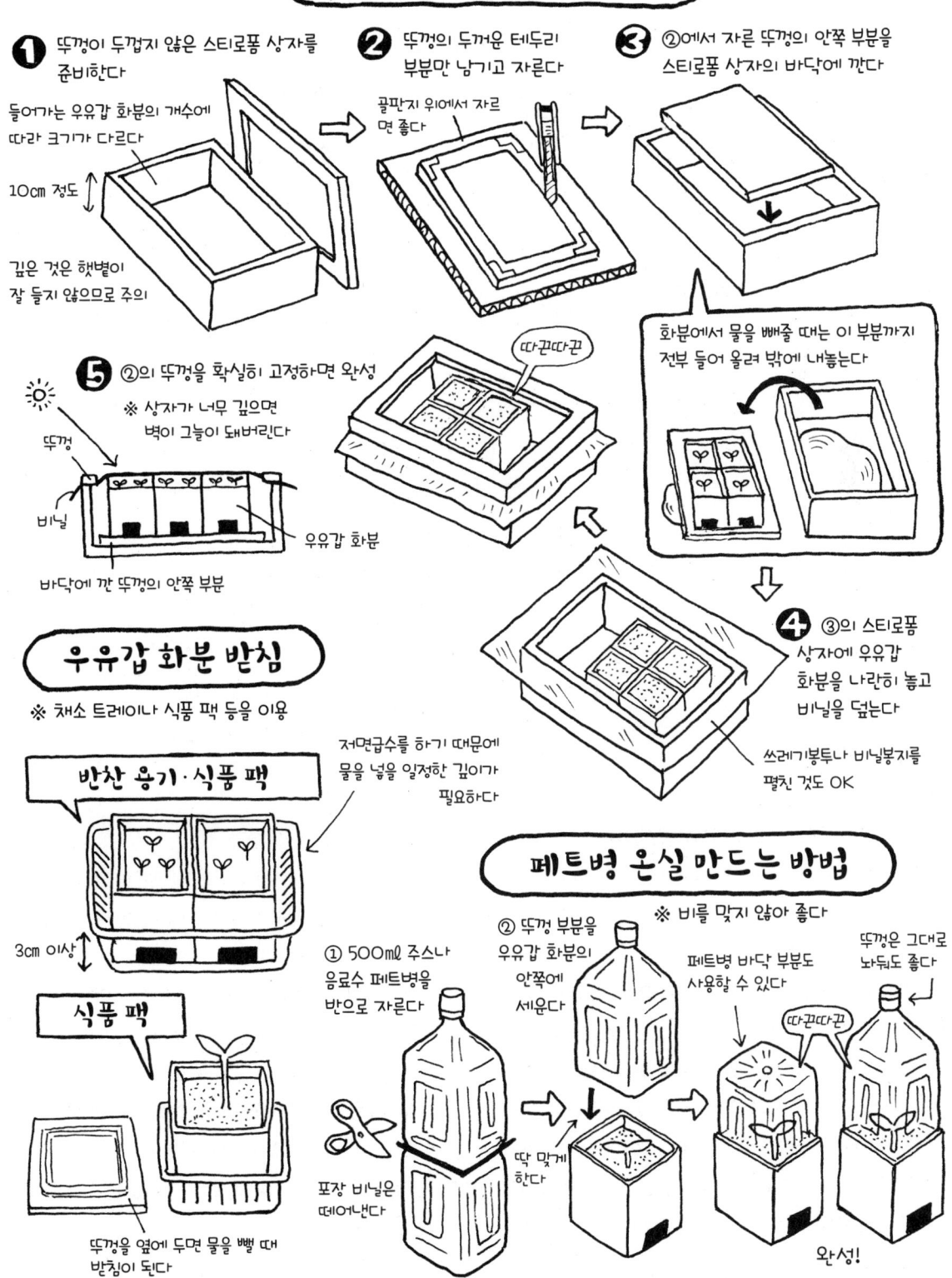

3. 씨 뿌리기와 보온

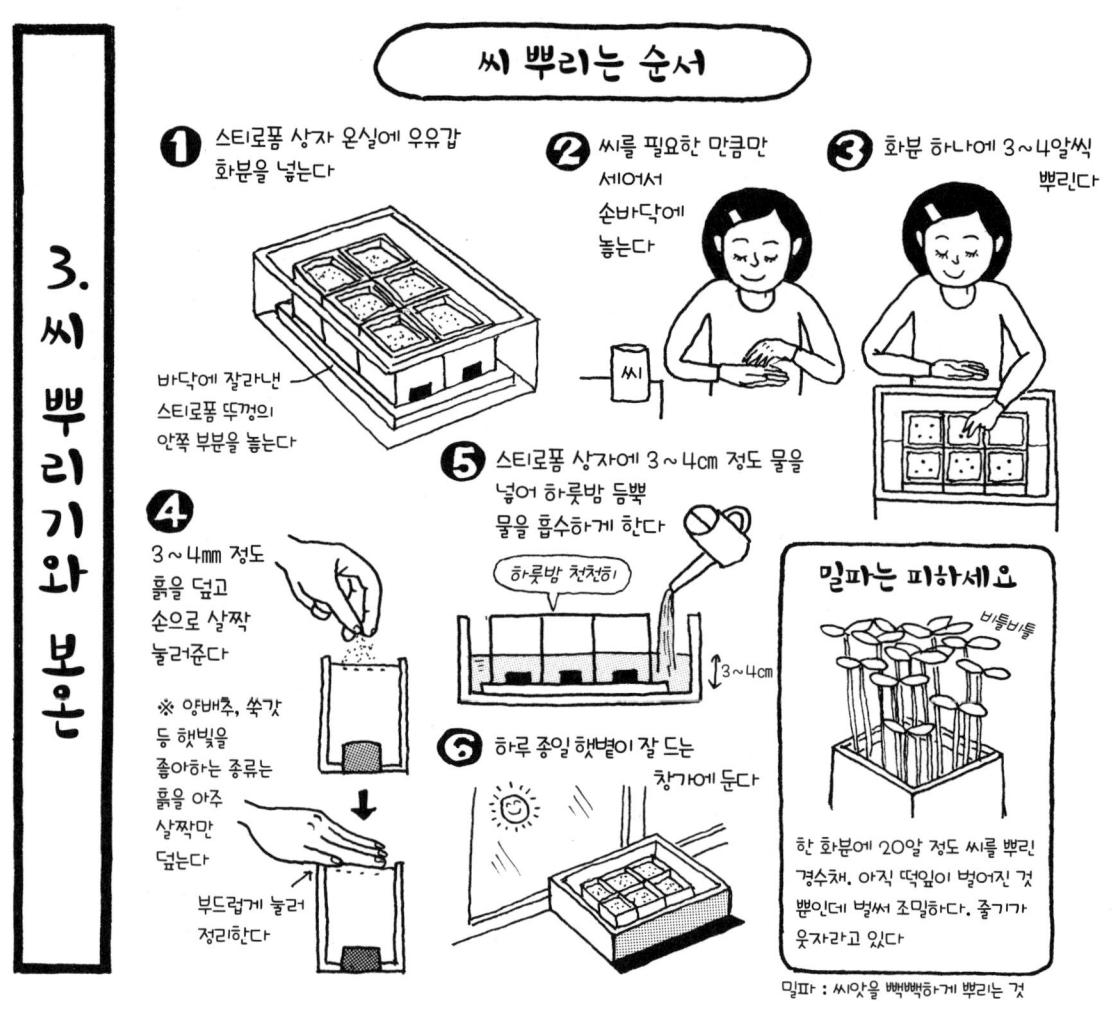

밀파 : 씨앗을 빽빽하게 뿌리는 것

🌱 밀파는 피하고 씨 뿌린 후 저면급수

잎채소는 재배기간이 짧아서 한 화분에 씨를 많이 뿌리면 금방 모양이 망가지고, 기르기 어렵습니다. 채소의 종류에 따라 다르겠지만 한 화분에 한 포기, 많아도 세 포기 정도가 적당합니다. 처음부터 한 화분에 3~4알만 뿌려야 안심할 수 있습니다.

씨 두께의 1.5배 정도(4~5㎜)로 흙을 덮고, 가볍게 눌러줘서 흙이 밀착되도록 합니다. 단 양배추나 쑥갓 종류는 발아할 때 빛이 많이 필요하므로 씨가 보일 듯 말 듯할 정도로만 흙을 아주 살짝 덮어줍니다. (양배추, 배추, 갓, 브로콜리 등의 씨앗은 직경 2㎜ 내외로 아주 작습니다.) 싹이 날 때까지 젖은 신문지 등을 덮어두면 좋습니다.

씨를 뿌리고 난 후에는 우유갑 화분을 스티로폼 상자에 넣어 저면급수합니다. 반 정도(3~4㎝)까지 물을 넣어주고, 되도록이면 하룻밤 정도 물속에 둡니다. 씨가 물을 잘 흡수할 수 있습니다. 싹이 날 때까지 흙이 마르지 않도록 주의합시다.

🌱 최저기온이 5~10℃가 되기 전까지는 바깥에서

아주심기 후에는 햇빛을 잘 받을 수 있도록 바깥에 둡니다. 10~17℃의 저온에 일정기간 두면 튼튼한 꽃눈을 만들 수 있습니다.

이 시기에는 비료를 주지 않습니다. 질소 비료

온실 관리

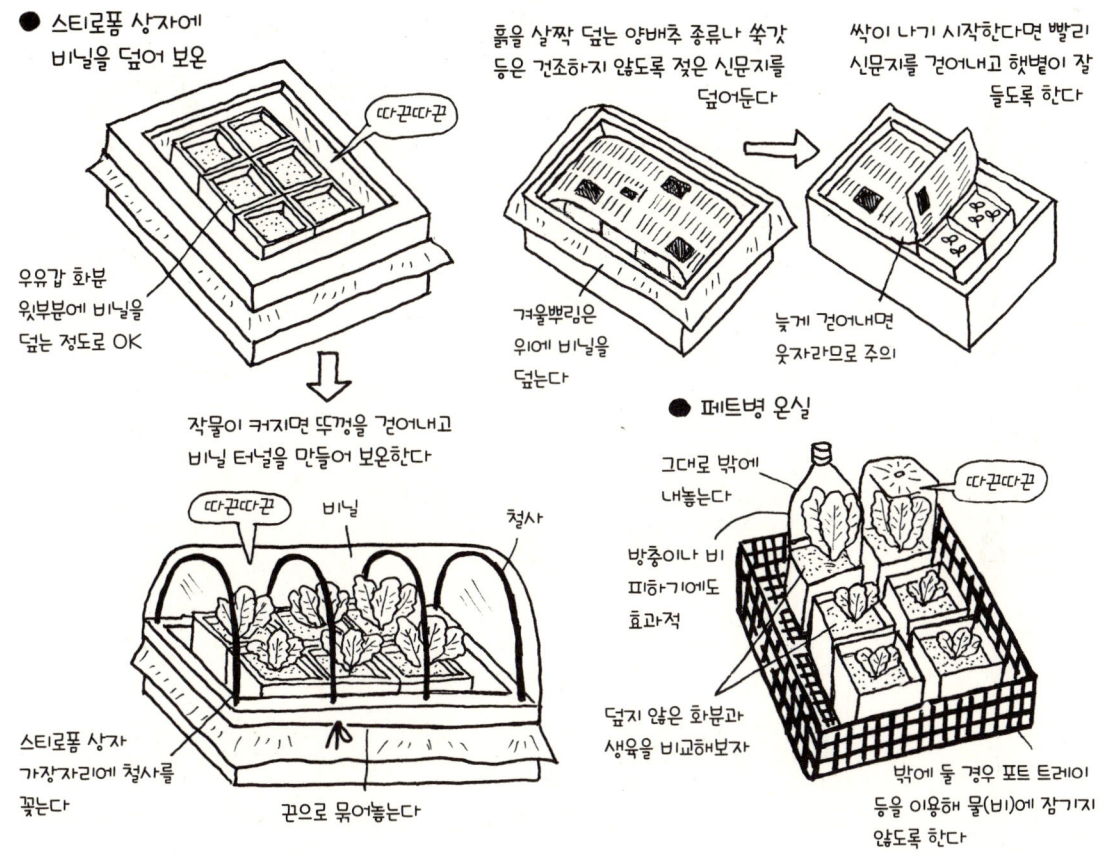

가 많으면 꽃눈이 생기기 어렵습니다. 덧거름은 꽃눈이 길게 뻗기 시작할 때, 실내에서 넣어줘도 충분합니다.

🌱 겨울뿌림은 스티로폼 상자 온실

기온이 낮아지면 발아가 늦어지지만, 최저온도가 5℃ 이상이라면 괜찮습니다.

하지만 12월부터 씨를 뿌린 십자화과 채소는 평균기온이 17℃ 이하면 아무리 작아도 꽃눈이 생기면서 거의 잎이 나지 않습니다. 이후 따뜻해져도 줄기와 잎이 작고, 꽃줄기가 뻗어 나와 꽃대만 자라게 됩니다.

겨울뿌림을 했다면 반드시 스티로폼 상자 온실에 넣어 보온합니다. 페트병 온실도 좋습니다.

시금치나 쑥갓, 파드득나물 등은 해가 짧으면 꽃눈이 생기지 않아 괜찮지만, 보온을 하면 그만큼 생육이 좋아집니다.

거꾸로 양배추 종류는 고온이 계속되면 꽃눈이 생겨버립니다. 늦더위가 남아 있는 초가을에 씨를 뿌리면 꽃대가 자라므로 주의가 필요합니다. 추위에 강한 시금치나 갓 등을 골라 겨울뿌림을 하고, 보온해서 길러봅시다. 크게 자라면 스티로폼 상자에 비닐 터널을 만들어서 보온합니다.

4. 싹이 난 후의 관리와 수확

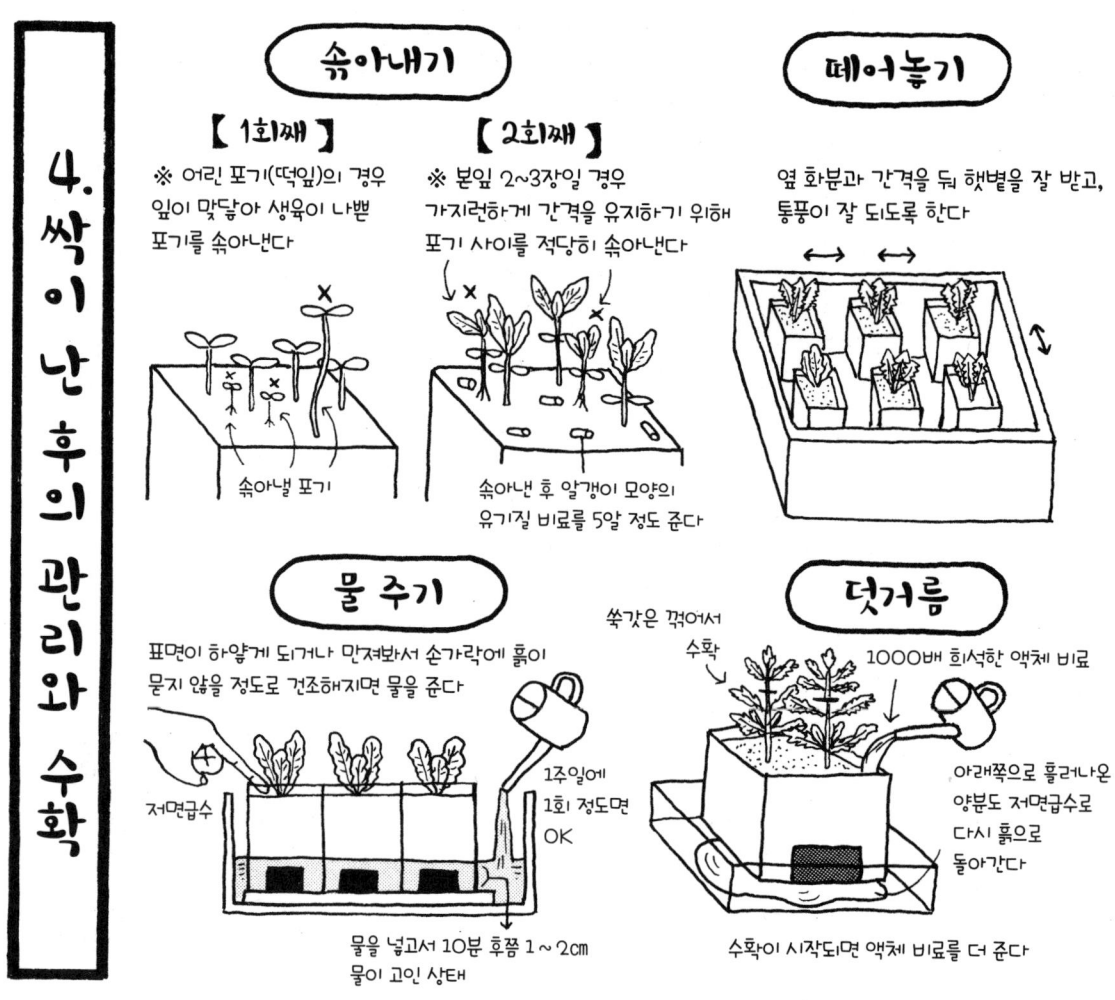

🌱 물 주기를 너무 많이 하면?

싹이 나오면 될 수 있는 한 햇볕이 잘 드는 장소에서 기릅니다. 상자에 항상 물이 고여 있으면 좋지 않습니다. 흙 표면이 하얗게 되거나, 손으로 만져보았을 때 흙이 묻지 않을 정도로 건조해지면 그때 저면급수합니다. 물을 주고 10분 후 바닥에 1~2cm 고일 정도면 충분합니다.

물을 너무 많이 줬다면 일단 밖에 내놓고 물을 버립니다. 물 주기는 일주일에 한 번 정도면 됩니다. 단 건조에 약한 경수채 등의 작물에는 물을 좀 더 자주 줍시다.

🌱 빨리 솎아내고 크게 자라면 떼어 놓기

본잎이 2~3장 보일 때까지 상태가 좋은 포기만 남기고 솎아냅니다. 한 화분에 많아도 서너 포기만 남깁니다. 뽑아도 좋지만 가위로 밑동을 자르면 남은 포기의 뿌리에 상처가 나지 않습니다. 솎아낸 잎도 먹을 수 있습니다. 또 옆 화분의 잎과 겹치면 볕을 잘 받지 못하기 때문에 화분과 화분 사이 간격을 둬야 합니다.

덧거름은 거의 필요하지 않지만, 솎은 후 본잎이 3~4장 나왔을 때 유기질 비료를 한 화분에 다섯 알 정도 주면 좋습니다. 수확한 작물 중에 줄기가 너무 길게 자란 것이 있다면 덧거름이 필요합니다.

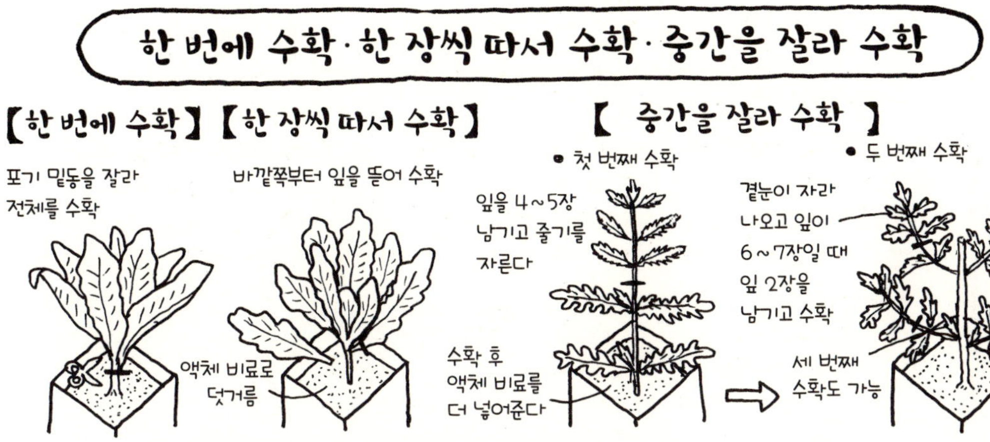

한 번에 수확·한 장씩 따서 수확·중간을 잘라 수확

【한 번에 수확】
포기 밑동을 잘라 전체를 수확

【한 장씩 따서 수확】
바깥쪽부터 잎을 뜯어 수확

액체 비료로 덧거름

【중간을 잘라 수확】
● 첫 번째 수확
잎을 4~5장 남기고 줄기를 자른다
수확 후 액체 비료를 더 넣어준다

● 두 번째 수확
곁눈이 자라 나오고 잎이 6~7장일 때 잎 2장을 남기고 수확

⇒ 세 번째 수확도 가능

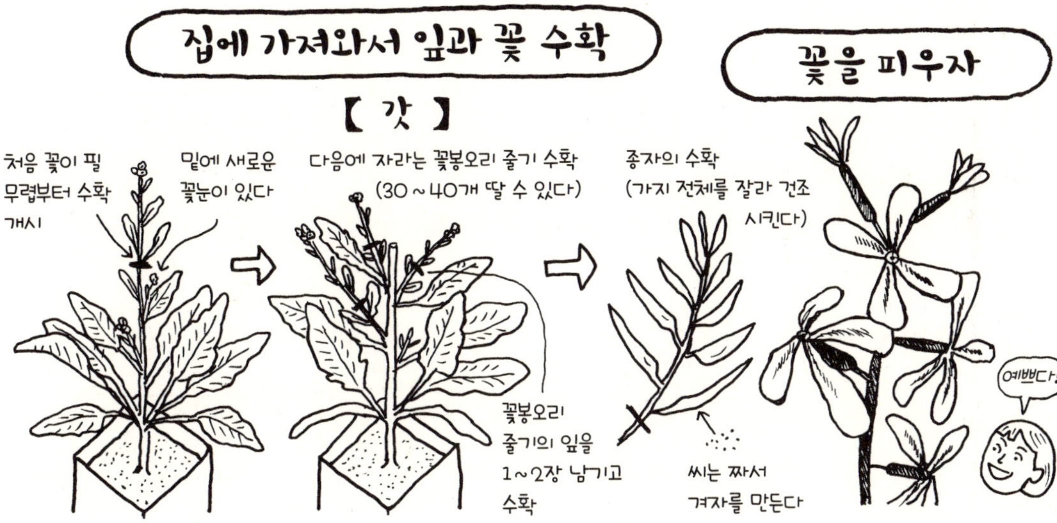

집에 가져와서 잎과 꽃 수확

【갓】
처음 꽃이 필 무렵부터 수확 개시

밑에 새로운 꽃눈이 있다

다음에 자라는 꽃봉오리 줄기 수확 (30~40개 딸 수 있다)
꽃봉오리 줄기의 잎을 1~2장 남기고 수확

종자의 수확 (가지 전체를 잘라 건조시킨다)
씨는 짜서 겨자를 만든다

꽃을 피우자

예쁘다!

🌱 작물이 15~20cm가 되면 수확하기

수확은 싹이 난 후 언제라도 할 수 있지만, 크기가 15~20cm가 되면 그때가 바로 수확적기입니다.

포기 밑동을 잘라 전체를 수확해도 좋지만, 바깥쪽 큰 잎부터 조금씩 뜯어서 수확하면 새로운 싹이 또 자라기 때문에 수확시기가 길어집니다.

치마상추나 꽃상추 등은 뜯어서 수확합니다. 쑥갓이나 파드득나물은 밑동의 잎을 남기고 따면 곁순이 자라 나와 두 번 이상 수확할 수 있습니다.

뜯거나 따는 수확일 때는 첫 번째 수확을 하고 나서 액체 비료를 줍니다.

🌱 집에 가져와서 꽃을 피워보자

우유갑 화분은 수확시기가 되면 집으로 가지고 와서 길러봅시다. 따뜻한 실내라면 1회 씨 뿌리기를 해 기를 수 있습니다. 또 봄까지 길러 꽃을 보는 것도 재미있습니다. 꽃줄기가 자라면서 어떤 꽃이 필지 기대됩니다. 로켓의 꽃은 사랑스럽고 예쁩니다. 유채꽃은 먹을 수도 있습니다. 씨를 여물게 해서 씨 수확에도 도전해봅시다.

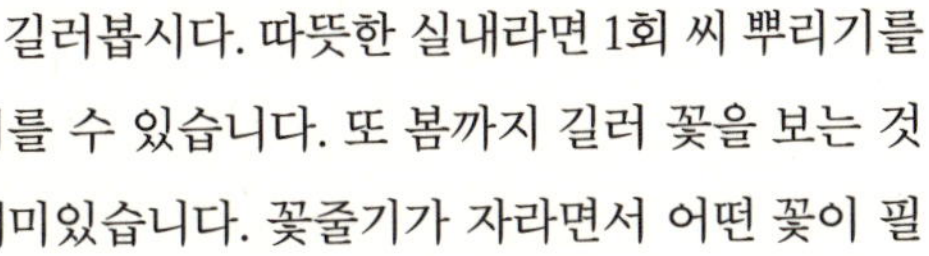

채소를 심은 우유갑 화분을 집에 가져왔더니 가족들이 참 좋아해요!

잎채소

5. 재배 비교 실험을 해보자

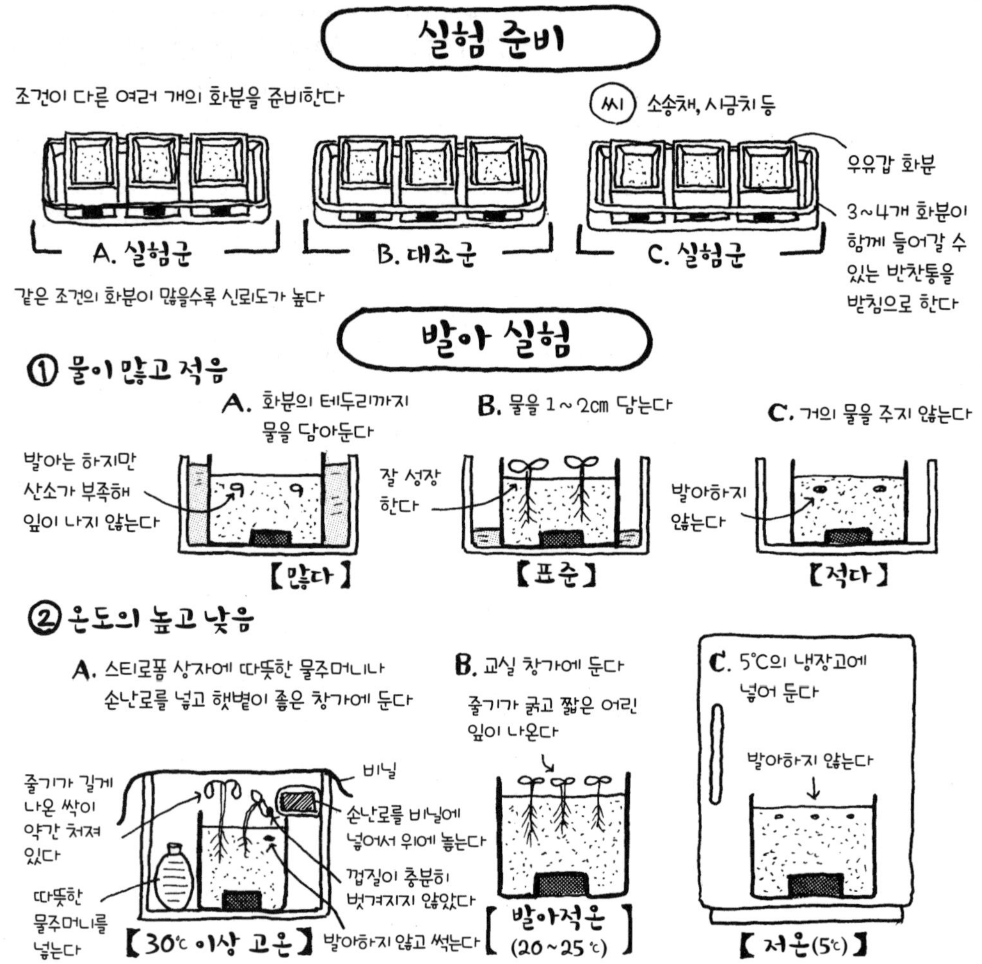

실험 준비

조건이 다른 여러 개의 화분을 준비한다

- A. 실험군
- B. 대조군
- C. 실험군

(씨) 소송채, 시금치 등

우유갑 화분
3~4개 화분이 함께 들어갈 수 있는 반찬통을 받침으로 한다

같은 조건의 화분이 많을수록 신뢰도가 높다

발아 실험

① 물이 많고 적음

- A. 화분의 테두리까지 물을 담아둔다 — 발아는 하지만 산소가 부족해 잎이 나지 않는다 【많다】
- B. 물을 1~2cm 담는다 — 잘 성장한다 【표준】
- C. 거의 물을 주지 않는다 — 발아하지 않는다 【적다】

② 온도의 높고 낮음

- A. 스티로폼 상자에 따뜻한 물주머니나 손난로를 넣고 햇볕이 좋은 창가에 둔다
  - 줄기가 길게 나온 싹이 약간 처져 있다
  - 따뜻한 물주머니를 넣는다
  - 비닐 / 손난로를 비닐에 넣어서 위에 놓는다
  - 껍질이 충분히 벗겨지지 않았다
  - 발아하지 않고 썩는다
  - 【30℃ 이상 고온】
- B. 교실 창가에 둔다 — 줄기가 굵고 짧은 어린잎이 나온다 【발아적온】 (20~25℃)
- C. 5℃의 냉장고에 넣어 둔다 — 발아하지 않는다 【저온(5℃)】

🌱 작물의 표정을 잘 관찰해보자

'작물은 주인의 발소리를 듣고 자란다.'는 속담이 있습니다. 이 말은 재배하는 사람이 자주 작물을 보고, 무엇을 원하는지 알아서 정확히 처방하는 것이 중요하다는 의미입니다. 식물은 말을 할 수 없지만, 원하는 것을 자라는 모습(표정)으로 나타냅니다. 재배를 잘하는 사람은 작물에 애정을 가지고 관찰을 잘 하는 사람입니다.

채소들에게는 조금 미안하지만, 환경 조건이 변하면 어떤 표정을 할지 실험해보기 바랍니다. 잎채소의 우유갑 화분 재배는 이런 실험에 안성맞춤입니다.

물이 필요하면 어떤 표정을 하나요? 그렇습니다. 시들어갑니다. 그렇다면 물이 너무 많을 때는? 빛이 부족할 때는? 비료가 부족하거나 너무 많을 때는? 춥거나 더울 때는? 빽빽하게 심어져 힘들 때는? 흙이 산성일 때는? 기타 등등. 알고 싶은 여러 가지 경우를 떠올려보고, 표정이 어떻게 달라지는지 관찰합니다. 카메라로 기록해봅시다.

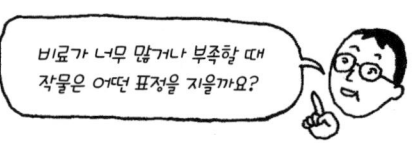

비료가 너무 많거나 부족할 때 작물은 어떤 표정을 지을까요?

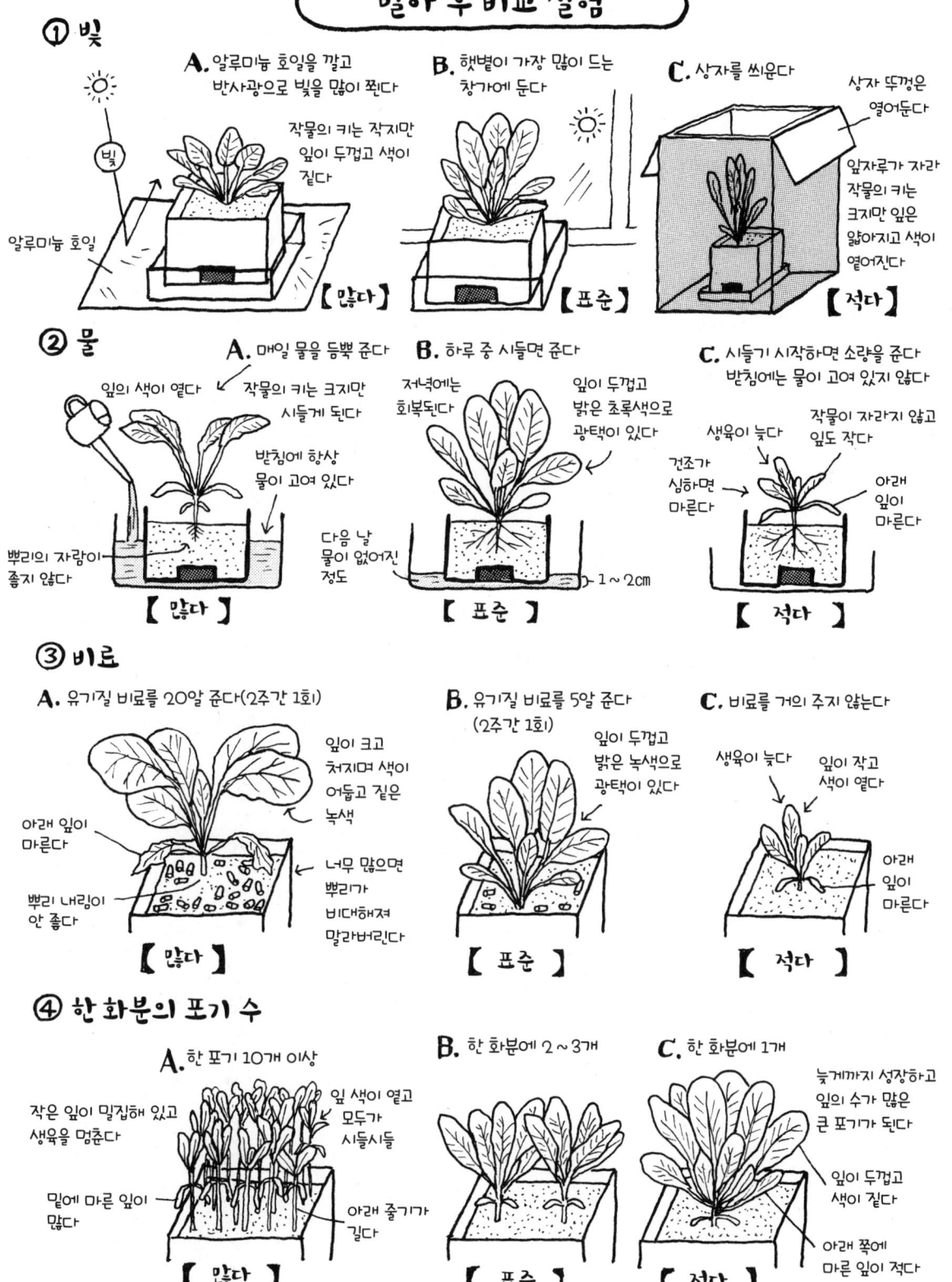

우유갑 허브 재배와 재미있는 활용법

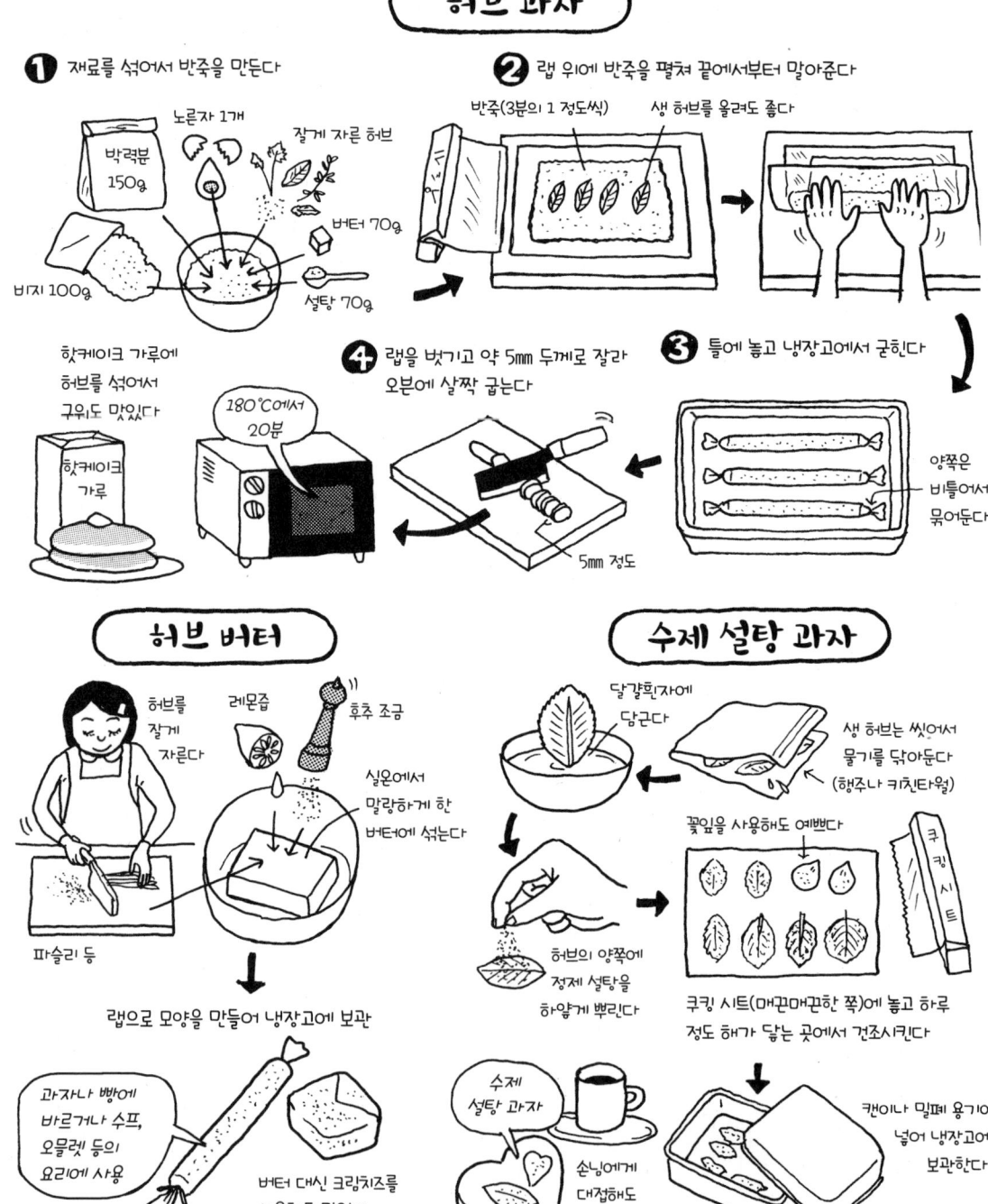

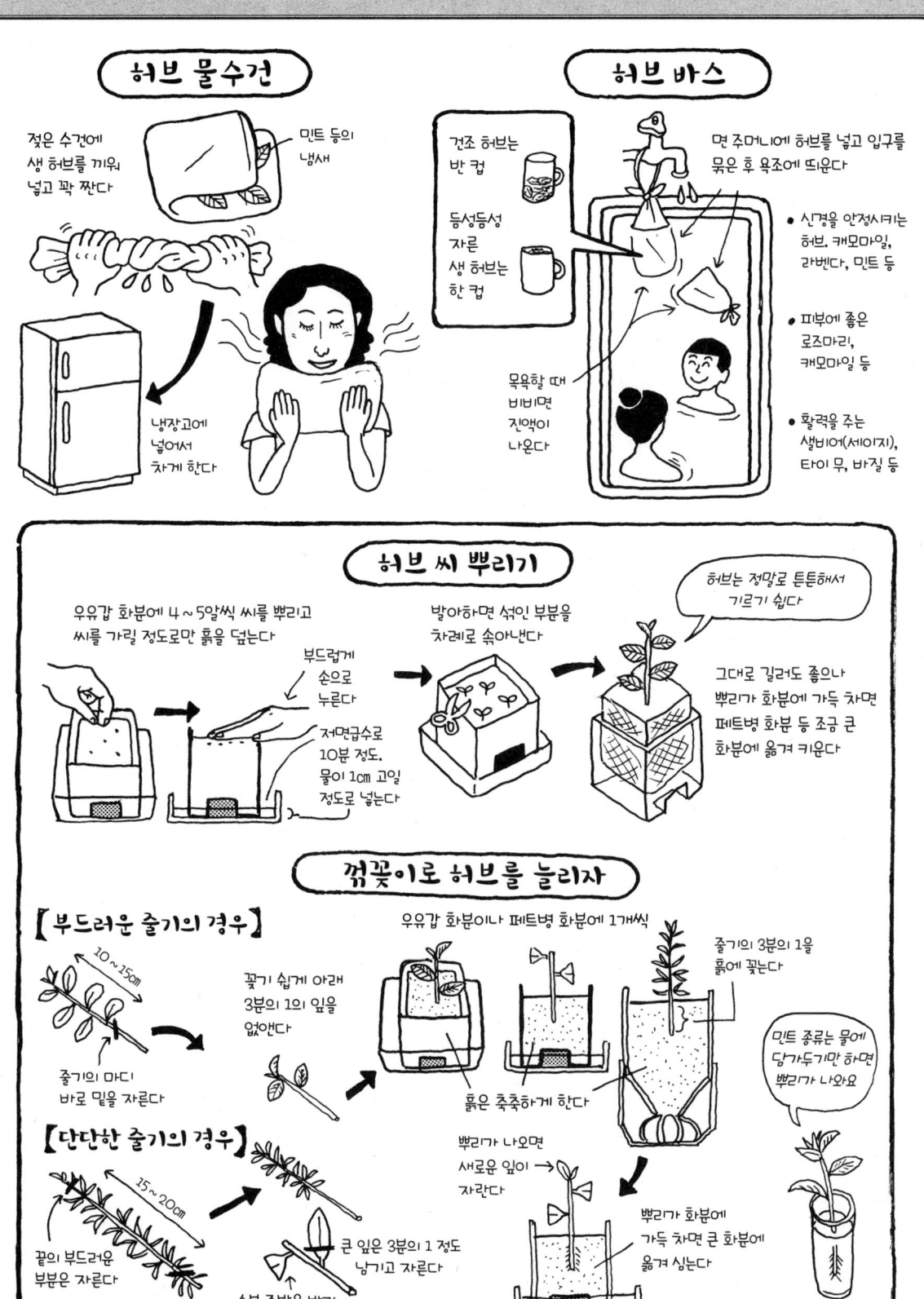

1. 무 재배 계획과 품종 고르기

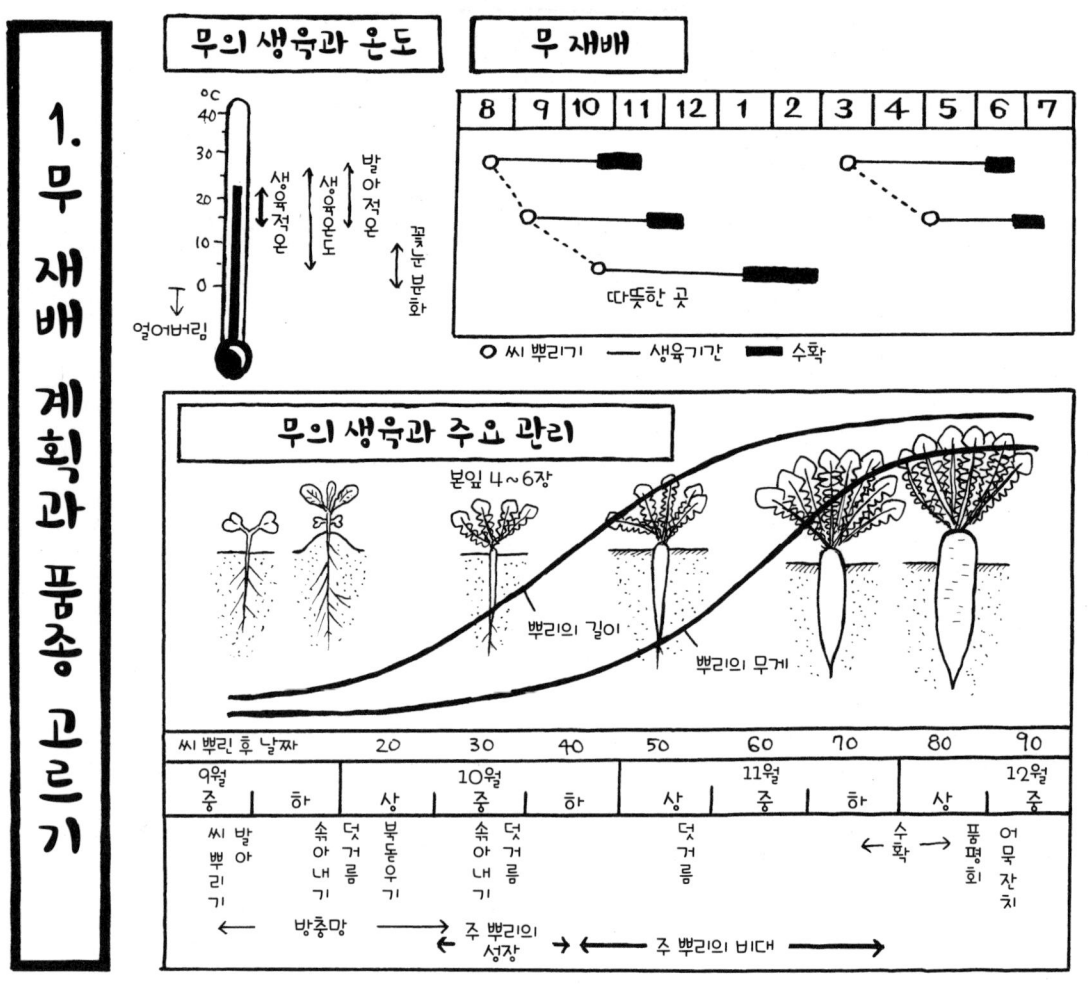

🌱 채소의 왕자 무

봄의 대표적인 푸성귀로, 옛날부터 즐겨 먹던 무는 우리나라 채소 중 재배 면적이 가장 큽니다. 비타민C가 풍부하고, 녹말 소화효소인 아밀라아제와 살균 작용을 하는 이소티오시아네이트(매운 맛 성분)가 포함되어 있어 소화를 돕고 식중독을 방지합니다. 또한 잎은 뿌리보다 비타민, 미네랄 등이 풍부해서 솎아낸 잎이나 자라는 중의 잎도 소중한 수확물입니다.

우리나라의 경우는 주로 중국을 통해 들어온 북지무 계통이 오랫동안 재배되었습니다. 각 지방에 알맞게 토착한 것이 대부분으로 서울무, 진주대평무, 중국청피무 등이 이에 속합니다. 이밖에 중국에서 전래된 북지작은무 계통에서 분화된 알타리무, 봄무 등과 일본에서 들어온 남지무 계통인 궁중무, 미농조생무 등이 있습니다.*

🌱 가을에 뿌려서 11~12월 수확하자

무는 추위에 강하고 더위에 약한 작물입니다. 봄과 가을에 씨를 뿌리는 것이 일반적이지만, 봄에 뿌리면 꽃대신장이 되기 쉬우므로 가을에 뿌릴 것을 권장합니다. 가을에도 너무 빨리 뿌리면 고온이라 병충해에 걸리기 쉽습니다. 지역에 따라 다르지만, 9월 상순에서 중순 사이가 파종 적기입니다. 반대

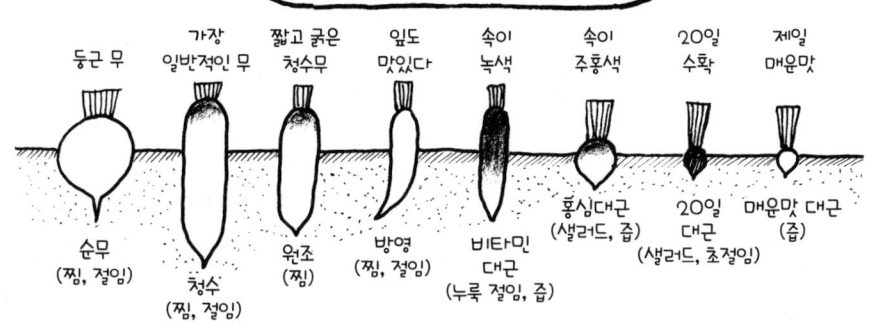

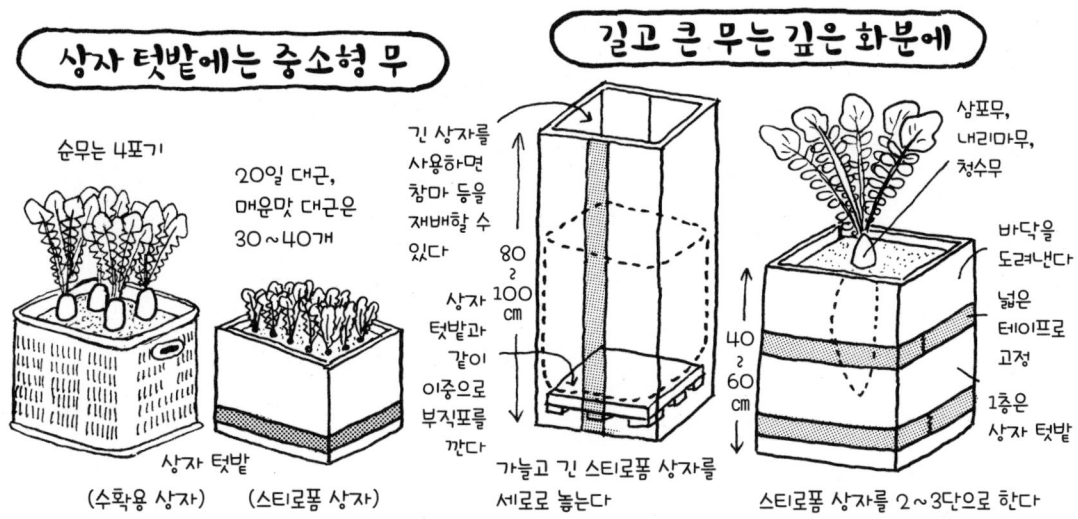

로 너무 늦게 뿌리면 한창 크는 시기에 기온이 낮아져 충분히 성장하기 어렵습니다.

🌱 상자 텃밭에는 순무 등 짧은 무를 키우자

무는 찜용, 즙용, 절임용, 잘라서 말리는 용, 샐러드용 등 용도도 다양하고 품종도 여러 가지입니다. 깊이 30cm 전후의 상자 텃밭(스티로폼 상자, 수확용 상자 등)에는 인기 있는 청수무도 기를 수 있기는 하지만, 순무나 원조무, 매운맛 무 등 중소형 크기의 무가 더 알맞습니다.

내리마무, 삼보무 등의 대형 무를 재배할 때는 스티로폼 상자의 바닥을 잘라 2단, 3단으로 겹쳐 깊은 화분을 만들어야 합니다.

🌱 무 품평회를 열어보자

무는 비료의 과부족이나 정확히 솎아내지 않았을 때, 잔돌과 미숙한 유기물이 섞였을 때 등의 경우에 어린 무가 상처를 입어 굽은 무나 가랑무(제대로 굵게 자라지 못하고 밑동이 두세 가랑으로 갈라진 무)가 됩니다. 수확이 늦어지면 바람이 든 무(속에 구멍이 생긴다)가 되기도 합니다. 무의 재배는 의외로 섬세하고 어렵습니다. 수확 후 각자 재배한 무를 가지고 품평회를 열어봅시다. 그 다음에는 무 요리 잔치도 즐겨봅시다.

2. 씨 뿌리기와 솎아내기·덧거름

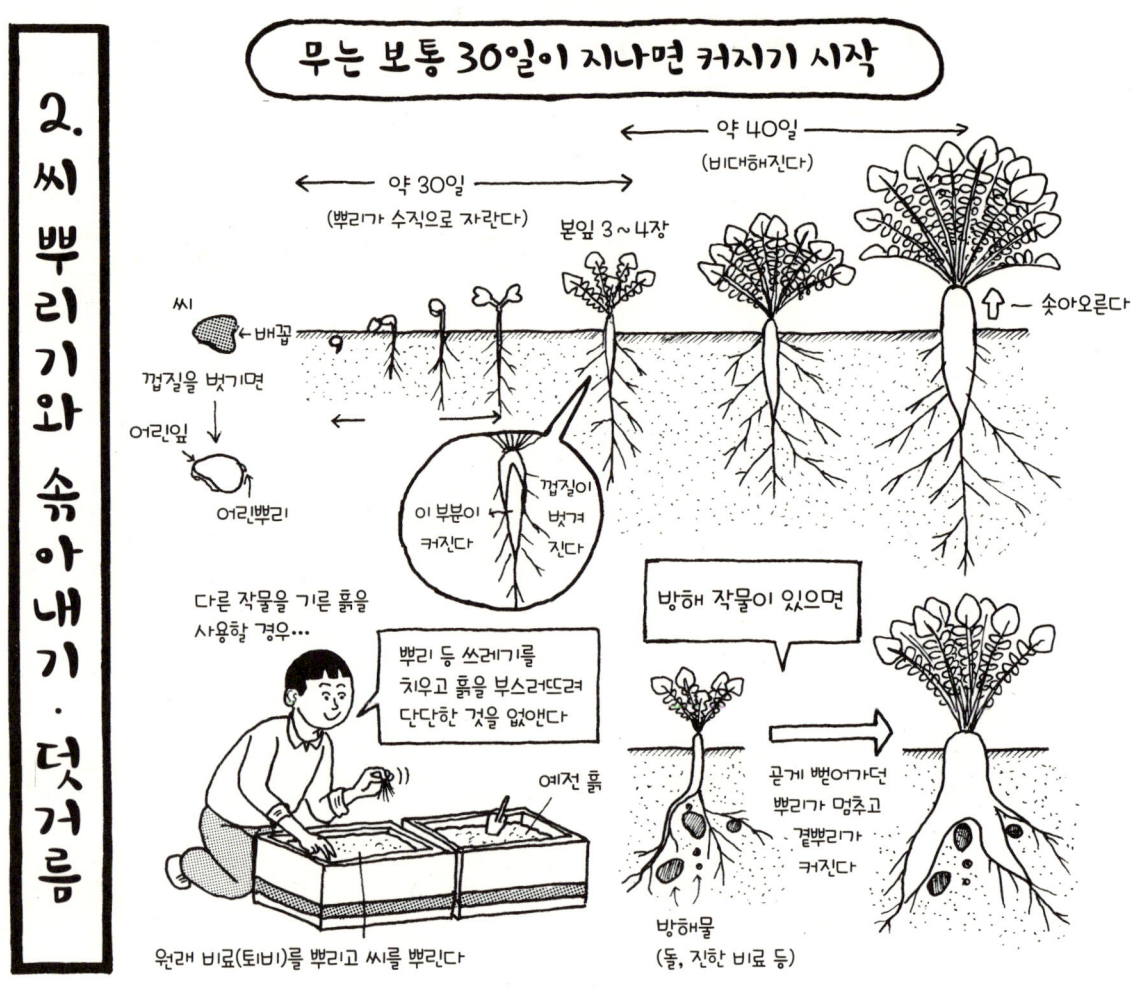

🌱 무는 씨를 뿌리고 한 달 후가 승부

무씨의 껍질을 벗겨 속을 봅시다. 씨 안에는 하얀 떡잎이 접힌 작은 뿌리가 보입니다. 씨를 뿌리면 이 어린잎이 껍질을 벗고 나와 하트 모양으로 피어납니다.

뿌리는 떡잎보다 빨리 자라서 씨를 뿌리고 20~30일 후 본잎이 3~4장이 되면 수확할 정도의 크기만큼 자랍니다. 뿌리는 머리 부분의 껍질이 쪼개져 커지기 시작합니다.

뿌리가 한창 자라는 곳에 돌이나 이전 작물의 뿌리, 큰 흙덩이나 비료 덩어리 등이 있으면 굽은 무, 가랑무가 되기도 합니다. 오이 등 봄 채소 다음에 기르는 경우에는 일단 흙을 시트 위에 펼쳐놓고 모종삽으로 잘게 부순 다음 뿌리나 마른 잎 등을 제거해줍시다. 이미 섞은 퇴비도 숙성하지 않은 것은 제거합니다.

🌱 점뿌리기 후 부직포를 덮어 병충해 예방하기

무는 싹이 나기 쉬운 작물입니다. 잎을 많이 수확하고 싶은 경우를 제외하면 필요 이상으로 씨를 많이 뿌릴 필요가 없습니다. 그림과 같이 20cm 간격으로 점뿌리기를 합니다. 먼저 병을 가볍게 눌러서 평평하고 움푹 팬 곳을 여러 곳 만듭니다. 여기에 3, 4알씩 간격을 두고 뿌려 1.5cm 정도로 흙을 덮고 손

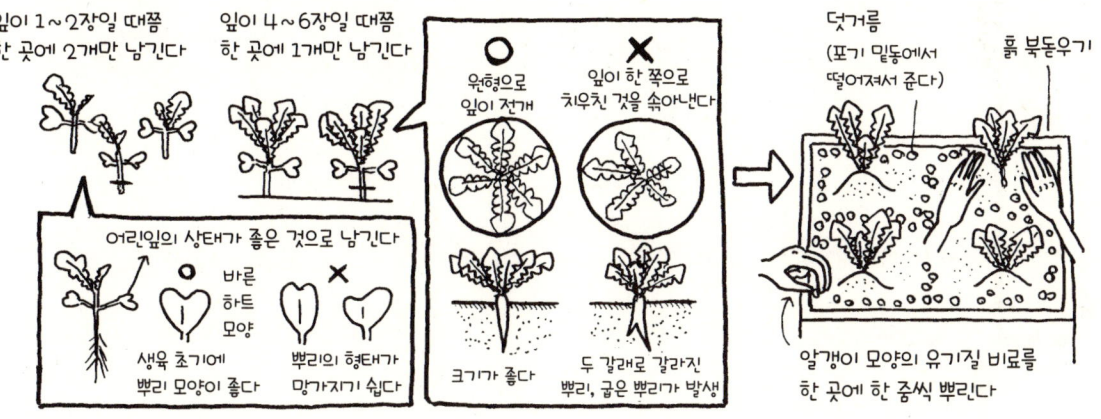

바닥으로 가볍게 눌러줍니다. 이렇게 하면 급수도 잘 되고 싹도 잘 납니다.

십자화과의 무는 진딧물, 애벌레, 밤나무 유충 등의 해충이 잘 발생합니다. 특히 씨를 뿌린 후 한 달 동안은 주의가 필요합니다. 잎이 작을 때 병충해를 입으면 회복이 어렵습니다.

씨를 뿌린 후에는 철사로 터널을 만들고, 얇고 하얀 부직포나 방충망, 혹은 낡은 스타킹 등으로 덮어서 예방합시다. 이런 조치를 하지 못할 경우에는 자주 관찰하고 손으로 직접 잡을 수밖에 없습니다.

🌱 발아부터 본잎 4~6장까지 한 포기로

씨를 뿌린 후에는 물을 주고 햇볕이 잘 드는 곳에 놔둡니다. 2, 3일 후에는 싹이 날 겁니다. 떡잎의 모양이 나쁜 것은 솎아내고 2개만 남겨둡니다. 마지막 솎아내기는 본잎이 4~6장일 때 합니다. 잎을 내려다봤을 때 둥근 형태로 치우침이 없이 자라는 것을 남깁니다. 잎이 치우친 것은 뿌리가 굽었거나 갈라졌을 수 있습니다.

솎아내기를 끝낸 다음에는 포기 아래를 북돋우기 합니다. 포기에서 될 수 있는 한 떨어져, 포기 사이에 유기질 비료를 한 줌(40~50g) 줍니다.

3. 비대기의 관리와 품평회

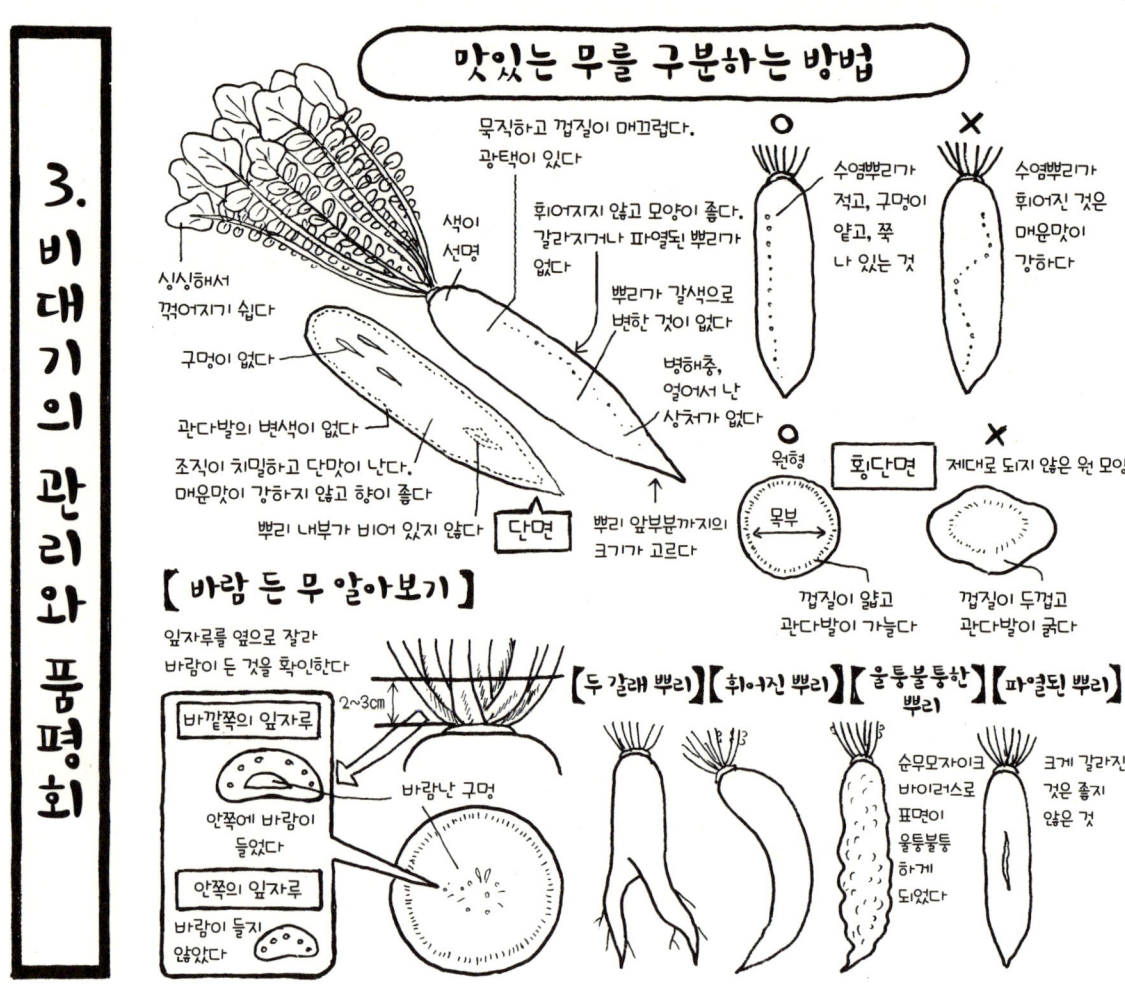

🌱 한 달이 지나면 왕성하게 생육

본잎이 5~6장 나면 뿌리털이 많이 나와 비료와 물을 왕성하게 흡수합니다. 이때 뿌리가 커지면서 중심의 성장점부터 새로운 잎을 차례로 뻗어나갑니다.

건조하지 않도록 하루 걸러 한 번씩 물을 주고, 첫 번째 덧거름을 하고 2~3주 후에 다시 유기질 비료를 한 줌 더 줍니다. 이 시기에는 물과 비료가 부족하지 않도록 합시다.

뿌리가 커지면서 무의 배축 부분이 나옵니다. 이때부터는 물과 비료를 서서히 줄여줍니다. 마지막까지 물과 비료가 많으면 줄기 잎만 무성해져 뾰족한 무가 됩니다. 단맛이 나는 맛있는 무가 되지 못합니다.

🌱 수확과 품평회 열기

무의 수확시기는 비교적 길지만, 수확이 늦어지면 바람이 들거나 쪼개진(파열된 뿌리) 무가 되고, 0℃ 이하로 내려가면 얼어버릴 수 있습니다. 일정하게 비대해진 것부터 수확합니다.

수확기가 되면 모둠마다 한 개씩, 자신 있는 무를 가지고 품평회를 열어봅시다. 채점은 아래 사항에 중점을 두고 해봅시다.

① 중량 : 잎을 5㎝ 정도 남기고 잘라 무게를 잰다.

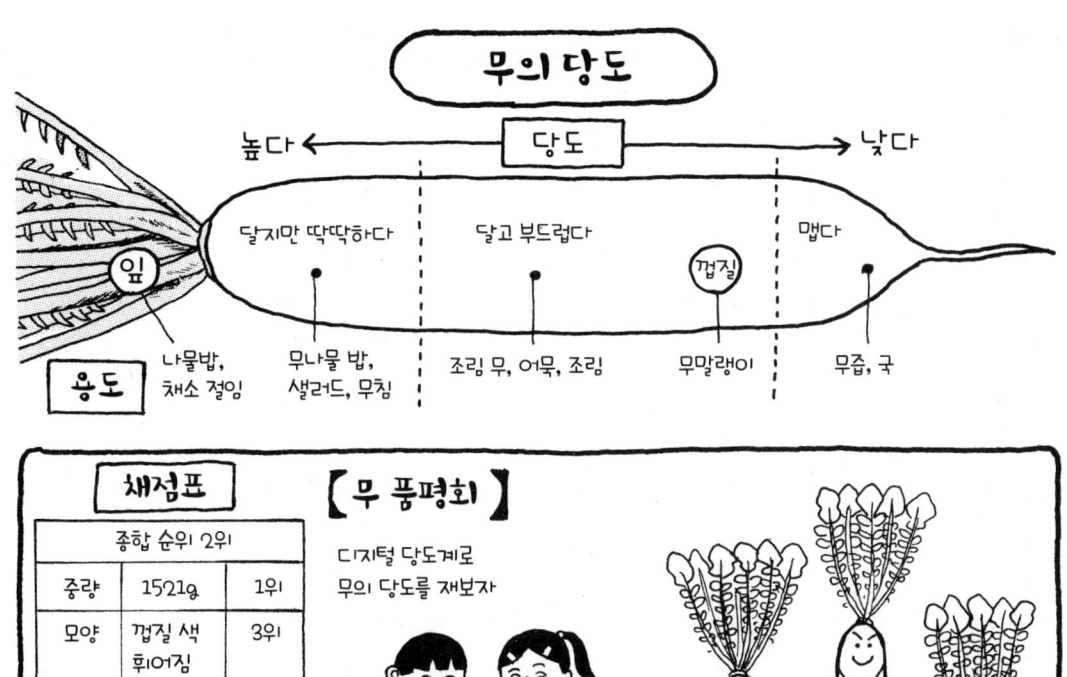

② 형태의 변형 : 앞부분까지 고르게 둥글고 크기가 좋은가? 휘어지거나 갈라진 뿌리, 파열된 뿌리 등이 있나? 표피가 깨끗한가? 등을 점검합니다. 쭉 뻗은 것은 맛있지만, 휘어진 것 중에는 매운맛이 강한 것도 있습니다.

③ 바람 : 바람이 들었는지는 무를 세로로 잘라 보면 알 수 있지만, 잎자루의 단면을 보고도 파악할 수 있습니다. 바람이 든 것은 잎자루에도 바람이 들어 중심부가 하얗습니다.

④ 단면 : 그림처럼 둥글고 가운데가 두껍고 껍질이 얇고 관다발이 가늘어 눈에 띄지 않는 것이 맛있습니다.

🌱 당도계로 최종 점검하기

마지막으로 당도를 측정해봅시다. 무는 끝부분일수록 매운맛이 강하고 머리 부분으로 갈수록 단맛이 납니다. 그러니 당도는 한가운데 부분을 측정합니다. 모양이 이상한 것이 당도도 낮은지 확인해봅시다.

4. 무 요리와 수확 축제

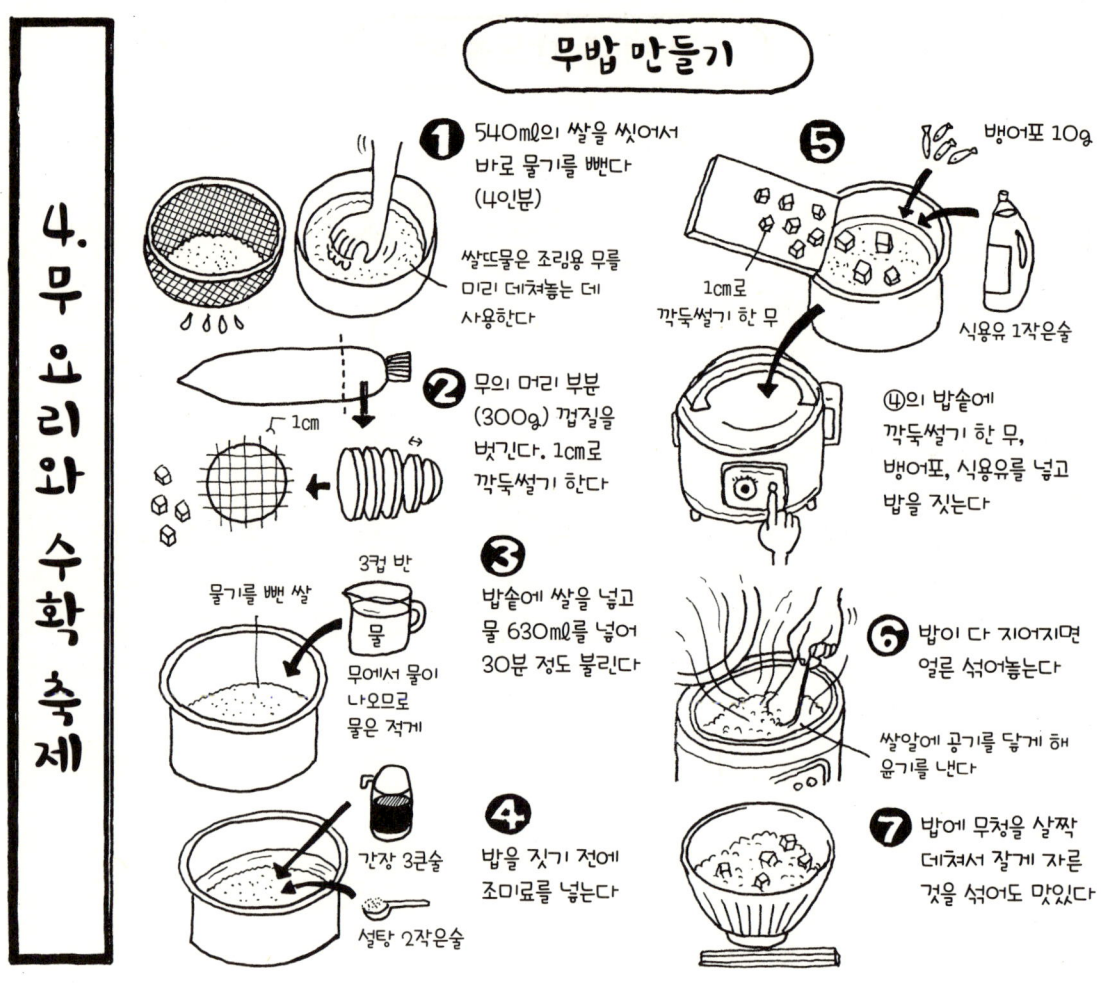

🌱 여러 가지 무 요리로 수확 축제

무 요리나 가공법은 많이 있습니다. 여기서는 무밥과 조림, 절임, 샐러드를 만들어봅시다. 재료는 약 20인분입니다.

① 무밥

지금은 무밥이 건강 요리가 됐지만, 쌀이 부족하던 시절에는 쌀에 고구마나 무 등을 섞어서 '나물밥'을 잘 지어 먹었습니다.

〔재료〕 쌀 10컵(1800㎖), 무 2개, 물 12컵(무즙이 나오므로 적게), 뱅어포 50g, 간장 15큰술, 설탕 3큰술, 식물성 식용유 조금

〔만드는 법〕 무는 1㎝ 깍둑썰기로 자른다. 쌀에 물, 간장, 설탕, 자른 무, 뱅어포, 식용유를 넣어 밥을 짓는다. (쌀뜨물은 조림 무용으로 사용한다.)

② 무 조림

〔재료〕 무 3개, 다시마 1장(50㎝), 소금 1큰술, 간장 5큰술, 설탕 5큰술, 물 20컵

<된장 소스> 된장 500g, 설탕 25큰술, 미림 25큰술, 술 25큰술

〔만드는 법〕 무는 두께 2~3㎝로 둥글게 잘라 껍질을 두껍게 벗기고, 쌀뜨물에 젓가락이 들어갈 정도로 삶아서 깨끗이 씻어둔다. 조림용 재료는 부드

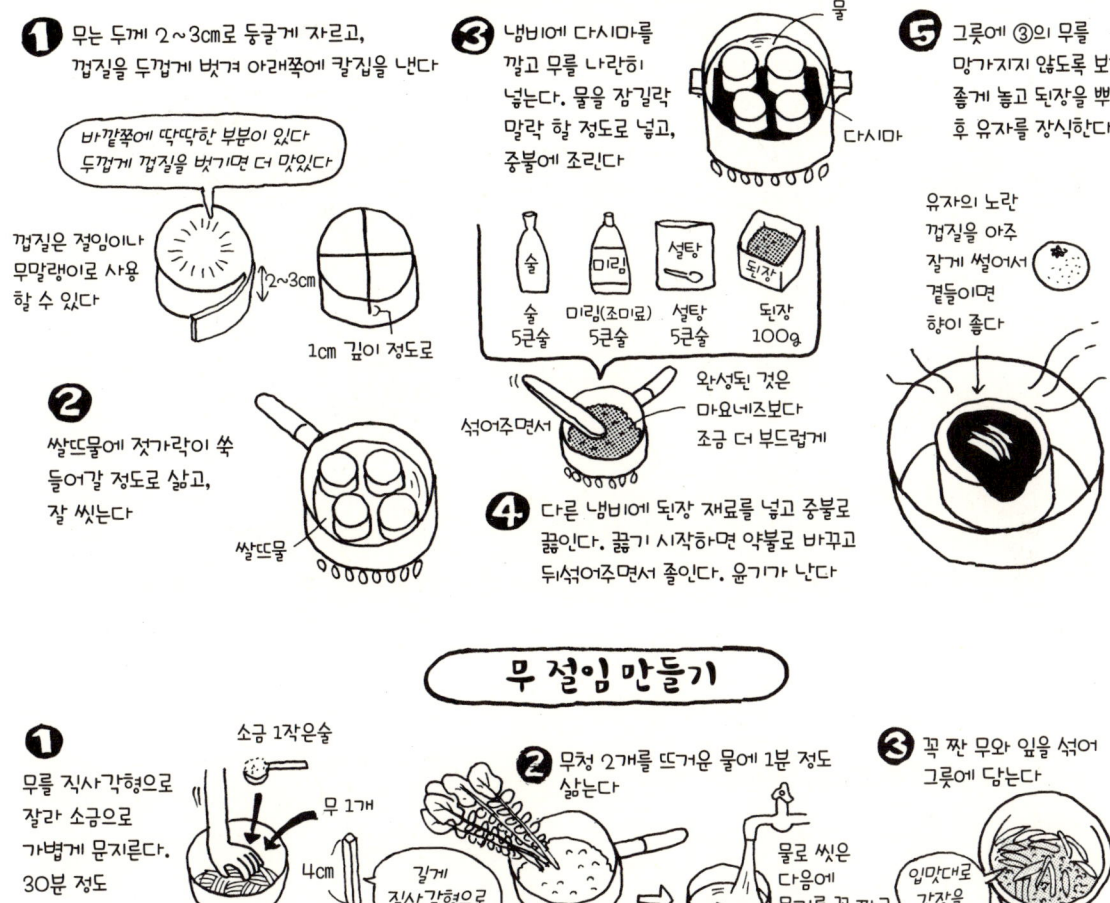

러워질 때까지 삶는다. 된장 소스는 다른 냄비에 약한 불로 끓여 걸쭉하게 만든다. 그릇에 담고 된장을 뿌려서 따뜻할 때 먹는다.

③ 무 절임
〔재료〕 청수무 3개, 소금 1큰술
〔만드는 법〕 껍질을 벗기고, 너비 4cm로 둥글게 자른다. 세로 2~3cm, 너비 1cm로 채 친다. 둥근 그릇에 넣고 소금을 뿌린 후 가볍게 문질러서 30분 정도 둔다. 잎은 끓는 물에 1분 정도 삶아 물에 씻는다. 물기를 잘 짜서 잘게 자른다. 나긋나긋해진 무를 꼭 짜고 잎과 섞어서 그릇에 담는다.

④ 무 참치 샐러드
〔재료〕 비타민무 4개, 홍심무 3개(청수무 3개도 가능), 참치 캔 5개
〔만드는 법〕 무는 껍질을 벗겨 채 썬다. 물에 씻어서 싱싱하게 한 다음 소쿠리에서 물을 뺀다. 접시에 무를 담고 참치를 올린다. 입맛에 맞게 소스(보통은 마요네즈에 간장을 섞는다)를 뿌려 먹는다.

모르는 용어가 있다면!
재배 용어 찾아보기

ㄱ

가랑무	제대로 굵게 자라지 못하고 밑동이 두세 가랑이로 갈라진 무.
가지과	쌍떡잎식물 통꽃류의 한 과. 초본 또는 목본으로 전 세계에 82속 1,700여 종이 있다. 우리나라에는 가지, 독말풀, 사리풀, 담배, 감자, 토마토, 고추, 피튜니아, 꽈리, 미치광이, 까마중 등 15속 30여 종이 재배되고 있다.
겨울뿌림	겨울 동안 씨를 뿌리는 것.
결구	호배추(중국종의 배추)나 배추 등 채소 잎이 여러 겹으로 겹쳐서 둥글게 속이 드는 일.
곁눈	줄기의 옆쪽에 생기는 눈.
곁순	풀이나 나무의 원줄기 곁에서 돋아나는 순.
곁잎	한 잎자루에 여러 개의 낱 잎이 붙어 겹을 이룬 잎. 탱자나무, 아카시아 등의 잎이 있다.
곧추 심기	고구마 모종 삽식 방법 중 한 가지. 이랑에 모종을 수직으로 꽂아 넣는 방법. 건조하기 쉬운 땅에서 모종의 밑 부분이 깊게 묻혀 활착이 잘 된다. 심을 때 능률이 좋고, 고구마의 경우 윗부분의 1~2마디에서 덩이뿌리가 형성된다. 큰 싹을 심을 때는 적합하지 않다.
관다발	양치식물과 종자식물에 있는 조직의 하나. 뿌리, 줄기, 잎 속에 있으며 양분의 통로인 체관과 물의 통로인 물관으로 이루어져 있다.
기는줄기	땅 위로 기어서 뻗는 줄기. 마디에서 뿌리를 내릴 수 있어 새로운 개체로 될 수 있다. 고구마 줄기, 수박 줄기, 딸기 줄기 등이다.
꺾꽂이	식물의 가지, 줄기, 잎 등을 자르거나 꺾어 흙 속에 꽂아 뿌리 내리게 하는 일. 최소한 하나의 줄기세포가 적합한 환경에 놓이면 새로운 뿌리나 줄기 등이 나오면서 부모 식물에서 완전히 독립된 새로운 식물 개체가 된다.
꽃눈	자라서 꽃이나 화서(꽃이 줄기나 가지에 붙어 있는 상태)가 될 싹.
꽃대신장	배추 등의 작물에서 꽃눈의 분화가 진행되어 이삭이나 꽃대가 올라오는 현상.
꽃받침	꽃의 구성 요소 중에서 가장 바깥쪽에 꽃잎을 받치고 있는 꽃의 보호 기관의 하나. 흔히 녹색이나 갈색이다.
꽃밥	식물의 수술 끝에 붙은 화분과 그것을 싸고 있는 화분낭을 통틀어 이르는 말.
꽃턱	속씨식물 꽃의 모든 기관이 달리는 꽃자루 맨 끝의 불룩한 부분.

ㄷ

단위결실	속씨식물에서 수정되지 않았는데도 단순히 어떤 자극에 의해 씨방이 발달해 열매가 생기는 현상. 자연 상태에서는 밀감, 파인애플 따위에 나타나며 인공적으로는 포도 따위에 나타나게 할 수 있다.
덧거름	농작물에 첫 번 거름을 준 뒤 밑거름을 보충하기 위하여 더 주는 비료.
덩굴손	가지나 잎이 실처럼 변하여 다른 물체를 감아 줄기를 지탱하는 가는 덩굴.
덩굴식물	줄기가 길쭉하여 곧게 서지 않고 다른 물건을 감거나 거기에 붙어서 자라는 식물. 고구마, 완두, 오이, 나팔꽃, 담쟁이덩굴 따위가 있다.
덩이뿌리	덩이 모양으로 생긴 뿌리. 이상 비대 생장에 의한 것으로 녹말과 같은 양분이 저장되어 있다. 고구마, 무, 토란 등에서 볼 수 있다.
땅속줄기	땅속에 있는 식물의 줄기. 연(蓮)의 뿌리줄기, 감자의 덩이줄기, 토란의 알줄기, 백합

ㅁ

멀칭   농작물이 자라고 있는 땅을 짚이나 비닐 등으로 덮는 일. 농작물의 뿌리를 보호하고 땅의 온도를 유지하며 흙의 건조, 병충해, 잡초 따위를 막을 수 있다.

메꽃과   쌍떡잎식물 통꽃류의 한 과. 덩굴성 초본 또는 목본으로 전 세계에 50속 1,200여 종이 분포한다. 우리나라에는 고구마, 나팔꽃, 메꽃, 새삼 등의 10여 종이 분포한다.

밀파   씨앗을 빈틈없이 촘촘하게 뿌림.

밑거름   씨를 뿌리거나 모종하기 전에 주는 거름.

ㅂ

박과   쌍떡잎식물의 한 과. 주로 열대 지방에 87속 800여 종이 분포하며, 우리나라에는 박, 수박, 참외, 오이 따위의 70여 종이 분포한다.

발아   씨앗에서 싹이 틈.

배축   고등 식물의 배(수정란이 어느 정도 발달한 어린 홀씨체, 씨눈)에서 중심축을 이루고 있는 부분. 자라서 줄기가 되는데, 위쪽은 떡잎과 어린싹(발아하여 줄기나 잎이 되는 부분)이 되며 아래쪽은 어린뿌리(싹이 튼 후 자라서 뿌리가 된다)가 된다.

보비력   거름기를 오래 지속할 수 있는 땅의 능력.

복토   씨를 뿌린 다음에 흙을 덮음.

북주기   식물이 잘 자라고 넘어지지 아니하게 뿌리나 밑줄기를 흙으로 두두룩하게 덮어 주는 일. 쓰러짐을 방지하는 효과를 지니며, 고랑에 발생한 잡초를 매몰, 고사시키는 작용을 한다.

분갈이   화분에 심은 풀이나 나무를 다른 화분에 옮겨 심는 일.

분형근   뿌리 분포가 둥글게 되어 있는 모양.

비늘잎   자연 변태로 비늘같이 된 잎. 겨울눈을 싸서 보호한다.

뿌리채소   뿌리 또는 땅속줄기를 먹는 채소. 무, 우엉, 토란, 당근, 연근, 마늘 등이 있다.

뿌리털   식물의 뿌리 끝에 실처럼 길고 부드럽게 나온 가는 털. 표피 세포의 벽이 길게 자라서 하나의 세포, 또는 여러 개의 세포들로 이루어져 생긴 것으로 땅속에서 양분과 수분을 빨아들이는 작용을 한다.

ㅅ

생육   생물이 나서 길러짐.

선첨과   과실 끝이 뾰족하게 되는 기형과. 고온 또는 저온 등 환경이 좋지 않을 때 호르몬 장애나 살균제 피해 등에 의해 발생한다.

솎기   촘촘히 있는 것을 군데군데 골라 뽑아 성기게 하는 것.

수분   종자식물에서 수술의 화분이 암술머리에 옮겨 붙는 일. 바람, 곤충, 새, 또는 사람의 손에 의해 이루어진다.

수염뿌리   원뿌리와 곁뿌리의 구별이 없이 뿌리줄기에서 수염처럼 많이 뻗어 나온 뿌리.

수평 심기   지표면에서 2~3㎝ 얕은 곳에 묘를 수평으로 심는 방법.

십자화과   쌍떡잎식물의 한 과. 네 개의 꽃받침 조각과 네 개의 꽃잎이 십자 모양을 이룬다. 전 세계에 3,200여 종이 분포하며, 무, 배추, 냉이, 꽃다지 등이 있다.

씨껍질   식물의 씨를 싸고 있는 껍질. 외종피와 내종피가 있는데, 외종피는 굳고 가죽처럼 단단하고 질긴 성질이 있으며 표면에 무늬가 있다.

씨방   속씨식물의 암술대 밑에 붙은 통통한 주머니 모양 부분. 그 속에 밑씨가 들어 있다.

씨방자루	씨방 기부에 생기는 가늘고 긴 자루 모양의 부분. 암술을 받치고 있는 긴 부분.

ㅇ

아주심기	종자나 묘 등을 이전에 자라던 곳에서 수확할 때까지 재배할 곳(밭 등)에 옮겨 심는 것.
암술머리	속씨식물에서 암술의 꼭대기에 있어 꽃가루를 받는 부분.
양성화	한 꽃 속에 수술과 암술이 모두 있는 꽃. 벚꽃, 진달래꽃 등이 있다.
여러해살이	만 1년 이상 생존하는 일. 또는 그런 식물.
여름걷이	여름에 익은 채소나 식물을 거두어들이는 것.
열매채소	열매를 먹는 채소. 가지, 오이, 토마토 등이 있다.
옮겨심기	식물 등을 다른 곳으로 옮겨서 심음.
웃자람	질소나 수분의 과다, 일조량의 부족으로 작물의 줄기나 가지가 보통 이상으로 길거나 연하게 자라는 것.
원뿌리	식물의 최초 뿌리. 어떤 뿌리에서 직접 이어져서 주가 되는 뿌리를 이룬다.
유인	뻗어 나온 덩굴이 지지대를 타고 올라가게 하는 것.
육묘	어린모나 묘목을 키우거나 기름.
인공수분	인위적으로 수분하는 방법. 붓 따위로 꽃가루를 묻혀 다른 꽃의 암술머리에 뿌린다.
입고병	농작물의 줄기나 잎이 갑자기 시들어 말라죽는 병. 작물의 뿌리 및 지표부 또는 유관속의 도관부에 병원균이 기생하여 조직이 괴사하거나 붕괴한다.
잎겨드랑이	식물의 가지나 줄기에 잎이 붙은 부분의 위쪽.
잎자루	잎몸(잎사귀를 이루는 넓은 부분)을 줄기나 가지에 붙게 하는 꼭지 부분. 잎을 햇빛의 방향으로 향하게 한다.
잎채소	주로 잎을 먹는 채소. 배추, 시금치, 상추, 깻잎 등이 있다.

ㅈ

자웅이주	암꽃과 수꽃이 각각 다른 그루에 있어서 식물체의 암수가 구별됨. 소철, 시금치, 은행나무 등이 있다.
자웅이화	암술과 수술이 서로 다른 꽃봉오리에 있어서 암꽃과 수꽃의 구별이 있는 꽃.
잡종 제1대	기호는 F1. 어떤 대립유전자 각각을 호모(순종)로 갖는 양친 간의 교잡(유전적 조성이 다른 두 개체 사이의 교배)에 의해 생기는 제 1대의 자손. 단순히 잡종이라고 할 때도 잡종 제1대를 가리키는 경우가 많다. 잡종 제 1대가 양친의 어느 쪽보다도 뛰어난 또는 뒤떨어지는 형질을 가질 때 각각 잡종강세, 잡종약세라고 한다.
저면급수	아래쪽에서 물을 공급하는 방식.
점뿌림	씨앗을 한 곳에 한 개 또는 몇 개씩 일정한 간격을 두고 뿌림.
접붙이기	나무의 품종 개량 또는 번식을 위해 한 나무에 다른 나무의 가지나 눈을 따다 붙이는 일. 같거나 비슷한 종류의 접지(椄枝)를 접본(椄本)의 물관부와 껍질 사이에 밀착해 조직을 연결하며, 두 나무의 좋은 특성을 갖춘 새로운 품종을 얻을 수 있다.
줄뿌림	밭에 고랑을 내어 줄이 지게 씨를 뿌리는 일. 또는 그런 방법.
증산	식물체 안의 수분이 수증기가 되어 공기 중으로 나옴. 또는 그런 현상. 기공 증산과 큐티클 증산이 있으며, 주로 기공의 개폐에 의하여 조절된다.

지주	어떠한 물건이 쓰러지지 아니하도록 버티어 괴는 기둥.
직근성	뿌리가 곧게 자라 깊게 박히는 성질. 천근성에 비해 토양 깊이 뿌리가 뻗기 때문에 바람 등에 의한 쓰러짐이나 건조에 더 강한 특성이 있다.
직파	모내기를 안 하고 논밭에 직접 씨를 뿌리는 일.

ㅊ

천근성	뿌리가 대체로 땅 표면 가까이에 분포하는 성질. 뿌리 뻗음이 얕은 작물을 말하는데 작물의 뿌리는 토양 환경 조건에 따라 차이가 크지만 유전적으로 천근성인 작물이 있다. 벼, 배추, 감자, 시금치 등이다.

ㅋ

콩과	쌍떡잎식물 갈래꽃류의 한 과. 목본 또는 초본으로 전 세계에 1,400여 종이 분포하는데 우리나라에는 강낭콩, 녹두, 도둑놈의갈고리, 완두, 자운영, 콩, 팥 따위의 초본과 골담초, 다릅나무, 등나무, 아까시나무 등의 목본 130여 종이 자란다.

ㅍ

파종	곡식이나 채소 따위를 키우기 위하여 논밭에 씨를 뿌림.
풋거름	생풀이나 생나무 잎으로 만든, 충분히 썩지 않은 거름.

ㅎ

한살이	생물이 태어나서 죽을 때까지 살아가는 모습. 식물의 경우 싹이 트고 자라서 다시 꽃을 피고 씨와 열매를 맺어 한 세대를 이어가는 과정을 말한다.
화방	과수, 과채류에서는 꽃이 방 모양으로 부착한다. 이를 화방이라 부르고, 결실 후에는 과방이라 부른다. 보통 꽃이 무리지어 피는 경우의 토마토, 딸기 등은 피는 순서대로 1화방, 2화방이라고 한다. 예를 들어 딸기는 꽃눈이 분화되고 다음에 옆에서 분화를 거듭하는데 첫 번째 분화된 것을 '정화방'이라고 한다.
활착	옮겨 심거나 접목한 식물이 서로 붙거나 뿌리를 내려서 삶. 또는 그런 일.
휘어심기 (반달꽂이)	고구마 따위의 줄기를 반달 모양으로 휘어지게 꽂아 심는 방법.
흩뿌림	씨앗을 산발적으로 흩어서 뿌림.

※ 재배 용어는 『표준국어대사전』(국립국어원), 『농업용어사전』(농촌진흥청), 『시사경제용어사전』(기획재정부), 『약과 먹거리로 쓰이는 우리나라 자원식물』(강병화 지음, 한국학술정보), 『학습용어 개념사전』(이영규 등 지음, 아울북), 『생명과학대사전』(도서출판 여초)과 충청남도농업기술원, 네이버 지식in 등을 참고했습니다.

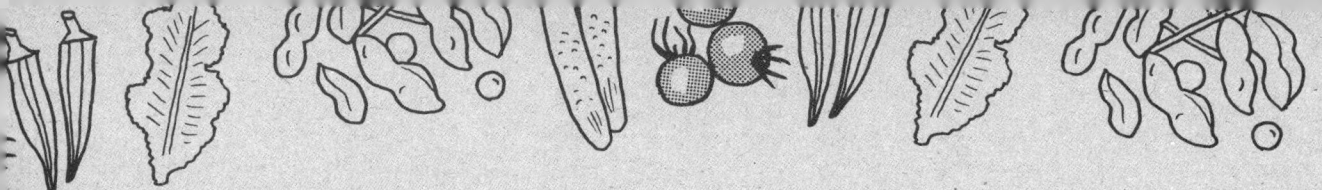

옮긴이의 말
날마다 텃밭에서 만들어지는 기쁨

2009년 도쿄, 나는 학업과 함께 동경한국학교 교사로 재직 중이었다. 봄이 되자 아이들과 텃밭 수업을 해볼 요량으로 참고서적을 찾고 있었다. 그때 『날마다 설레는 학교 텃밭』을 보고 결심을 굳혔다. 콘크리트로 둘러싸인 학교 건물과 재배에 대한 경험이 없는 아이들과 함께 텃밭을 만드는 건 쉽지 않을 것 같았는데, 이 책은 그런 나에게 용기를 주었다.

이 책에는 학교와 가정뿐만 아니라 마을에서 텃밭을 하는 분들이 평소에 궁금해했던 점을 꼼꼼한 설명과 그림으로 잘 알려주고 있다. 밭이 없고, 농사 지식과 시간이 없는 사람들에게 상자 텃밭을 이용해 작은 생활 공간에서도 좋아하는 채소를 쉽게 키우는 법을 친절하게 설명해놓았다. 또 상자 텃밭에서 작물을 재배할 때 생기는 궁금증에 대해 바로 해답을 제시해준다.

그래서 아이들은 이 책의 그림만 보고도 작물을 키우면서 부딪히게 되는 어려움을 스스로 풀었다. 작물 재배의 연간 계획, 실험과 요리와 놀이 등 아이들이 텃밭에 애정과 관심을 기울이도록 저자가 얼마나 연구하고 기록했는지 감동할 수밖에 없었다.

내가 근무했던 도쿄 신주쿠에 있는 동경한국학교는 학교 건물과 운동장 외에는 풀 한 포기 가꿀 수 없는 삭막한 환경이었다. 초등부와 중등부를 이어주는 2층 통로 외에는 작은 자투리 공간도 보이지 않는 곳이었다. 밭을 일구거나 교재원을 만드는 것은 상상도 할 수 없었다.

그래서 책에서 알려주는 대로 옥상에 상자 텃밭 정원을 만들어 우리 반 아이들과 몇 개의 작물을 키우기로 했다. 그러고는 '기쁨의 텃밭'이라는 정원 푯말도 붙였다. 옥상은 햇볕이 잘 들고 통풍이 잘 되어서 상자 텃밭를 키우기에 안성맞춤이었고, 이외에도 교실 뒷편과 창가 쪽 베란다에도 작물을 재배했다.

재배 경험이 전무한 아이들은 텃밭에서 일어나는 매일매일의 성장에 환호했다. 아침에 등교하면 너나 할 것 없이 자신의 상자 텃밭에 달려가 물을 주고 채소들과 인사를 나누었다. 그러면서 친구들과의 대화도 늘어났고, 식생활 습관도 하나씩 바뀌어갔다.

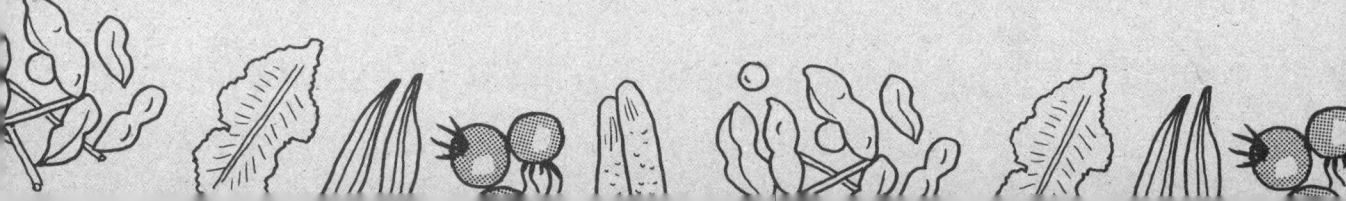

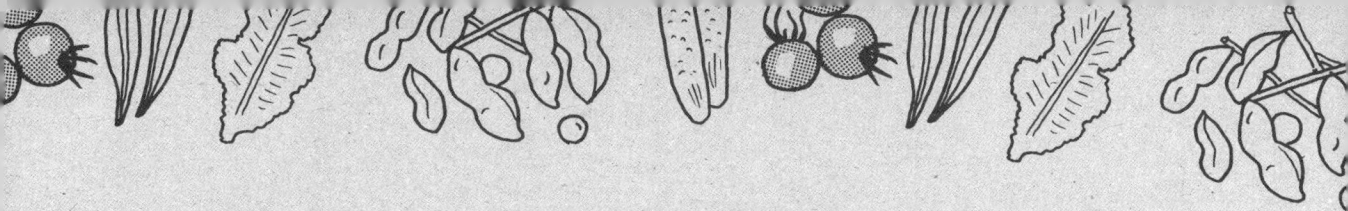

모종부터 식물의 한살이를 줄곧 관찰하고 재배하니 지속적이고 일관되게 과학적 사고 능력이 향상되었다. 관심과 흥미가 생기니 관련 분야의 참고도서와 자료들을 스스로 찾아보게 되었고, 정서적으로도 안정되는 아이들이 많아졌다.

이 책의 저자인 다케무라 선생님의 오랜 경험에서 나오는 작물 재배의 노하우는 꼼꼼하고 치밀하다. 기존의 재배 용기보다는 생활 속에서 얻을 수 있는 재활용 용기 등을 사용해 독창적인 재배법을 소개하고 있다. 교실뿐만 아니라 가정과 주말 농장에서 재배를 하는 데 많은 어려움을 겪는 병충해 방제와 열매를 제대로 얻는 방법에 대해서도 이 책은 실제적인 안내서가 될 것이다.

최근 도시 농업에 대한 사회적인 관심이 높아지는 현상은 흙에 대한 고마움을 되새기기 위한 출발인 것 같아 여간 반가운 게 아니다. 자라는 아이들이 스마트폰이나 컴퓨터로는 채워지지 않는 생명과 땀의 소중함을 흙을 통해 배울 수 있으면 좋겠다.

이 책이 세상에 나올 수 있도록 함께해준 자연의벗연구소 국제교류출판위원회의 한 분 한 분께 감사의 마음을 전한다. 더불어 타고난 기획력과 세심함으로 출판에 힘써주신 북센스의 송주영 대표에게도 감사드린다.

오창길
(사)자연의벗연구소 소장

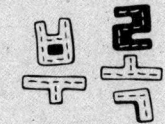

학교 텃밭의 의의와 실천
2009년 개정 초등 교육과정 연계
텃밭 운영 지도자 과정 워크숍

땀과 땅의 소중한 가치

학교 텃밭의 의의와 실천

올해는 유엔이 정한 '세계 흙의 해'이다. 흙의 공공적 가치를 널리 알리고 가속화되는 흙의 위기에 경종을 울리기 위해서이다. 매일같이 흙을 밟고 사는 우리는 흙의 위대한 힘과 고마운 가치를 인식하지 못한다. 학교 텃밭은 아이들이 창의성과 생태적 상상력, 자아존중감을 배울 수 있는 학교 환경 교육의 거점으로서 중요한 장소이다. 다양한 교과와 연계하고 노작 교육을 통해 땀과 땅의 소중함을 배울 수 있다.

1. 학교 텃밭과 도시 농업의 의미

[학교 텃밭]

학교 텃밭은 학교에 있는 텃밭을 의미한다. 텃밭의 사전적 의미는 '집터에 딸리거나 집 가까이 있는 밭으로 상추, 쑥갓, 가지 등 일상생활에 쉽게 섭취하는 채소를 재배하는 장소'이다. 일반적으로 텃밭이 채소 등 수확물 획득에 주목적을 두는 것과 달리 텃밭 활동 및 과정을 중히 여기는 학교 텃밭은 다양한 의미를 가지고 있다.

[도시 농업]

도시 농업은 도시의 다양한 공간을 활용한 농사 행위로 농업이 갖는 생물다양성 보전, 기후 조절, 대기 정화, 토양 보전, 공동체 문화, 정서 함양, 여가 지원, 교육, 복지 등의 다원적 가치를 도시에서 구현하며 지속가능한 도시, 지속가능한 농업으로서의 기능을 수행한다. 학교 안으로 들어온 도시 농업은 자라나는 청소년들에게 교실 안에서 깨닫지 못하는 사계절의 변화, 한 해의 농사를 경험하면서 사람이 자연의 일부라는 점, 자연이 주는 풍요로움과 너그러움, 그리고 기다림을 몸소 느끼도록 해준다. 또한 농작물의 자연 그대로의 모습을 발견하도록 도와주며 그것이 몸에, 마음에, 환경에 좋은 식감이라는 것을 발견하도록 지원해준다. 또 우리 아이들이 환경 리더로 자랄 수 있는 여지를 만들어준다.

외국의 도시 농업은 19세기 중반 도시 빈곤층의 식량 문제 해결이나 1차·2차 세계대전 기간 식량난을 해결하기 위한 수단으로 확산되어 각 나라의 특성에 맞는 형태로 발전되었다. 일본에서는 시민 농원, 영국은 얼롯트먼트, 독일의 경우 클라인가르텐, 러시아에서는 다차, 쿠바의 경우는 아바나의 도시 농업, 캐나다는 커뮤니티 가든 등 고유의 이름으로 불리고 있다. 최근 각 나라의 도시 농업은 농업의 기본적인 목적인 식량 생산 이외에도 농업이 가지는 다원적 가치를 포함하는 아동의 자연 결핍 예방, 비만 퇴치, 식생활 교육, 인성 교육 등을 위하여 학교로 확장되고 있다.

2. 학교 텃밭의 법률적 배경

● 도시 농업의 육성 및 지원에 관한 법률 2014. 11. 19.

> 제8조 (도시 농업의 유형 등)
> ① 도시 농업은 다음 각 호와 같이 구분하되 유형별 세부 분류는 농림축산식품부령으로 정한다.
> …
> 5. <u>학교 교육형 도시 농업 : 아이들의 학습과 체험을 목적으로 학교의 토지나 건축물 등을 활용한 도시 농업</u>
> ② 국가와 지방자치단체는 도시 농업을 육성 및 지원하는 경우에 제1항에 따른 도시 농업의 유형별 특성에 맞도록 시책을 수립·시행하여야 한다.

● 농림축산식품부 제1차 도시농업육성 5개년 계획
(2013~2017)

- 교내에 소규모 농촌 체험 공간(텃밭, 상자 텃밭 등)을 조성하고, 농촌 체험 마을 선정, 학교와 체험 마을 간 연계 프로그램 운영
- 초등 아이 대상, 팜 스쿨 조성 및 운영을 통해 도시 농업의 이해와 농촌 체험 기회 확대

3. 학교 텃밭의 교육적 효과

[창의적인 인재를 양성]

미래에 요구되는 인재상은 지식뿐만 아니라 상상력, 인간의 감성까지 아우를 수 있는 균형 감각 등 혁신이 요구되는 시대이다

이러한 소양을 길러 주기 위해 2011년 교육과학기술부는 현대 사회에서 필요로 하는 인력 양성 기반 구축을 목표로 하는 「융합인재교육(STEAM) 활성화 방안」을 발표하고 2009 개정 교육과정에 따른 교과 교육과정 중 과학, 기술가정에 STEAM의 개념이 반영한 바 있다.

학교 텃밭은 교과서, 텍스트 위주가 아닌 종합적인 자질 함양을 위한 상상력, 감성 교육이 가능하다. 학교 텃밭 활동은 우리 신체의 감각기관을 자극한다. 텃밭의 작물을 가꾸며 다양한 감각적 자극을 체험하는 것은 또 하나의 즐거운 경험이 될 것이다. 아이들은 다양한 종류의 작물들을 통해 시각, 후각, 청각, 미각, 촉각 등의 오감(五感)의 자극을 경험할 수 있다.

[살아있는 환경 교과서]

학교 텃밭은 교과서에 배우지 못한 다양한 학습을 제공한다. 지속가능한 지구의 미래를 꿈꾸는 공간으로서 생태 학습의 장, 통합교과 수업의 장, 삶의 지혜를 배우는 장으로서의 역할을 하고 있다.

학교 텃밭은 여러 종류의 작물에 대해 배우고 직접 기를 수 있다. 학교 텃밭에서는 다양한 작물들을 씨앗 심기에서부터, 관리, 수확의 과정을 직접 체험하게 되는데, 이는 책에서 배우는 이론이 아닌 텃밭이라는 자연환경에서의 배움이기 때문에 아이들은 보다 실질적이고 유용한 학습을 할 수 있다.

학교 텃밭에서는 식물이 자라는 데 필요한 환경 조성을 배운다. 학교 텃밭에서 활동하며 토양, 물, 대기 등의 재배 환경에 대해 배우고 작물을 지속적으로 관리하면서 텃밭 환경 유지에 대한 체험 지식을 얻을 수 있다.

[우리 땅과 아이들을 건강하게]

우리가 먹는 먹을거리의 95%가 흙을 통해 생산된다. 지구상 생물의 4분의 1은 흙 속에서 살고 있다. 한술의 건강한 흙 속에는 지구에 사는 사람들보다도 더 많은 생물들이 살고 있다.

학교 텃밭 활동은 여러 생물들이 함께 살아가는 '공존'에 대해 배우게 한다. 식물뿐만 아니라 새, 곤충, 땅속에 사는 작은 생물들을 관찰하면서 텃밭이라는 공간 안에서 공존의 의미를 깨닫고, 우리가 살고 있는 환경을 지키고 가꾸는 일의 중요성에 대해서 생각해볼 수 있는 기회를 제공한다.

학교 텃밭 활동을 통해서 우리 농산물, 로컬 푸드와 푸드 마일리지, 농촌의 현실, 아이들의 먹거리 문화 개선, 전통문화 계승 등을 학습할 수 있다.

오창길
(사)자연의벗연구소 소장

2009년 개정 초등 교육과정 연계

1학년 1학기 통합교과 - 봄

1. 봄맞이	
5~7차시	봄이 왔어요
2. 새싹	
6차시	씨앗은 자라서
7~8차시	씨앗을 심어요
9차시	싹이 텄어요
10~11차시	새싹을 도와줘요

1학년 통합교과 - 가족

2. 우리 집	
10차시	식물을 길러요

2학년 1학기 통합교과 - 여름

1. 곤충과 식물	
9차시	여름에 제맛이야(채소와 과일 관련)
10~11차시	반으로 잘랐더니(채소와 과일 관련)
17~18차시	사라져 가는 곤충과 식물

2학년 2학기 통합교과 - 가을

1. 가을 체험	
23~24차시	나뭇잎 무리 짓기
27~28차시	나무 열매

4학년 1학기 - 과학

2. 식물의 한살이	
1차시	식물의 한살이 단원에서 배울 내용을 알아봅시다
2차시	여러 가지 씨를 관찰하여 봅시다
3차시	씨가 싹 트는 조건을 알아봅시다
4차시	식물의 한살이 관찰 계획을 세우고 씨를 심어봅시다
5차시	씨가 싹 터서 자라는 과정을 알아봅시다
6차시	식물이 자라는 데 필요한 조건을 알아봅시다
7차시	잎과 줄기의 자람에 대하여 알아봅시다
8차시	꽃과 열매의 자람에 대하여 알아봅시다
9차시	벼의 한살이를 알아봅시다
10차시	여러 가지 식물의 한살이를 비교하여봅시다
11차시	정리·확인하기

4학년 2학기 - 과학

1. 식물의 생활	
1차시	식물의 생활 단원에서 배울 내용을 알아봅시다
2~3차시	학교 주변에서 볼 수 있는 식물을 관찰하여봅시다
4차시	학교 주변에서 자라는 여러 가지 식물의 이름을 알아봅시다
5차시	여러 가지 식물의 잎을 관찰하고 생김새에 따라 분류해봅시다
6~7차시	들과 산에 사는 여러 가지 식물을 관찰하여 봅시다
8차시	연못이나 강가에 사는 식물의 특징을 알아봅시다
9차시	특이한 환경에 사는 식물의 특징을 알아봅시다
10차시	생활 속에서 식물을 어떻게 이용하는지 알아봅시다
11차시	정리·확인하기

5학년 1학기 - 과학

3. 식물의 구조와 기능	
1차시	식물 본뜨기로 사진 틀 만들기
2차시	식물은 어떤 구조로 되어 있을까요?
3차시	뿌리는 어떤 일을 할까요?
4차시	줄기가 하는 일은 무엇일까요?
5차시	잎에서 만들어지는 물질은 무엇일까요?
6차시	잎에 도달한 물은 어떻게 될까요?
7차시	꽃의 생김새와 하는 일을 알아볼까요?
8차시	식물의 기관은 서로 어떤 관련이 있을까요?
9차시	현미경으로 식물을 보면 어떻게 보일까요?
10~11차시	식물의 세계 디자인하기
12차시	식물의 구조와 기능에 대하여 정리해볼까요?

5학년 - 실과

2. 생활 속의 동식물(비상출판사/송현순)	
1차시	인간과 동식물
2~3차시	생활 속 작물의 종류와 이용
6~7차시	동식물의 자원적 가치와 저탄소 녹색 성장
8~10차시	친환경 농축산물의 생산과 이용

6학년 - 실과

2. 생활 속의 동식물 이용(비상출판사/송현순)	
1차시	식물과 재배 환경
2~7차시	꽃이나 채소 가꾸기

텃밭 운영 지도자 과정 워크숍

『날마다 설레는 텃밭 만들기』 출간과 함께 (사)자연의벗연구소에서는 텃밭 교육의 의미와 텃밭의 기획·운영의 이해를 돕는 워크숍을 준비하였습니다.

- **시간** : 약 3시간
- **장소** : 워크숍 개최를 희망하는 기관, 단체
- **대상** : 텃밭 프로그램을 진행하고 기획하려는 분
- **준비물** : 가벼운 옷차림, 마실 물, 필기도구
- **강사** : 텃밭 교육 전문가, 텃밭 디자이너

- **프로그램**
  - 프로그램 소개, 강사와 참가자 소개
  - 학교 텃밭의 이해
  - 텃밭의 교육적 효과
  - 텃밭 조성의 실제
  - 텃밭 농사 계획하기
  - 텃밭 디자인
  - 텃밭 견학

수료생 특전 : '텃밭 지도자 과정' 수료증이 제공되며 앞으로 (사)자연의벗연구소에서 진행되는 국내외 연수와 워크숍에 우선권을 드립니다.

주최 및 문의 (사)자연의벗연구소 | **이메일** ecobuddy@hanmail.net | **홈페이지** www.ecobuddy.or.kr

옮긴이 : (사)자연의벗연구소 국제연대분과위원

이송자 경인교육대학교와 사이버한국외국어대학교에서 과학교육과 일본어를 전공하였고, 22년째 초등학교에서 아이들을 가르치고 있다. 2008년부터 2년간 일본에서 생활하며 일본 교사들과 수업 교류를 시작한 계기로, 현재까지 한국과 일본의 학교교육연구회에 참여하고 있다.

이화은 경인교육대학교에서 초등교육을 전공했다. 1996년 일본 나루토교육대학 교환 학생, 2003년 일본 문부성 초청 교원 연수생, 2009년 동경한국학교에서 3년간 재직하는 등 일본 학교 교육에 대해 꾸준히 연구 활동을 하였다. 현재 일본의 초등학교와 학급 간 결연을 추진하며 다양한 교류 활동을 진행하고 있다.

김미라 교토교육대학 대학원에서 「학교 비오톱의 교재화에 대한 연구」 논문으로 이과교육학 석사를 마쳤다. 2001년부터 생태 보전 시민 모임에서 생태 교육 관련 프로그램을 기획하고 진행하였으며, (사)물푸레생태교육센터 센터장, (사)자연의벗연구소 국제교류위원회 위원장으로 활동하고 있다.

안영식 현직 초등학교 교사로 동경학예대학대학원에서 교육방법, 교육과정 등을 전공하였고, 현재 와세다대학교 교육학연구과에서 박사 과정 중이다. 체험 중심 교육과정 운영에 관심을 갖고 현장에서 적용·구안하기 위해 노력하고 있으며 현재는 인천광역시교육청 세계시민선도교사로 위촉받아 활동하고 있다.

국내 사례

이경래 국민대학교 디자인대학원에서 그린 디자인을 공부하며 생태·공간·텃밭 디자인을 시작했다. 지역 커뮤니티와 공공기관의 텃밭을 디자인하고 연관된 프로그램을 개발·진행하고 있다. 현재 그린 디자인 워크숍 센터 '그린펀'의 연구원이며 서울 시립 문래 청소년 수련관 특화사업부 팀장이다.

날마다 설레는 텃밭 만들기
그림 보고 따라 하는 사계절 텃밭 매뉴얼

1판 1쇄 인쇄 2015년 5월 1일
1판 2쇄 발행 2017년 11월 1일

지 은 이 다케무라 히사오
그 린 이 하시모토 요코
옮 긴 이 (사)자연의벗연구소
기   획 오창길
감   수 국립원예특작과학원, 장윤아
국내사례 이경래
펴 낸 이 송주영
펴 낸 곳 북센스
편   집 이재희
영   업 박선정
디 자 인 장지나

출판등록 2004년 10월 12일 제 313-2004-000237호
주   소 서울시 은평구 통일로 684 서울혁신파크 미래청 401호
전   화 02-3142-3044
팩   스 0303-0956-3044
홈페이지 booksense.co.kr
이 메 일 ibooksense@gmail.com

ISBN 978-89-93746-15-0 (13520)

값 18,000원

* 이 책에 실린 모든 내용은 저작권법에 따라 보호받는 저작물이므로 무단 전재나 복제를 금합니다.